用诗歌唤醒黎明

——《晨诵课》指导用书

陈美丽/编著

YONG SHIGE HUANXING LIMING

漓江出版社

·桂林·

图书在版编目（CIP）数据

用诗歌唤醒黎明:《晨诵课》指导用书 / 陈美丽编著. -- 桂林：漓江出版社，2023. 1（2025.4 重印）
ISBN 978-7-5407-9338-8

Ⅰ. ①用… Ⅱ. ①陈… Ⅲ. ①阅读教学－教学研究 Ⅳ. ① H09

中国版本图书馆 CIP 数据核字（2022）第 216681 号

用诗歌唤醒黎明——《晨诵课》指导用书
陈美丽　编著

出 版 人　梁　志
出版统筹　文龙玉
责任编辑　章勤璐
封面设计　石绍康
内文设计　周泽云
营销编辑　俞方远
责任监印　黄菲菲

出版发行　漓江出版社有限公司
社址　广西桂林市南环路 22 号
邮编　541002
发行电话　010-85891290　0773-2582200
邮购热线　0773-2582200
网址　www.lijiangbooks.com
微信公众号　lijiangpress

印制　大厂回族自治县聚鑫印刷有限责任公司
开本　710 mm × 960 mm　1/16
印张　20
字数　288 千字
版次　2023 年 1 月第 1 版
印次　2025 年 4 月第 3 次印刷
书号　ISBN 978-7-5407-9338-8
定价　59.80 元

目 录
contents

第二辑　晨诵，就是练习三步舞曲 /033

第三辑　让每次晨诵成为一趟美妙的旅程 /083

晨诵，与黎明共舞

魏智渊

“晨诵·午读·暮省”，是干国祥老师在2006年提出的一种儿童生活方式。作为一种生活方式，这里的“晨、午、暮”即早晨、中午、傍晚，更多的不是一个时间的概念，而是一个包含了精神生活在内的进程，一种完整的、未被割裂的自觉生活的闭环。它的意思是说，一个儿童的精神生活，应当始于明亮的开启，经由丰富的拓展，终于对话、反思与吸纳，如此循环往复地持续完成精神建构。

怎么理解呢？

儿童精神的发展，往往会经历这样的一个过程。首先是一种唤醒、照亮。然后，是孜孜不倦地去丰富、拓展、深化，这往往是通过阅读与更广泛意义上的学习完成的。最终，在自我与外部世界的对话和反思中，儿童潜在地或有意识地完成自我精神的建构。

是不是有些抽象？

举个例子。因为老师、父母的教导，或者因为榜样的感召，又或者因为某种契机的触发，儿童产生了某种朦胧的愿望，就像一束光照进了心灵，这往往是精神发展的开端。在这种精神之光的照耀下，儿童开始了在成人或同伴帮助下的勤奋探索：阅读、学习，把自己的触角伸向各种有价值的领域。这是精神发展的过程。在这个过程中，伴随着的，必定是反思。反思意味着儿童基于自身生活和生命以及所在处境进行一种判断，是主体对于所吸引的一切的主动选择和积极消化。这是精神发展的完成。儿童不断地经历这个过程，就形成了儿童的精神运动。

我们经常把这个过程，也借用哲学家怀特海的话，称为“浪漫—精确—综合”。

所谓的全人之美课程，其中一部分重要的含义，就是帮助儿童恢复精神生活，借以恢复生命的完整性，避免片面知识学习可能带来的割裂。

依据这种追求而设计的儿童课程，就成了一个以发展儿童的精神生活为目的的“晨诵·午读·暮省”的课程体系。这里的“晨诵”，主要是指诗歌诵读；这里的“午读”，主要是指大量的儿童阅读，包括了精读与泛读；这里的“暮省”，主要是指在教师引导下儿童保持对自身生活的反思，并在此过程中形成和提升反思能力。

一

在这个背景下的晨诵课程，就成了儿童课程中最有仪式感的一类课程。

为什么说有仪式感呢？一是因为晨诵往往是儿童每天早晨到校后的第一个课程，通常时间为20分钟左右。

我们知道，一般学校，学生早上到校，直接就上第一节课了。也有一部分学校开设有早读课，主要用于朗读和背诵课文，以完成知识的积累。但是晨诵不同，用干国祥老师的话来说：

晨诵的目的主要不在于记忆未来可能用到的知识，不是为了进行记忆的强化训练，而在于丰富儿童当下的生命，在于通过晨诵，既培养一种与黎明共舞的生活方式，又能习诵、领略母语的优美，体验诗歌所传达的情怀、美感及音乐感。

换句话说，晨诵与一般的早读的区别在于，早读指向知识，是属于知识课程，利用早晨的时间让学生完成部分知识的积累，而晨诵指向人，是属于生命课程，让每一天从体验优美的诗歌开始，从对生活和生命充满感觉开始。因此，我们称之为“与黎明共舞”。儿童的每一天，不应该仅仅被太阳唤醒，被母亲唤醒，也应该被诗歌唤醒。只有被诗歌唤醒，精神才能够真正地醒来。

想象一下，儿童每天到校，先沉浸在一首优美的诗歌里，去感受，去体会，这本身就是足以照亮一天的高品质的精神生活。

举一首诗：

早安，小松鼠
整个早晨
我一直看着你
怎样把每一寸
玲珑的晨光
变作七彩的跳跃
嚼成松子的果香

这一首诗的名字叫《早安，小松鼠》，用在小学低段。这样美美地读下来，一个早晨，乃至于一天，都仿佛被照亮了。原本似乎枯燥机械的学习生活，被赋予了崭新的目的与意义。

这是一种精神的唤醒。

如果每天，一个儿童都是在不同的诗歌中被唤醒呢？一年级的儿歌童谣，二、三年级的自由童诗，四、五年级的“农历的天空下”古典诗词课程，五、六年级的中外经典现代诗歌、青春诗歌以及儒道经典，结果会如何？

这是一种自然的唤醒，也是一种文化的唤醒，更是一种生命的唤醒。当一个儿童每天都有20分钟经历一次唤醒，经历一次诗歌中的沉浸，一次穿越诗歌的精神之旅，而不必背负背诵和考试的负担，这20分钟将何等美妙?! 当六年中，每一天的校园生活，都是用诗歌开启，那么，儿童内在的精神、外在的语言，甚至包括智力生活，将发生何等生动的变化?!

所以，晨诵，乃是学校，或者说教师可能赠予儿童的一份美妙的礼物。

由干国祥、陈美丽老师主编的这一套《晨诵课》在诵读的意义上是划时代的，因为它意味着一个新的开端或可能，诵读诗歌真正地成为一门科学而严谨的课程，而不是文选型读本的背诵与积累。理解这种区别，对于上好晨诵课，让晨诵发挥真正的价值，具有特别重要的意义。

二

通过上面的说明，大家应该已经明白，晨诵不是知识学习，它更强调生命体验和精神建构。

一首美丽的诗歌，它可能是描绘和赞美自然的，如田园诗，也可能是表达自己的志趣的，还可能是抒发感情的。总之，是以诗的方式，触及了包括自然、人性、文化、自我、生命等在内的人类一切有价值的东西。通过吟诵等方式对诗歌有了直觉的领会，这种直觉的领会，往往是包含了心理发展、道德发展以及认知发展等在内的一种整体的认识，是一种浪漫的、综合的精神营养。

举个例子。我们经常讲道德人格教育，更多的是通过说理，甚至是说教的方式进行。但是在晨诵中，道德人格教育多数时候是潜意识中发生的，甚至是在一切诗歌中必然发生的。有些诗歌是直接的，例如《墨梅》中的“不要人夸好颜色，只留清气满乾坤”，更多的时候，是潜移默化的。哪怕一首诗歌是纯粹歌颂自然的，诗人本身也不带有道德人格教育的意图，但道德人格的力量仍然蕴含其中。因为健康的道德人格教育，是以对生命和自然的敏感作为前提的。如果心灵是麻木的，对自然和生命是无感的，那么，就没有形成健康的道德人格教育的土壤。用儒家的话来说，这叫“麻木不仁”。

沈从文有一句话，经常被用来描绘晨诵的这种意义：从早上极静中闻鸟声，令人不敢堕落。

用孔子的话来说，这叫诗教。所以，孔子说：“兴于诗，立于礼，成于乐。”兴于诗，准确地概括了晨诵的意义。有了这个前提，才有各种规矩的“立”，最终，才能转化为生活的自由状态，即抵达“乐”的境界。

在这个过程中，“诗”，或者说晨诵，是一个开启。

当然，晨诵的意义不止于此。精神的舒展与丰盈，含义是多方面的。心理的健康，生命的润泽，都有赖于诗歌的浇灌。在诗歌中，也潜在地发展了孩子的认知能力和语言能力。通过晨诵，无论是民族文化还是人类文明，都以非常自然优美的方式得到了传承。

晨诵不只是积累诗歌，晨诵核心的意义，是滋养生命。今天的教育，对儿童精神世界的忽视，是令人忧虑的。儿童往往被功利主义的胡萝卜引诱着，被以习惯培养为名的管理大棒敲打着，在千军万马过独木桥。儿童作为人的独特性，作为人的崇高与优美，无形中被否定了；作为人的自由与尊严，无形中被忽略了。而诗歌，则是恢复这种感觉的最好方式之一。

因此，晨诵课，是最受儿童欢迎的课程之一。

有意思的是，许多老师也会喜欢上晨诵。每天早晨，我们要带领学生穿越一首诗歌，老师就需要对诗歌进行比较深入的研究与思考，无形当中，老师的生命，也因为这些诗歌源源不断地得到了滋养。

不仅如此，以日以年，晨诵改变的，往往还是一个班级乃至于一所学校的师生关系和文化氛围。

第一辑

晨诵，是一种存在方式

说到“晨诵”，我们到底在说什么？

在说一节课吗？

在说一首诗歌吗？

在说关于诗歌教学的一个课程吗？

都不是！

我们说“晨诵”，说的是一种存在的方式：每天清晨，用诗歌来唤醒我们沉睡的灵魂，就像我们需要阳光唤醒身体一样。

确定了方向，我们就看到了道路。

从一年级到六年级，诗歌的编排应该如其所是，各安其位，而不要急着去拔苗助长。

传统文化，要把“怀旧诉求”更换为“本源诉求”，而不应该南辕北辙。

“农历的天空下”，是中国文化的根本基因之一，应该培养草木之心，而不是生搬硬套，附庸文雅。

儿童诗的写作，是一个从模仿到创造的循序而进的过程，是在大量输入后的自然输出，而不可能一蹴而就，一步到位。

踏上了道路，我们就知道了该如何行走。

晨诵的流程只是一个框架，朗读的声音只是一个载体，灵魂永远在诗歌中，在读诗人心里。

而每一段路，都不必急着走到终点，要带着欢喜，一路行走，一路欣赏。

走着走着，晨诵就美妙起来，诗意起来，珍贵起来！

童诗与古诗，孩子凭什么去感受天地万物

干国祥

我的朋友中，陈琴、戴建荣等，是古诗教育派代表人物，雪野、丁云等，是童诗教育派代表人物。他们分别站在一个教育重大问题的两端：儿童入学后，最早的那几年，应该以古诗为主导还是童诗为主导？

民间对此截然相反、势同水火的意见，比两派代表人物更为极端。

朋友征询于我，我的态度一贯鲜明：先儿歌童谣（幼儿园、一年级），再自由童诗（二、三、四年级），再唐诗宋词（四、五年级），再现代诗歌（五、六年级）……

问题是：凭什么我这么确信?!

这来自对语言本质的沉思，也来自十五年晨诵课程的实践。

我们如何感受天地万物？凭我们的感官，还是凭我们的语言？

从形而上的开端处，我们就有了绝对的矛盾：没有语言的赠予，我们只能和动物一样感受自然万物；被语言规定了如何去感受，一个人是否还拥有独独属于他自己的感受？

古诗派强调的，就是传统语言丰富的赠予。“语言是存在的家园”，生活在怎样的语言里，就是拥有怎样的精神世界、思想国度。“蒹葭苍苍，白露为霜。所谓伊人，在水一方”“一弹再三叹，慷慨有余哀。不惜歌者苦，但伤知音稀”……我们很难想象如果丧失了这一切，我们是否还是我们，我们又凭借着什么来思考和歌唱。

但是，一个孩子眼睛里的世界是什么样子的？他并不关心人类远大的命运，他关心的是：大树为什么要长耳朵（木耳）啊？它都听到了些什么啊？它会把听到的故事，讲给谁听啊？

几乎没有一首古诗词告诉孩子该如何去表达他自己的感受，每一首古诗词都在强调着你应该像它那样高远地去看、去听、去感受……而保护好孩子的感受力，也就是保护好语言的原创力，让未来的一代人，不因为继承了丰厚的遗产，结果反而变成了只会借古人句子表达的鹦鹉。

矛盾的双方各有道理，正如哲学启发我们的那样，矛盾并不意味着双方必须你死我活，矛盾恰恰体现了事物的复杂性和成长性：无矛盾，不发展！

于是就有了我的方案，这个方案的原则就是：所有美好，各安其时。

儿歌童谣才是真正的母语，母亲和母亲的母亲们创造的歌谣——这是语言的奶水。

不被押韵和字数所束缚的童诗，告诉孩子可以怎样自由地捕捉自己对天地万物的感受——这是语言的蜜糖。

古典诗词，把这个语言家园里最最精美、最最动人、最最深邃的表达，赠予孩子——这是语言之盐，融在文化之汤里。

而现代诗歌，以它形式和表达的自由、内涵的丰富和开放、个性的张扬和奔放，吸引着正在成长着的少年们——这是语言的饮料，每个人都可以各取所需。

语言是存在的家园，生活在怎样的语言里，就是拥有怎样的精神世界、思想国度。我们要保护好孩子的感受力，也要激发孩子的创造力，让他们在继承中华大地上丰厚的遗产的同时，能够向着未来、向着世界发出自己的声音。

晨诵，让声音舞蹈起来

陈美丽

我们都知道晨诵是声音的舞蹈，这声音，应该宛如清晨林间的鸟鸣，划破黑暗，带来黎明，唤醒沉睡的生命。因此，朗读在晨诵课堂中起着至关重要的作用。

晨诵课的朗读，不同于舞台上的朗诵表演，它同样指向表现力，但不止于表现力；也不同于语文课堂上的朗读，它同样指向精确，但又不止于精确。

晨诵课的朗读在不同的阶段，有着不同的目的和方法。

一、老师的范读

常常有老师问我，如何指导学生朗读？这应该是被问得最多的一个问题。一开始，我会教老师们朗读的技巧：从停顿到重音到延长音，我边读边给大家讲解；从儿歌童谣到自由童诗到古典诗词到现代诗歌，我边解释边给大家示范……

但最终，我会将指导学生朗读的秘诀归结为一句话：要让学生读好诗歌，老师自己的范读首先要到位。

我们都知道，最初的学习都是从模仿开始的，而在学习上，对孩子来说最直接也最有影响力的模仿对象就是老师。对于热爱教育的老师来说，一个书写漂亮的老师，教出来的学生的字一定也写得很漂亮；一个吉他弹得很出色的老师，教出来的学生的吉他弹奏一定也不会差。同样的，一个朗读很精彩的老师，天长日久，班上孩子的朗读一定也会非常精彩。

也就是说，要指导学生朗读，老师要先从自己练好朗读开始。

在晨诵的理念中，晨诵是小鸟（学生）跟着大鸟（老师）一起放声歌唱（朗读）。老师就是晨诵中的领唱者，老师的朗读就是给孩子最好的示范。

二、复习时的朗读

在学习新诗前，老师会带着孩子复习一到两首前面学过的诗歌。这时候，我们看到的现象常常是，为了复习而复习，为了朗读而朗读，看不到更明确的指向。而事实上，我们要问的是：复习的目的为何？也就是复习诗歌的时候，为何朗读？

在这个阶段，朗读不外乎三个目的：

1. 为了指导朗读。

为了读而读，可以说是毫无意义的。有时的复习是为了指导朗读。一般情况下，如果前一天讲课的时候，学生在个别字的读音上经常出错，或者有的诗句朗读时情感不到位，那么复习的时候，可以标出朗读时需要注意的地方，或者标出需要提升的地方，然后再让学生读。

2. 为了练习背诵。

我们的晨诵不强调死记硬背，但提倡熟读成诵。如果前一天学习新诗的时候，学生的朗读已经挺好了，那么第二天复习的时候，就可以用来练习背诵。这时，可以先只出示题目，让学生尝试着背诵。如果学生背不下来，就出示诗歌内容；如果能背下来，就等学生背完全诗后再出示内容。这样的背诵方法我们可以称为“背诵式朗诵”。

晨诵中，新学一首诗歌后，往往会在后面两天继续复习，如果采用这样的“背诵式朗诵”的方式，基本上全班学生都能将学过的诗歌背下来了。这样既减轻了学生背诵的压力，又教给了学生正确的背诵方法——背诵应该是理解后的有意识的记忆。

3. 为了再次感受诗歌的意境、主题。

我们的晨诵不只是诗歌的积累，也不只是知识的学习，而是一次生命的融合，一次精神上的洗礼。因此，一首诗歌往往可以带给我们新的启发或激励。

我们要利用好《晨诵课》后的导语，将那些凝练的美妙的语言再次刻写进孩子的生命。我们可以这样来处理：将需要温习的、重要的导语再次提出来，可以老师口头说，也可以直接出示在诗歌的旁边。并且根据不同的目标设置不同的导语，或者在不同的日子复习的时候选取不同的导语。

以《归园田居》为例。下面大家看到的，是学新诗时的总结语，这时候的总结语往往是诗歌在前，导语在后。

归园田居（其三）

陶渊明

种豆南山下，草盛豆苗稀。
晨兴理荒秽，带月荷锄归。
道狭草木长，夕露沾我衣。
衣沾不足惜，但使愿无违。

［导语］陶渊明的《归园田居》，对今天的现代文明与现代生活而言，是最为珍贵的清醒剂。千余年前的南山下的这几间草屋与几亩方田，是我们的灵魂获得清新空气的永恒的氧吧。

而在复习的时候，则要导语的引领在前，诗歌在后。老师提示后，再让学生带着这种感觉来读诗歌。

同样的诗歌，可以选择不同的提示语。仍然以《归园田居》为例。

（1）想突出陶渊明的生活方式带给我们的启发吗？可以这样来说：

［导语］陶渊明的《归园田居》，对今天的现代文明与现代生活而言，是最为珍贵的清醒剂。千余年前的南山下的这几间草屋与几亩方田，是我们的灵魂获得清新空气的永恒的氧吧。请大家一起来读——

归园田居（其三）

陶渊明

种豆南山下，草盛豆苗稀。
晨兴理荒秽，带月荷锄归。
道狭草木长，夕露沾我衣。
衣沾不足惜，但使愿无违。

（2）想突出陶渊明的“愿”吗？可以这样来说：

[导语] 对于陶渊明来说，他的“愿”是归园田居，远离喧嚣、功利、世俗，亦耕亦读，自食其力，亲近自然与诗歌。那么，对你来说，你的“愿”又是什么呢？请大家一起读——《归园田居》……

（3）想突出为了愿而“无怨无悔”吗？可以这样来说：

[导语] 虽然“道狭草木长”，而且时常“夕露沾我衣”，但是有何惜哉？“但使愿无违”，这就是一个人为自己的愿而无怨无悔。你是这样为你的愿望而耕作的吗？你也是“不求结果，只管付出”的吗？请大家一起来读——《归园田居》……

三、学习整首诗时的朗读

学习一首新诗时的读，是随着课堂的展开而有层次地往前推进的。

最初的读，是为了浪漫的感知。这时，除了纠正错误的发音或断句，不做朗读技巧上的指导，更不将学生还不能体会的情感强加进去。

过程中的读，是为了更好地理解诗歌。这时的朗读，才进入较为精确的训练，也就是说，可以进行一定的指导，但重点还是要放在对诗歌的理解上。

而最后的读，是一次综合的呈现。这时的读，就不仅仅是用声音传递自己对诗歌的理解，更是为了通过朗读，让诗歌来丰盈自己的生命。

也就是说，明白了为什么读后，老师就能更好地安排朗读的时间，也就能更好地指导学生的朗读。

这些适用于二年级以上的学生。而对一年级的孩子来说，还有一个非常值得我们重视的问题——身体的律动问题。

一年级孩子的朗读不仅节奏感很重要，身体的参与也很重要。因此，我们在编写《晨诵课》的时候，在一年级的上学期，选择了大量节奏感特别强的诗歌，同时强调，在朗读的时候，应该让孩子们拍着手跺着脚（配合节奏）来读，而有些非常特殊的诗歌，还应该配上其他的身体动作，让诗歌在朗读中、在律动中真正地活过来。

因此，一年级朗读的层次性，体现为：一开始，主要是将诗歌读正确读熟练，到后来，就需要加上动作流利地读下来；或者一开始拍着手读诗歌，后来加上其他的身体动作，来完成对诗歌的演绎。

四、综合阶段的朗读

综合阶段的朗读，是为了用自己的声音来演绎诗歌。这时要兼顾集体读和个别读。

齐读的时候，全班无论有多少孩子，都要像一个人在读一样。这时的朗读，要的就是整齐的效果，要的就是集体的感觉。整齐的标准在哪里？老师的范读就是标准。这也就是老师的范读很重要的原因。

这样的集体朗读，更容易让孩子们的心凝聚起来。因此，在一个班级刚刚组建的时候，老师要从训练全班学生的集体朗读开始。集体朗读比较理想之后，就要有意识地训练个别学生的朗读。

个别读的时候，要的是个性，要的是每个人的自由表达。既然是带有个性的自由表达，因此，一般可以放在开始复习旧诗时或新诗学完后的综合阶段，也就是在学生有了更好的理解之后。

除了集体读和个别读，为了让学生有更多的机会练习朗读，晨诵时往往还有分角色读的环节。一般情况下，在区分男女生朗读的时候，大家会采用平均分的方式，男生一句女生一句，但这样机械的分割不利于对诗歌结构或意义的把握。既然我们认为晨诵中的朗读的最高境界是基于理解的朗读，那么在区分男生和女生读的时候，也要注意诗歌本身的结构或者意义。

一般分角色的方式		理想的分角色的方式	
（全班）	**秋天到**	（全班）	**秋天到**
（男生）	秋天到，秋天到，	（男生）	秋天到，秋天到，
（女生）	地里蔬菜长得好。	（男生）	地里蔬菜长得好。
（男生）	冬瓜披白纱，	（女生）	冬瓜披白纱，
（女生）	茄子穿紫袍，	（女生）	茄子穿紫袍，
（男生）	白菜一片绿油油，	（女生）	白菜一片绿油油，
（女生）	又青又红是辣椒。	（女生）	又青又红是辣椒。

这样的区分，可以看出诗歌本身的结构是总分结构，无意中我们就把语文中的重要知识带给了孩子。

再比如《全世界都在对我微笑》一诗。

一般分角色的方式		理想的分角色的方式	
（全班）	**全世界都在对我微笑**	（全班）	**全世界都在对我微笑**
（全班）	洪建全	（全班）	洪建全
（男生）	今天，我偷偷做了一件事	（全班）	今天，我偷偷做了一件事
（男生）	于是，全世界突然对我微笑起来	（全班）	于是，全世界突然对我微笑起来
（女生）	绿树对我招手	（男生）	绿树对我招手
（女生）	花儿对我挤眼	（男生）	花儿对我挤眼
（男生）	小鸟儿在枝头吱喳叫	（男生）	小鸟儿在枝头吱喳叫
（男生）	小草儿们弯腰齐声问我好	（男生）	小草儿们弯腰齐声问我好
（女生）	而我只不过暗暗下了决心	（女生）	而我只不过暗暗下了决心
（男生）	从今要做个好孩子	（女生）	从今要做个好孩子
（全班）	就这样，突然间	（全班）	就这样，突然间
（全班）	全世界都在对我微笑	（全班）	全世界都在对我微笑

这样一分，我们可以清晰地看到这首诗的结构：第一小节，前后是总分关系，第二小节的第一部分，回答了第一小节的问题（我做了一件什么事），最后一部分呼应了开头，所以首尾保持了一致。

当然，这些知识未必现在就要精确地教给孩子，但经常这样耳濡目染，以后在语文课堂上讲到这些知识点的时候，孩子们自然就融会贯通了。

现在，大家已经理解了晨诵课朗读的理念和技巧，但我们都很清楚，要真正地落实到课堂里，需要的是我们以日以年的修炼以及实践。

当然，晨诵课声音的效果究竟如何，有一个自我检验的方法：从学生第一遍读，到最后一遍读，他们的朗读有没有进步？这是晨诵最重要的价值所在，也是教育最重要的价值所在。

一节晨诵课，就是一趟美妙的旅程
——一节晨诵课的完整流程

陈美丽

怀特海认为，生命本质上是周期性的。它包含日的周期，如工作和娱乐的交替，活动和睡眠的交替；季节的周期，它规定了学校的学期和假期；此外，还包括四季分明的年的周期。这种生命的周期（也是教育的节奏），怀特海将它命名为“浪漫阶段、精确阶段和综合运用阶段”。

事实上，生命的这种有节奏的、周期性的特点贯穿人类始终，也不断出现在人类不同层面的学习之中，大到一个人的一生，小到一节课。

我们的晨诵就是依据“浪漫—精确—综合”这个教育的节奏来设计的。晨诵课程在整个大语文课程中，属于浪漫的课程，它和语文教材的精确，以及童话剧的综合，构成一个大的“浪漫—精确—综合”的循环。

晨诵课堂，始于对整首诗的浪漫感知，学习一首新诗的时候，它又有着精确理解的部分。最终，浪漫的感知和精确的学习，都会化为综合的呈现，而完成一个学习的闭环。

现在，我们来看一下一节晨诵课的一般流程：开启诗（歌）+ 复习诗（一到两首）+ 学习一首新诗。

有时，也会有特殊流程：1. 开启诗（歌）+ 复习诗（一到两首）+ 一首新诗 + 生日诗；2. 课程小结（把一个子课程所学的诗集中起来反刍一遍，玩味一遍）。

而在一节晨诵课中，学习一首新诗是其中最重要的部分，它的流程一般为：1. 老师范读，学生自由练读。2. 学生初读整首诗。3. 理解诗意。4. 带着理解齐读全诗。5. 相互编织。6. 再读，用声音诠释诗歌。其中，

1、2两步为浪漫感知阶段，3、4两步为精确理解阶段，5、6两步为综合呈现阶段。

接下来，我们把整个课堂的流程来一一细说一下。

在流程开始前，先要说明一点：晨诵作为一个特殊的课程，仪式感也不同于一般的教学，它提倡自然、美好、诗意地进入和结束，因此，它不用智慧课堂上起立后师生问好的方式，也不用运动会入场式上激情昂扬的方式。一般情况下，低年级可以用师生相互问早安的方式。如：

师：早安，亲爱的孩子们！

生：早安，亲爱的老师！

师：在这个可爱的早晨，让我们一起用诗歌来迎接新的一天！

生：在这个可爱的早晨，让我们一起用诗歌来迎接新的一天！

这里的问好的文字可以随着晨诵的不断深入而改变，不必拘泥于这一段文字。而高年级，则可以直接进入主题歌的演唱。

晨诵的流程一：唱主题歌

虽然这是晨诵，主要是诗歌的学习，而且主要以朗读为主，但很多主题歌的歌词或明亮或有趣或动人，是诗歌的另一种表达方式，因此，主题歌曲就是晨诵内容的一部分，需要老师和学生一起歌唱，一起陶醉。

主题歌的选择一般从两个方面来确定：首先根据本单元的主题来确定歌曲；其次，看看歌曲的难易程度是否适合自己的学生。主题歌曲一般不放视频，而用音频加文字的方式。因为晨诵本身是语言文字的游戏。如果给主题歌配图，图片要和歌词内容相吻合，当然也可以选择和学生的生活进行编织。

晨诵的流程二：复习诗歌

“学而时习之，不亦说乎？”复习在学习过程中的重要性是大家都能意识到的。

我们的晨诵，不讲究死记硬背，但不反对背诵，更不反对理解后的背诵。因此，每次新诗学习前，复习一下前一天或前两天内学过的诗歌，是非常有必要的。

一般情况下，复习的诗歌最多不超过两首，主要根据诗歌的长短以及晨诵的需要来决定。也就是说，我们反对死记硬背，但提倡熟读成诵。当然，即使是背诵，晨诵中的背诵也不要“小和尚念经——有口无心”，仍然要让学生带着理解来读来背。

复习的时候，可以采用尝试让学生背诵的方式，可以再次指导朗读，也可以再次点明主题。如果这首诗歌的导读写得特别精彩，复习的时候也可以再次重现。

晨诵的流程三：整体感知

复习完前面的诗歌，就进入了新诗学习。新诗的学习，是从整体感知入手的。

这是浪漫感知阶段，是学生直接接触诗歌并开始领悟的阶段。这时候的领悟，是模糊的、整体的、兴发感动的，主要的目的就是让学生直接感知美，让这种美激发学生学习的兴趣和热爱。

一般情况下，在晨诵课堂上，这个阶段主要通过老师范读和学生练习朗读来完成。

老师的声音就是对诗歌最好的诠释，这声音里既有老师对诗歌的理解，同时又有老师自己生命的投入。作为学生身边最直接的榜样，老师的示范就是最好的引领，也是最好的教育。

当然也有特殊的情况，不是一下子进入诗歌，而是让学生猜着一段一段进入诗歌。不过，当全诗都出示完后，还是要有老师的范读。

老师范读结束后，一般是学生自由练读或齐读，往往不进行个别学生的表演读。这时候，老师只纠正个别朗读中的错误，不做情感上的要求——因为这时，学生还没有真正地理解诗歌，这时要求带入情感，那就成了外贴式的情感，而不是真挚的由内而外的情感。

另外，要特别提醒一点：背景音乐的使用，是为了烘托或渲染氛围。因此，一般在开头和结尾的朗读时出现，在精确理解时不用出现。在朗读低段那些以有趣游戏为主的诗歌时也不出现，在朗读抒情类诗歌时出现……总之，背景音乐应该是“背景”而不应该成为“焦点”。

晨诵的流程四：精确理解

精确理解阶段，是掌握精确知识的阶段，是对已经存在于大脑中的纷繁而活跃的思想进行梳理的阶段。在晨诵课堂，这个阶段主要是带着学生理解诗歌，对引发兴发感动的那个点进行追问，把诗歌最有价值的部分通过探究呈现出来。当然，因为是晨诵，因此，即使在精确理解部分，也不能少了朗读。

不同的诗歌，精确理解采用的方式是不一样的。如《颠倒歌》用还原的方式，《不可思议》在猜测后用加题目的方式，《作业机》用提问的方式（根据内容、主题、情感等），古诗采用解释诗句的方式……既可以一段一段理解，也可以就整首诗提一到两个有价值的问题。

同样是精确，晨诵课堂上的精确不同于语文教学中的精确，这主要体现在两点上：1. 一般情况下，不机械分析，不过多分析。这里要特别提醒：低段不要把诗歌当成识字的材料。2. 有时，提问只是为了引发思考，不一定需要学生回答。

这里，既要防止为问而问，又要防止问得太碎，还要注意不要每问都要求准确的回答，因为，课堂上看上去的热热闹闹，其实既破坏了诗意，也少了思维的含金量。这一点跟语文课堂上提问的原则是一样的：问题的设计要抓住诗歌的关键处，以及最有价值处。

这种文本解读和教学价值的提取，是晨诵最难的地方，以后会提供一些具体的案例供大家参考。

晨诵的流程五：综合呈现

综合呈现阶段，是经过精确训练之后，将一般概念应用于具体事实的阶段，是将所学的知识运用于更广阔更具体的情境之中，从而再一次产生对新事物的好奇和一知半解的领悟，也就是“重归于浪漫”。

这在我们的晨诵课堂中，就是相互编织的部分，这是将诗歌和师生的生活（生命）打通的一个阶段，让诗歌由外在的知识转化为内在的营养，从而让生命更加丰盈而有力量。

编织的目的，是为了让诗歌不只是外在的知识，不只是诗人的创造，而是被我们吸收消化了，成为我们自己的。年级越低，编织越要贴近孩子，因此可和孩子的生活相编织，有些离学生生活相对比较遥远的诗歌，也可以和老师自己的生活相编织。要尽量减少宏大的编织，以免学生陷入说空话、假话、套话的泥潭。

尤其要注意，不要把编织当成道德教育——道德，是外烁的，是在不被理解的情况下带有一定的强制性的行为；而编织，是你中有我我中有你，是由内而外的体认，是被美好吸引后的向往。

编织结束后，再次干干净净地回到原诗，用声音读出自己对这首诗歌的理解。这时，可以让个别学生来读一读，看看经过教学后学生走到了哪里。

这样的晨诵课堂，才是一个完整的晨诵课堂，是经历了“浪漫—精确—综合”这三个阶段的过程，也就是干国祥老师说的“晨诵，首先为了美，其次为了理解，最后为了自由和丰盈”。

当然，这些关于晨诵课程的精确理解，最终要化为课堂上自然而然的行动，让每一首诗歌成为一份美好的礼物，让每一次晨诵成为一趟美妙的旅程。

晨诵与儿童诗仿写

魏智渊

从一年级下学期，一直到二年级，甚至三年级上学期，有一个特殊的时期。这一时期，儿童对儿童诗开始变得敏感。

在这一阶段之前，是一个儿歌童谣时期，儿童并不能精确地理解童谣本身的含义，吸引儿童的，是童谣本身的节奏以及场景带来的安全感和愉悦感，在这一时期，所谓的意义，就蕴含在节奏之中。这一时期，从学前一直延续到一年级。

儿歌童谣是不适合有感情地朗读的，适合打着节拍游戏性朗读。

儿童诗的晨诵，为什么是重要的?

从营养的角度讲，儿童诗涉及的，主要是儿童生活的方方面面，涉及道德发展、心理发展、社会交往、自然万物等。儿童诗用浅显易懂的方式，揭示了生活的本质与方向，从而一方面给儿童以宣泄的出口，另一方面给儿童以朝向。同时，也培育了儿童对道德心理、社会关系、自然万物的内在的敏感。

从语言发展的角度讲，从简单的节奏形式，到较为复杂的儿童诗的形式，这是儿童语言发展上的一次飞跃。儿童开始通过诗歌理解语言形式与表达内容之间的微妙关系，并且借由朗诵，尝试练习和表达自己对这种关系的理解。简单的鼓点，让位于复杂的交响乐；节奏形式的均匀感，让位给了随着内容而变化节奏的和谐感。

晨诵，就是一首诗慢慢绽放的过程。在这个过程中，儿童经历了基本理解，进入了诗歌，并与诗歌产生了共鸣，最终通过朗读表达出来。但这还不是结束，有相当一部分晨诵诗，很适合仿写。儿童通过仿写，不但进一步地理解了诗歌，而且更深刻地习得了语言形式。

一

晨诵诗仿写，主要有四种形式：换写、续写、仿写和创作。

换写是晨诵诗仿写的早期主要形式，鼓励儿童通过换掉一些关键词，来改变诗歌的指向或意义，但又不改变诗歌的语言结构。

例如《早安，小松鼠》：

早安，小松鼠

［新加坡］刘可式

早安，小松鼠
整个早晨
我一直看着你
怎样把每一寸
玲珑的晨光
变作七彩的跳跃
嚼成松子的果香

我们可以把“小松鼠”换成另外一个对象，再把内容进行必要的替换，以保持同一性，就是一首新的好诗了：

早安，亲爱的妈妈
整个早晨
我一直看着你
怎样把每一寸
玲珑的晨光
变为美味的食物
做成爱的芬芳

有时候，师生之间可以互致问候来开场——

师：早安，亲爱的孩子们。

生：早安，亲爱的老师。

师：整个早晨，我一直看着你们。

生：整个早晨，我们一直看着您。

师：怎样把每一寸玲珑的晨光/变作七彩的朗诵/吟成书本的芳香。

生：怎样把每一寸玲珑的晨光/变作粉笔的舞蹈/转成知识的波浪。

这既是换写，也是师生围绕着诗歌的生命编织。有些换写，改换了人称，改换了叙事主体，让诗歌更贴近生命生活；有些换写，改换了对象事物，用诗歌来表达自己的感受。

例如：

谁会爬？

谁会爬？虫会爬。
虫儿怎样爬？
六只脚儿向前爬。

谁会游？鱼会游。
鱼儿怎样游？
摇摇尾巴点点头。

谁会飞？鸟会飞。
鸟儿怎样飞？
张开翅膀满天飞。

在这里，关键是通过替换，将里面的动物换成另一种动物，随之改变相应的动作和情态。例如改为马会跑、兔会跳等。

无论如何，换写诗歌，都有两点基本的要求：一是保留原诗的结构；二是保持全诗的前后一致。不能改了前面忘了后面，结果方方面面对不上，那就是失败的换写。

二

续写的文本，往往具有某种特殊性，即诗歌本身为续写留下了空间。否则，一首完整的诗歌，非要续写，就成了狗尾续貂。在晨诵中，适合续写的诗歌是不少的，例如：

开满鲜花的头

［意大利］贾尼·罗大里

如果头上不长头发，
种满鲜花该是怎样的景象？
一眼就可看出，
谁心地善良，谁心情悲伤。
前额长着一束玫瑰花的人，
不会做坏事。
头上长着沉默的紫罗兰的人，
有点儿黑色幽默。
顶着一头零乱的大荨麻的人呢？
一定思维混乱，
每天早晨徒劳地
浪费一瓶或两瓶头油。

干国祥、陈美丽老师编写的《晨诵课》中，这首诗的后面附带了一段说明，是非常好的写作提示：

哦，这世界上形形色色的花草，就是形形色色的人，形形色色的人，也就像形形色色的花草——

向日葵明亮奔放，兰花含蓄优雅，猪笼草爱耍小圈套，仙人掌总想扎你几下。还有：金盏菊、风铃草、郁金香、水仙花、月季、美人蕉、茉莉花、含羞草、蝴蝶花、野菊花、牵牛花、蔷薇花、吊兰、芦荟、文竹、鸢尾花……

你又会把它们写成怎样的诗句？你又会把自己写成怎样的诗句？

换写和续写，难度相对较低，但是，因为已经有了语境的限制，儿童在换写或续写时必须考虑到下列情况中的一种或多种：

1. 换写或续写中，所用到的事物，与原作是否保持了一致？

2. 在句法或词法上，是否与原作保持了结构和形式的一致或和谐？儿童并不需要懂语法，这是一种感受性的模仿能力。

3. 在意义上，是否与原作保持了协调，或者形成了自然的拓展？

4. 在音韵上，是否听起来舒服？就是说，多数时候，要有意识地保持押韵，或者在平仄上遵守常识。这不需要掌握，而是通过换词去体会。

在这个过程中，不同的儿童写出来的诗歌，与原作的默契度不同，这表明了不同的语感水平。在教学中，老师通过挑选范例进行展示，或对某些范例进行修改，或自己范写，让学生去体会更好的写法，从而潜移默化地培养学生对语言的敏感，对诗歌节奏的敏感。

三

换写和续写，都高度依赖于原文的结构甚至意义。仿写，则更自由，但对原创程度的要求也更高。可以模拟原作的结构，也可以模拟原作的风格。

下面的案例，来自河南郑州经开区龙美小学新月教室，指导老师叫丁红瑞，这是一所全面践行南明教育全人之美课程的学校，看看这个班儿童对谢尔大叔（谢尔·希尔弗斯坦）充满想象力的诗歌的模仿：

跆拳道

新月教室　安琪

老师喊哈，
同学们也纷纷喊哈，
一个个哈声你推我攘，满教室跑，
哈声飞过城市，
哈声飞过大山，
哈声飞过大海，

课代表大声抱怨：别喊了！
“抱怨”飞过天涯海角，也没把哈声追上。

葫芦丝

新月教室　名扬

葫芦丝里的小精灵都怕热！
当我们为它们吹进凉风时，
它们就快乐地唱歌！

但如果，我们的力气太大，
就会一不小心把它们全家吹散，
葫芦丝里就是一阵哀号！

或者如果吹气的时候，
有太多的唾沫，
小精灵们就要陷入迷雾之中，
分不清东西南北和哆来咪发。

四

无论是换写、续写还是仿写，都是在训练儿童对语言的敏感。并且，这种敏感要以可见的方式表达出来。到了一定的阶段，或者在这个过程中，创写就开始了。儿童受到了儿童诗的影响，思路就打开了，就可能涌现出五彩缤纷的作品：

阳光派对

新月教室

如果
我们要开一个阳光派对
我们就请

春风妈妈梳头发
蓝天哥哥做蓝西装
月光阿姨织一件银丝衣
黑夜叔叔做顶魔术帽
星星妹妹做耳钉

我们就请
彩虹小姐做一杯鸡尾酒
白云奶奶做一个奶油蛋糕
流星弟弟给我们做烟火
雪花姑娘给我们做冰激凌

我们就请
银河给我们做轨道
太阳给我们做火轮
闪电给我们做霓虹灯
雨点给我们做音乐

我们一下子请来了
日月星辰，蓝天风雪
这真是人类有史以来最酷的派对啦

新月教室的孩子们，也为二十四节气写了不少诗，例如：

雨　水

新月教室　李思彤

红的，黄的，紫的，白的，
每一朵都是春天可爱的小脚印。

春　分

新月教室　晁子晴

阳光下，
樱花像是在看自己影子的天真孩子。

清　明

新月教室　张静涵

一阵风，
把樱花吹乱。

当初也是这风，
把两个人的心吹散。

为什么举这间教室的例子？因为大家会发现，这间教室的诗歌之美，不是某一个孩子的，而是整体的美。这意味着什么？写诗歌不是少数儿童的事，不是天赋儿童的事，到了特定的年龄阶段，每个儿童都可能写出特别美的诗歌来。儿童能不能写出好的诗歌，这主要取决于老师的引导和反馈。

在这个过程中，儿童不知不觉地呼吸着语言。他们倾听诗，理解诗，朗诵诗，创作诗，在这个过程中，语言的细微之处，不知不觉地变成了他们身体的一部分。

这是一个特别的时期。因为一旦过了这个时期，孩子对儿童诗的敏感就降低了。到了中高段，尤其是高段，儿童接触到的诗歌，就逐渐转为以经典诗歌为主了。而经典诗歌，很难模仿。因为经典常常意味着灵魂和诗艺的高度，拙劣的模仿反而是对原诗的破坏。这时候，儿童反而应该去理解和聆听。这时候，诗歌评论，以及将原作化为散文，就是一条更好的自由写作路径。

二十四节气·教育·课程

——二十四节气课程如何进行

干国祥

申遗成功后，各地掀起了一股二十四节气热。但如果对二十四节气的深层内涵理解不到，只流于表面形式，搞着一时热闹但不及灵魂的花招，那么最好的事物也会被扭曲，且最终再度沉寂下去。

如果把二十四节气当成抽象知识，那它就显得太简单，人类几千年甚至上万年的探索，一堂课四十分钟就能讲完——但这种六耳猕猴式的知识并没有生命的意义和价值。

如果把二十四节气当成今天的生活方式，复活它，又太遥远，太迂阔，而且依样画葫芦，丧失的是活生生的生活智慧，留下的是形式主义的外形躯壳。

只有以历史的方式，以领会古人何以如此的方式，我们才能真正把握二十四节气里的教育价值：劳动的艰辛和智慧，四季的更替与诗意，阳光的力量和大地的沉稳，万物在天地间不同的形态、生态，以及它们和人类息息相关的命运。

也就是说，二十四节气，是我们读懂自己先人，读懂这片大地，读懂身边万物的一个契机、一组密码。对它们的破译，带来的将是我们与祖先和大地深深共鸣的认同感，将是领会先人智慧和万物智慧的理解力，将是感受到《诗经》《楚辞》、唐诗宋词中所有词语不同温度的感受力。

传统文化教学，最可怕的就是死板硬套，字面意思地把过去当成真理，而不能做到以今释古，以古通今。

就二十四节气而言，可能被普遍照搬、采用的“黄经”和“物候”，就是两个需要在今天重新理解、重新观察，而不能照搬照抄的固定概念。

二十四节气的太阳黄经度分别为：春分 0 度（360 度），夏至 90 度，秋分 180 度，冬至 270 度……（如下图）

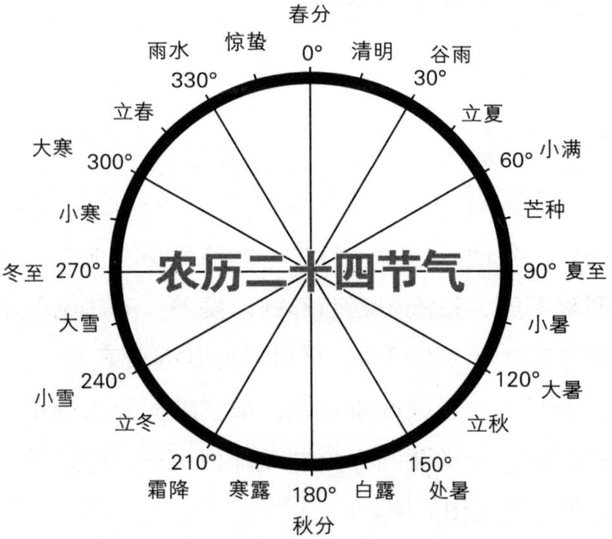

但是其实我们现在知道了，太阳根本没有绕着地球转，这个 360 度完全是假想出来的太阳轨迹。科学的真相是地球绕着太阳公转，又因为自身的倾斜，所以太阳在地球上的直射点就有规律地变化，从而形成了特定地区的四季和二十四节气。

春分和秋分，太阳直射赤道，所以白天和黑夜等长。夏至太阳直射北回归线，北半球白日最长。冬至太阳直射南回归线，北半球白日最短。

古人的解释显然是落后的，我们如果为了“复古”而依然记忆那些早已经失效的死知识，那就误人子弟了。

同样道理，古书上的物候，每个节气依次出现的“三候”，今天是不是还符合，尤其是，是不是符合从海南岛到黑龙江南北差异那么大的地方，就很值得商榷。

譬如惊蛰三候是一候桃始华，二候仓庚（黄鹂）鸣，三候鹰化为鸠。恐怕全国符合其中一两个物候的地方都很少，而全部符合的绝无可能。

但不让学生自己去观察身边真实的物候，而复制粘贴不知哪个朝代极不科学的物候记录，那就完全是有违科学精神的又一种“读经运动”。

不同的纬度，不同的海拔，乃至不同的地理（比如海边和沙漠），物候是大相径庭的。我们要让学生感受的，是自己脚下那片土地的物候和阳光，而不是故纸堆里的死知识。

所以一个理想的物候观察与记录、交流的模式，就是利用今天的科学知识，利用互联网，在每一个节气，进行全国范围内的物候描述。利用这种观察和描述，我们甚至能够清晰地记录天鹅和大雁迁徙的路线和时间，记录不同纬度和海拔上同一种花朵开放的先后顺序。进而，我们可以和古人的观察与记录对照，纠正古人的错误，比较那个时代与我们今天气候的冷暖。比如《清明》一诗写到清明节杏花盛开，我们就可以依据这个信息，或者比较两个时代的冷暖，或者在确信两个时代冷暖的前提下，考证诗歌创作的真实年代。

比物候观察更重要的是领会二十四节气对古人的意义，正是因为我们今天疏远、淡忘了那种生活方式，所以曲解了二十四节气。

二十四节气是阳历——不是洋历，更不是阴历，而是中国人的太阳历、农业历。

中国人为什么要创造二十四节气？因为我们是以农业为根基的部落，在我们先人繁衍、发展的核心地区，也就是黄河、长江流域（以两条主要河流为主，也代表了附近的钱塘江、淮河、海河等流域），种植庄稼的时机是非常重要的知识，它甚至能决定一个家族的兴衰，一个部落的存亡，一个朝代的成败。

所以，把二十四节气和农作物种植进行密切关联，才是二十四节气的本色，其余所有其他元素，都是这个根基的延伸。

物候，开始不是作为科学家的兴趣而被观察的，而是农人为了把握天空和大地，而精心地观察的——甚至可以说，二十四节气是死知识，活生生的物候、大地和万物的气息才是确证是否播种的信号。

在此认识基础上，我们可以还原一万年前古中国人在南方驯化水稻，然后在北方驯化粟子的情景，还原约四千年前从远方引入麦子的情景，以及从明朝开始，引进番薯和玉米，真正解决饥饿问题的往事……

我们可以猜测：为什么水稻会有插秧这个“庄稼幼儿园”的特殊环节？这是纯粹的迷信、多此一举，还是古人极其伟大的智慧？

我们可以推演，如何从同一种水稻中，分化出早熟和晚熟的品种；我们可以站在古人的立场，来考虑如何配置庄稼，如何提高土地的肥力，如何解决越来越多的人口的生存问题。

以及，我们可以考虑种植水果、药材，或者种桑养蚕、种茶叶是不是更为合理；为什么北方的游牧方式，居然是最低效的土地使用方式。也就是说，在农业的基础上，我们开始有了经济学的考虑方式，有了商业的考虑方式。

我们进而去反思，中国究竟是农业的中国，还是隐藏了一个商业秘史的中国？或者，我们的重农政策，是不是反而伤害了农业，甚至延误了古代中国的发展？

二十四节气最终蕴含着的，是中国古人面对的诸多生存难题和朴素的生存智慧。

但生存下来之后，那些依赖于农业而生存，但已经脱离了农业，仅仅成为农业的观察者、歌唱者的诗人，就赋予了二十四节气以美学的意蕴。

我曾说，每一首唐诗宋词都是有它特定的温度的，古中国的诗人们，习惯了从身边的物候写起，并把自己的情绪和理想，寄托在大地、天空、草木和候鸟上。

所以我们大部分诗词，都带着二十四节气的烙印，都可以被编排进二十四节气课程中。2007 年，我就是基于这一思考，设计了“农历的天空下——中国古诗词之旅”的晨诵课程，由常丽华、陈美丽等人加以开发，现在已经以各种版本，流行于全国各地。但二十四节气既不是中国古代历法的全部，也不是中国人独一无二的创造，对它的过度拔高也是根本没有必要的。在中国以外，外国人同样也有类似的创造，甚至年代可能更早——但确实没有像我们这样让它成为几千年的生活参考的。而在中国历法中，我们还有一个和阳历同样重要、当年甚至更重要的阴历，它是以月亮的圆缺（朔、望、晦）为依据的月亮历。就节日而言，除了清明和冬至，二十四节气的其他节气都没有成为重要的古代节日。而阴历日子的节日可就太多了：正月十五元宵节，二月十五花朝节，七月十五中元节，八月十五中秋节，十月十五下元节，还有：正月初一春节，三月初三上巳节，五月初五端午节，七月初七乞巧节，九月九重阳节……我们不难发现古人创造节日的密码方式，而这些节日带来的欢愉与悲哀，带来的政治记忆，都和二十四节气同样重要，同样深刻地烙印在历史里。所以，只有把二十四节气融入中国古代历法中，融入中国历史中，融入中国诗词、文章、绘画和养生中，融入这片土地和它之上的万物和阳光中，它才有自己更恰如其分的荣耀。

草木·农人·诗句
——“农历的天空下”课程的价值

干国祥

这应该是第十三届“农历的天空下”课程总结仪式了。这些天，也就是冬至前后，这片崭新又古老的土地上，有无数间教室在经历着这个仪式。我们以这样的方式，向着唐宋、向着春秋俯首致敬，向着农耕文明里的牛郎织女、迁客骚人们，感恩致谢。

每当这个时候，“相信种子，相信岁月”这八个字就有了真正的力量，相信的力量。

这个课程还能够怎样深化？也就是说，我们还能够从大地和词语中汲取哪些营养？

先于人类，大地首先属于草木，它们是一切其他生命的能量来源，正是它们，把阳光转化为地球上的一切可能，最后创造出诗歌戏剧，以及数学公式。

培养听懂草木之心的敏感，是这个课程的前提条件，同时也是穿越这个课程的第一个重要赠予。也就是，敏感之心虽然与生俱来，却需要好的课程去刺激培育，否则它就会在时间里慢慢钝化。钝化即麻木，麻木则不仁，对于儒道文明来说，麻木就是异化，就是非人道，就是生命的不道德。

所谓的伤春悲秋，就是春秋这两个季节中气候的剧烈变化，带给生命的冲击。其实令我们慷慨悲歌的不是春天或者秋天，不是花朵或者落叶，而是它们在提醒我们：我们和草木一样，是时间里的物种，是会绽放也会凋零的，是能够美丽也可能枯萎的。

现在，大多数城市的草木人们选择了常绿树，园林工人在背后精心打理着一切，让我们只看到四季绽放的鲜花，看不到花朵的凋零，看不到整个季节的荒凉——这是对生命的欺骗，它无法培植我们对大地、物候、草木的敏感。

真正的物候观察者，他会去选择两种草木作为观察对象。一种是最本土的物种，它们和观察者脚下的土地浑然一体，是土地真正的代言人。譬如西北的杨树、苦菜与杏花，江南的柳树、马兰头与梅花。再者就是最具代表性的，被人类选择了的物种，它们和人类的生活浑然一体，深深地镶嵌在人类的日常中。譬如麦子、水稻、茶桑、高粱、油菜……是的，最具代表的草木与四季物候就是这些庄稼，经过千百年的驯化，它们和人类，和特定的土地已经你中有我，我中有你，成为一个真正的共同体。

到这里，课程就不再停留于自然，而是一部历史、一个社会了。这时候，一棵竹当然还是建筑和工艺材料，当然还是山上、庭院里的风景，但它首先意味着冬笋、春笋和夏秋季节的鞭笋，意味着腌菜冬笋汤、咸肉煮冬笋、咸菜炒笋丝、红烧春笋、干菜鞭笋汤……我刚才提到的，可不仅是四季不同的笋啊，还有两种冬天里的菜，被人们用不同工艺制作成腌菜、咸菜、干菜。这样的过程，既是烦琐与辛劳的，更是美丽与迷人的。如果从人类进化的角度去观察，从人类文化的角度去谛听，这简直就是一首首隽永的诗歌。值得我们去欣赏、去理解、去思考、去感激。

这就是人类文明诞生的背景，《诗经》《楚辞》、唐诗宋词所诞生的背景，是所有传承到今天的词语的空气。离开了这一切，我们怎么能够理解“两个黄鹂鸣翠柳，一行白鹭上青天”？怎么能够理解“种豆南山下，草盛豆苗稀”？

这是属于我们先人的生活方式，有一种被遗忘、被抛弃的东方美学深涵其间。

徽式建筑的美学从哪里来？晋式建筑的美学从哪里来？新中式的建筑美学又从哪里来？宋明极简主义的美学从哪里来？

只要我们想要自己的创造，想要有自己根基的生活，那么我们的语言文字就极其珍贵，而创造我们语言文字的先人们，其实离我们并不遥远。因为，他们和我们生活在共同的太阳下、大地上、二十四节气里，围绕我们的最重要的草木与食物，也还并没有彻底地改变。

农历的天空下是一条道路，一座桥梁，我们穿过它不是为了回到过去，生活到过去，而是为了栖居于某些重要词语的本原处、创生处。在汉朝的强盛里，有商周文化的赠予；在唐宋的繁华里，有汉朝和魏晋的赠予。我们必须在前人的丰富赠予的基础上，创造出我们的词语、我们的诗歌、我们的文化。

二十四节气，乃是我们的先人在自己的土地上“经天纬地”“给每一座山每一道河流取一个温暖的名字”，它们不是有待破解的文化密码，而是中国文化的根本基因之一。

如果有一天人类必须离开地球，流浪太空，我们从此将丧失太阳、大地、熟悉的山川河流，但是，至少有两样东西我们只能携带，且不太可能改变。

其一，我们依然是稀疏大草原上诞生的物种，我们的爱憎和潜能不会有本质的改变，它们是我们的生物 DNA。

其二，对于汉语汉字圈的传人而言，李白杜甫，苏轼王维，二十四节气，大漠、中原和江南，都不会因为我们飘荡在孤独的宇宙而消失，它们根植于我们语言深处、思维深处，它们就是我们自身，是我们的文化 DNA。

当我们携带着这两种 DNA 流浪太空，我们将终于知道“农历的天空下”这个课程究竟意味着什么。

第二辑

晨诵，就是练习三步舞曲

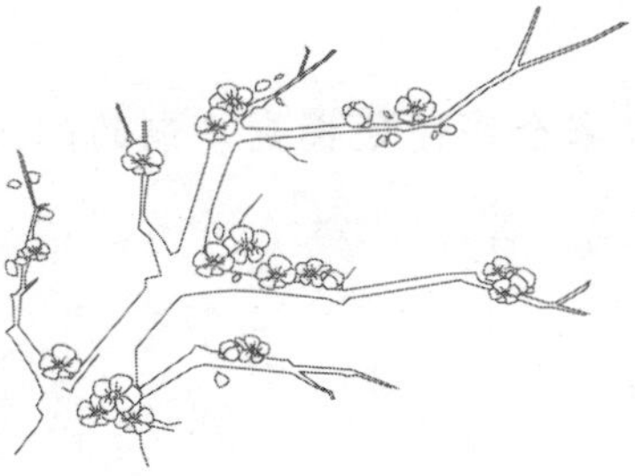

人们认识事物的过程，是一个由整体到部分再到整体的过程，也就是始于浪漫，经由精确，走到综合的一个过程。

一节晨诵课，也会经历这样三个阶段。

浪漫阶段，是整体感知诗歌。主要通过老师的范读，让学生对诗歌有一个完整的浪漫的体验。如若一开始就进入精确的分析，会让诗歌和思考都碎片化、机械化。

精确阶段，也就是理解诗歌。诗歌不同，理解的方式也不一样；年级不同，提问的方式未必完全相同；学生不同，学习的方式也会有变化。总之，理解是为了更好地呈现诗歌的魅力。

综合阶段，也就是相互编织，这是晨诵最奇妙的一个特点。在这一阶段，老师、学生、诗歌、生活可以相融在一起，达到美好的境界。

“浪漫—精确—综合”仿佛一个曼妙的三步舞曲。这里提供的各个备课案例，涉及了不同的年级不同的诗歌类型，它们带着大家在反复地练习着这些舞步。

在不断的练习中，相信大家会慢慢地摸到晨诵的门道，从而走入自由之境。

运用之妙，存乎一心！

选一首诗开启新学期的第一天

陈美丽

新的九月，新的学期，新的期待！亲爱的老师们，你是否在满怀着憧憬开始准备新学期第一天的内容？让我们用一首美妙的诗歌作为新学期送给孩子们的第一份见面礼——还有比这更令人向往的吗？

一年级《我和小鸟和铃铛》

【诗歌】

我和小鸟和铃铛

［日］金子美铃　吴菲译

我伸展双臂，
也不能在天空飞翔，
会飞的小鸟却不能像我，
在地上快快地奔跑。

我摇晃身体，
也摇不出好听的声响，
会响的铃铛却不能像我，
会唱好多好多的歌。

铃铛，小鸟，还有我，
我们不一样，我们都很棒。

【导语】

亲爱的小孩，今天的你穿上新衣服，背上新书包，走进新学校啦！

你是不是觉得今天的自己棒极了？是不是觉得自己就是独一无二的存在？

再看看你身边的小鸟和铃铛吧——就是你新教室里的这些新同学，

你会发现，在你的教室里，有很多和你一样棒棒的孩子——谁是会游泳的鱼儿？谁是会跳舞的蝴蝶？谁是会唱歌的小鸟……

哦，原来呀，你们不一样，但你们都很好！

【编织】

读了新诗，根据导语和孩子们聊一聊后，进入生命编织：将班上小朋友的照片放上去，再用一两句话描述一下这个小孩的最突出的优点，在开班典礼上一个一个地展现出来，让每个孩子看到自己优点的同时，也看到同伴们的优点。

然后，老师要由衷地告诉每个孩子：你们不一样，你们都很好！

如果家长在现场，也可以让家长们真诚地告诉孩子们：你们不一样，你们都很好！

最后，让孩子们欢喜地说：我们不一样，我们都很好！

二年级《早安，小松鼠》

【诗歌】

早安，小松鼠

［新加坡］刘可式

早安，小松鼠
整个早晨
我一直看着你
怎样把每一寸
玲珑的晨光
变作七彩的跳跃
嚼成松子的果香

【导语】

又一个新的早晨到来了！七彩的阳光透过树枝照进森林的每一个角

落，可爱的小松鼠钻出了树洞，在松树间快乐地跳跃、吃松果。“我”一直看着它，它的这份快乐也感染了“我”——这是一个多么美妙的早晨啊！

【编织】

学完新诗后，进入生命编织。你可以这样说：“亲爱的孩子们，当阳光照进校园里，我们又在忙着干什么呢？”

这时，可以把老师和孩子早晨走进校园时的美好的照片放到课件上，再把小诗稍稍改动一下，之后，请老师把这首诗送给全班的孩子：

早安，孩子们 / 整个早晨 / 我一直看着你们 / 怎样把每一寸 / 玲珑的晨光 / 变作七彩的乐曲 / 吟成书本的芳香

再请孩子们把这首诗送给亲爱的老师：

早安，老师 / 整个早晨 / 我们一直看着您 / 怎样把每一寸 / 玲珑的晨光 / 变作七彩的童谣 / 吟成知识的芳香

当然，也可以请亲爱的家长把这首诗送给孩子们，于是，在新学期的第一天，大家用“对唱”的方法，把珍贵的礼物赠送给对方。这个早晨，就这样变得明亮起来，温暖起来。

三年级《向着明亮那方》

【诗歌】

向着明亮那方

［日］金子美铃　吴菲译

向着明亮那方
向着明亮那方。

哪怕一片叶子

也要向着日光洒下的方向。

灌木丛中的小草啊。

向着明亮那方
向着明亮那方。

哪怕烧焦了翅膀
也要飞向灯火闪烁的方向。

夜里的飞虫啊。

向着明亮那方
向着明亮那方。

哪怕只是分寸的宽敞
也要向着阳光照射的方向。

住在都会的孩子们啊。

【导语】

诗中描述的，都是很弱小的东西：小草、飞虫，还有孩子。

它们所处的环境，也都很不好：小草被灌木丛严密地遮挡，飞虫在黑暗的夜里飞翔，而现实中，不管在城市还是乡村，孩子生命的空间，也因为种种原因，越来越狭小了，乡村的孩子瞭望着城市的灯光，而城市的孩子却不知道自己该瞭望什么——也许他们盼望的是让萤火虫照亮自己回去的路吧？

那么就读一读这首诗吧，它会照亮你，你会感到生命在响应着一种神圣的召唤——向着明亮那方，向着明亮那方！

【编织】

学完新诗后，进入生命编织。

老师可以直接将这首诗进行改编，将“灌木丛中的小草啊”“夜里的飞虫啊”“住在都会的孩子们啊”改为“×× 教室的女孩子们啊”“×× 教室的男孩子们啊”“×× 教室的孩子们啊”。

这样，诗歌就直接进入了孩子们的生命，仿佛是来自远方的，更仿佛是来自他们内心深处的召唤——向着明亮那方，向着明亮那方！

四年级《有天》

【诗歌】

有　天

顾城

总有那么一天
阳光都变成叶子
我的路成为宫殿

总有那么一天
叶子都变成阳光
我的木台升到天上

每块石头都可以住一住
那里的花纹
最大的画家都惊叹

每个小钉都会讲故事
那里的新奇
最小的孩子都入迷

【导语】

曾经有那么一天，每个小铁钉都会讲故事，每块石头的花纹让最大的画家都惊叹不已——那就是让诗人们羡慕不已而你仍然没有完全失去的童年。

还将有那么一天，每一缕阳光将变成叶子和花朵，诗人的道路通往神圣的宫殿。在那里，人们重新学会相亲相爱，重新学会从一片草叶、一堆沙砾中发现惊奇。

【编织】

学完新诗后，进入生命编织。你可以说：“亲爱的孩子，这个假期，你的生活和学习中，有哪些事情让你觉得惊奇？你的同学做的事情中，有哪些让你觉得惊奇？”

然后，结合着学生们在这个假期的表现，一一呈现，配上这里的诗句，也可以做适当改动。如果孩子的儿童诗写得好，可以这样改：“每首诗都可以停一停，这里的文字，最大的诗人都惊叹。”总之，如果要改，尽可能灵活地结合学生的作品来改。

最后，可以综合整首诗，再次问学生们：“你的童年，有哪些事让你觉得惊奇？你的未来，有哪些事值得你去憧憬？趁着你还没有失去你的木头宫殿，赶紧把它画下来珍藏，把它写下来，不要让它就这样悄悄地消失。”

五年级《生命幻想曲》

【诗歌】

生命幻想曲（节选）

顾城

把我的幻影和梦，
放在狭长的贝壳里。
柳枝编成的船篷，
还旋绕着夏蝉的长鸣。
拉紧桅绳
风吹起晨雾的帆，
我开航了。

没有目的，
在蓝天中荡漾。
让阳光的瀑布，
洗黑我的皮肤。

太阳是我的纤夫。
它拉着我，
用强光的绳索，
一步步，
走完十二小时的路途。

【导语】

这是一个诗人的一天（白天），带着幻影和梦，被阳光的纤绳拉着，一步步地走完十二小时的路途。

他热爱着这白昼的一切，晨雾和夏蝉，瀑布般的阳光，他甚至愿意让阳光把自己的皮肤洗黑，像个小黑孩。

【编织】

学完新诗后，进入生命编织。你可以这么问："同学们，你的白昼和黑夜又是怎样度过的呢？你的船帆里带着些什么？你是不是有着一个方向，想去寻找一些什么？"

可以把学生暑假中的出色表现和优秀作品放到课件上，一个一个地展示出来。

最后，老师告诉学生："亲爱的同学们，新学期开始了，升起你们航船桅杆上的帆，你们也该启航了！"

学生们告诉自己："新学期开始了，升起我们航船桅杆上的帆，我们也该启航了！"

六年级《阿什拉姆学校》

【诗歌】

阿什拉姆学校（节选）

［印度］泰戈尔

在阿什拉姆学校，
人们为了生命的最高目的，
在自然的安宁之中聚集在一起。

在那儿，
生命不仅是静思的，
而且是在活动中觉醒的；

在那儿，
孩子们的心灵将学会去信仰，
但不会被强迫；

在那儿，
他们要将自己眼前的世界，
实现为他们渴望居住其中的童话王国；

在那儿，
日出，日落，和静寂、灿烂的群星，
每天都受到孩子们的珍视；

在那儿，
人们在花儿与果实的盛会中，
尽情地享受着欢乐；

在那儿，
师生们围坐同一张桌子，
共进他们的物质之餐和永恒的精神之餐。

【导语】

你喜欢阿什拉姆学校吗？你最喜欢这里的哪个场景，为什么？

是的，在那儿，诗人泰戈尔为我们描绘了一所理想的学校——阿什拉姆学校。

在阿什拉姆学校，人们把生命本身，而非外在的事物，当成最高目的，并使生命与大自然和谐地形成一个整体。他们远离世俗的喧嚣，真正地宁静下来，并养成反思的习惯，养成主动而自觉的习惯。他们一起过一种谦卑而虔诚的生活。他们努力创造，以此显示自己的自由。

他们不关心豪华的房子、漂亮的车，或世俗里经常用以炫耀的东西，但是自然界神奇的一切，却受到大家的珍视。他们分享大自然的果实，也讨论真理、信仰、艺术，那是永恒的精神之餐。

【编织】

学完新诗后，进入生命编织。你可以先这么说："亲爱的同学们，你们想要一个怎样的学校，一间怎样的教室？是的，在那儿，诗人泰戈尔为我们描绘了一所理想的学校——阿什拉姆学校。在这儿，将由我们来描绘自己的教室。请说说你心目中理想教室的模样吧。"

在学生说了后，老师可以将对自己教室的愿景及理想的生活场景通过语言或图片呈现出来，同时适当地改动这里的诗句，让它成为大家共同的期待。

最后，号召大家一起为之努力："我们坚信，这儿也会是一个美妙的童话，也将是一座神奇的殿堂。"

《劳作》

【诗歌】

劳作（二）

［黎巴嫩］纪伯伦

也总有人对你们说生活是黑暗的，你们疲惫时重复疲惫者的话。
而我说生活的确是黑暗的，除非有了渴望，
所有渴望都是盲目的，除非有了知识，
一切知识都是徒然的，除非有了工作，
所有工作都是空虚的，除非有了爱；
当你们带着爱工作时，你们就与自己、与他人、与上帝合为一体。

什么是带着爱工作？
是用你心中的丝线织布缝衣，仿佛你的至爱将穿上这衣服。

是带着热情建房筑屋，仿佛你的至爱将居住其中。

是带着深情播种，带着喜悦收获，仿佛你的至爱将品尝果实。

是将你灵魂的气息注入你的所有制品。

是意识到所有受福的逝者都在身边注视着你。

【导语】

种子、嫩芽、花朵、果实，然后又一季的花开花落……

这便是大地，不断地重复轮回，又不断地结出新的果实。

而人呢？唯有在劳作中，在不断的创造中，才能摆脱无聊的重复，才能不断地在岁月中拓展生命的宽度和深度，吹出“永新的音乐”。

【编织】

学完新诗后，进入生命编织。请这样告诉学生：

亲爱的同学们，在学习的路上，你是否如蜗牛一样一直默默爬行？你的心绪是否充斥着牢骚与抱怨？是不是觉得自己最累？

如果是，那是因为你已经忘记了歌唱，忘记了热爱自己的生命。

对你们而言，学习，其实就是一种劳作，也是一种看得见的爱。（到这里，也可以将诗中的“劳作”换作“学习”，把诗歌读一遍。）

这种爱，就是纪伯伦说的：

清晨，带着一颗生翼的心醒来，感谢又一个充满爱的日子；

午休，沉思爱的心醉神怡；

黄昏，带着感激归家；

睡前，为你心中的挚爱祈祷，唇间吟诵着赞美诗。

备课样例一
一年级上册第一单元童谣两首

陈美丽

一年级上学期，在小学阶段是个非常特殊的时期。教育部将这个时期设置为“入学适应期”，也正是希望老师们明白：这个时期，关系比知识更重要，安全比纪律更重要。

我们在选编《晨诵课》的诗歌时，以儿歌童谣为主，选择了朗朗上口的、节奏感较强的诗歌，就是考虑到了一年级这个阶段孩子们的年龄特点和心理特点。

而当老师将诗歌带进教室，带给孩子们的时候，一方面，在朗读的时候，不只是在声音上要传递出儿歌童谣的节奏感，同时也要将身体的律动带入：可以用拍拍手、拍拍桌子、跺跺脚、摇晃身子，加上简单的手势等方式，将诗歌的节奏感传达出来；另一方面，一年级的晨诵课堂要更多地体现出游戏、好玩的特质，不要太过抒情，当然，更不要用机械单调的方式进行知识性传授，而要让学生沉浸其中，玩味其中，陶醉其中。

接下来，以《摇啊摇》《拉大锯》为例，我们来看一看，一节完整的晨诵课如何穿越“浪漫—精确—综合”这三个阶段，如何用诗歌来唤醒黎明，唤醒孩子们的生命。

一、《摇啊摇》

【浪漫感知】

用诗歌唤醒黎明，像阳光照亮生命！

亲爱的小孩，从今天开始，我们要一起踏上一个叫“晨诵”的旅程了。我们的第一首诗歌，会是什么呢？让我们一起来听听。（放歌曲，老师跟着范唱一遍）

摇啊摇

摇啊摇，
摇啊摇，
摇到外婆桥，
外婆叫我好宝宝，
一只馒头一块糕。

多么熟悉的歌谣，多么动听的歌谣，多么温馨的歌谣！

也许你曾在外婆、奶奶或者妈妈的怀里，跟着她们一起唱过。

也许你曾好奇地问过她们：“为什么你的肚子里会有那么多好听的歌谣？我长大了，肚子里是不是也会有这么多唱也唱不完的歌谣呢？”

现在呀，老师要再把这些歌谣送给你。这些歌谣呀，外婆唱过，外婆的外婆唱过，外婆的外婆的外婆唱过……

读这些歌谣，重要的不是认得这些字，而是熟悉这种声音。长大了以后你会明白，它们就是我们的“母语”，和妈妈一样亲近，一样重要。还愣着干什么？赶紧跟着老师念起来吧！（老师打着节拍范读）

现在，请你也拍着手，跟着老师一起来读一读吧。（学生打着节拍跟着老师读）

【精确理解】

很好听吧！听着这歌谣，你的心是不是就变得宁静起来了？现在我们来看看这歌谣在说些什么。

老师先问问你呀：这个小孩的外婆家在哪里呢？你是怎么知道的？

“摇啊摇，摇啊摇，摇到外婆桥”，对，这外婆家在江南，江南水路多，桥也多，所以这小孩是摇啊摇啊，坐着船到外婆家去的。

到了外婆家，外婆是怎么对待这个小孩的？

“外婆叫我好宝宝，一只馒头一块糕。”对呀，外婆很喜欢“我”，不但夸“我”是个好宝宝，还给“我”吃好多好吃的东西。

现在老师再来问问你：你的外婆在哪里？你小时候是怎么到外婆家去的？到了外婆家，你的外婆又是怎么对待你的？（让学生自由地说说，不必追求精确的表达）

你要是想不起来了，可以让你亲爱的妈妈告诉你啊！

你知道世上最爱你的人是谁吗？当然是你妈妈呀。你知道世上曾经最爱你妈妈的人是谁呀？当然是外婆呀。而外婆，总会把曾经对你妈妈的爱，全部地给现在的你。

你知道外婆是谁吗？那就是妈妈的妈妈呀！妈妈的妈妈是谁呀？她就是你的外婆呀！外婆家一定有桥吗？那可不一定，但外婆的家里一定要有“谣”啊！

我们再来读读这首外婆的歌谣吧。（学生一起再读一遍《摇啊摇》）

【综合呈现】

摇啊摇，摇啊摇，摇着摇着，宝宝呀，就长大啦。现在，你已经上小学了，以后，你还要上中学、大学。不过呢——不管你是多大的孩子，不管你是哪里的孩子，你都是外婆的好宝宝，你都是爸妈的好孩子。

你说是不是？如果你觉得是，那就请你大声地告诉自己：不管我是多大的孩子，不管我是哪里的孩子，我都是外婆的好宝宝，我都是爸妈的好孩子。

最后，我们再把这首童谣来念一遍，唱一遍吧。（学生一起念一遍，唱一遍《摇啊摇》）

今天的晨诵就到此结束了，回家记得把这首童谣唱给爸爸妈妈听，再让他们给你讲讲你小时候的故事，还有你外婆家的故事吧。

二、《拉大锯》

【浪漫感知】

用诗歌唤醒黎明，像阳光照亮生命！亲爱的小孩，让我们继续踏上“晨诵”的旅程。先来复习一下昨天学过的诗歌《摇啊摇》。（读一读，唱一唱《摇啊摇》）

外婆家有桥，有馒头和糕，还有很多有意思的事呢！

那你觉得，今天在外婆家，又有什么有意思的事？我们来听听！

拉大锯

拉大锯，扯大锯，
姥姥家，唱大戏。
接闺女，请女婿，
小外孙子也要去。
今搭棚，明挂彩，
羊肉包子往上摆，
不吃不吃吃二百。

好听吗？请你也拍着手跟着老师一起来读一遍吧。（学生拍手跟读）

【精确理解】

现在你来说说，姥姥是谁呀？（让学生说一说）

姥姥，就是妈妈的妈妈。咦，我们前面的一首儿歌不是说妈妈的妈妈叫外婆吗？原来呀，在南方，妈妈的妈妈叫作外婆；在北方，妈妈的妈妈一般叫姥姥。现在你明白了吧？

姥姥家唱大戏了，都去了哪些人？你是从哪里看出来的？（出示问题，指名两到三个学生说一说）

闺女、女婿、外孙都去了。这里的闺女，就是小孩的妈妈呀。这里的女婿，就是小孩的爸爸呀。那这个小孩一定是个“小外孙子”吗？一定是个男孩吗？不一定，如果是个女孩，我们就可以说“小外孙女也要去”。

姥姥家唱大戏的时候，是不是很热闹呢？你是从哪里看出来的？（出示问题，指名两到三个学生说一说）

“今搭棚，明挂彩，羊肉包子往上摆”，呀，姥姥家一唱大戏，不但要搭起戏台子，还张灯结彩的，看上去一片喜气洋洋，就像过节一样。既然像过节，那一定少不了好吃的。以前穷人家平常的日子里，连肉都吃不到，只有到了过节，才能吃。唱大戏的时候，大家就可以吃上羊肉包子了。

最有意思的就是最后一句“不吃不吃吃二百”，小孩子知道做人要有教养，因此不好意思直接就开吃，所以就客气地说“不吃不吃”，但事实是，一边说着不吃不吃，一边已经忍不住了，吃着吃着，不知不觉就吃多了——吃二百，不是说真的吃了二百个羊肉包子（那一定吃撑了），而是说一口气吃了好多。

亲爱的小孩，你现在是不是觉得这童谣写得特别好玩呢？我们一起再来读一遍吧。（学生一起读一遍）

【综合呈现】

老师小时候呀，最爱搬张小板凳，坐在外婆对面，和她手拉手，一边唱《拉大锯》，一边玩这个游戏。我们一边唱，一边来回拉锯，有时还会故意向后仰，假装跌倒呢！多么有意思！

这个游戏为什么叫作“拉大锯”呢？（出示拉锯的图片）

原来，这是从锯木头演变而来的。因为一个人把木头锯断不容易，所以就由两个人来回拉，这样就可以节省很多的力气了，同时呢，两个人一起做一件事，也可以增进情感的交流。

现在，和你同桌的小伙伴一起手拉着手来玩一下这个游戏吧。（学生一边玩一边唱《拉大锯》）

今天的晨诵到这里就结束了。今天回家去，记得和你的爸爸妈妈或爷爷奶奶一起玩一下这个游戏——你们一起拉一次，扯一次，唱一回，跌一跤吧！

备课样例二
二年级上册第一单元童诗两首

陈美丽

二年级开始，拍手跺脚、朗朗上口的儿歌童谣不见了，取而代之的，是那些古灵精怪、千奇百怪的自由童诗。而孩子们，也已经由一年级最为需要的安全中走出来，慢慢地迈出脚步探索自由。

这个阶段，身体的律动已经退位，声音的训练成为晨诵课堂上的重点。当然，最最重要的，是孩子们开始用有灵性的词语，捕捉万物的气息，感受天地的变化。而这些有灵性的文字，有来自伟大诗歌时代唐朝的，有来自今天身边的伙伴的，也将有来自孩子自己的。

是的，来自孩子自己。从二年级开始，就可以有意识地引导孩子进行仿写、改写，甚至创作。

二年级，应该是写童诗的黄金时间，要让写童诗成为孩子的本领和神通。让孩子用自己的词语，点亮每一个有晨诵和诗歌的日子。

接下来，以《早安，小松鼠》《村小：生字课》为例，我们来看一看，一节完整的晨诵课如何穿越“浪漫—精确—综合”这三个阶段，如何用诗歌来唤醒黎明，唤醒孩子们的生命。

一、《早安，小松鼠》

【浪漫感知】

又一个清晨来到了！让我们一起用美妙的歌声来迎接这个黎明吧！（师生一起唱《我要上学》）

我要上学

演唱：20088 乐队

为什么鸟在天上飞　鱼在河里游 / 为什么小树天天浇水　才能够长高 / 为什么太阳一下山　天就全黑了 / 为什么星星挂在天上　不会往下掉……

为什么饿了要吃饱　困了想睡觉 / 为什么雪花落在手上　再也找不到 / 为什么闹钟到早晨　就会大声吵 / 为什么汽车灌满汽油　才会到处跑

夏天下雨 / 冬天下雪 / 秋天白云高 / 我想知道它们的奥妙 / 猜也猜不到 / 我要上学　我要上学 / 眼前这神奇的一切等我去了解 / 我要上学　我要上学 / 等我长大的那个圣诞节 / 我想要用月亮做艘飞船 / 飞遍全世界

还没有玩够，暑假就悄悄溜走了，新的学期来到啦！戴上鲜艳的红领巾，上学去啦！又见到敬爱的老师，又见到亲爱的伙伴了。瞧一瞧，发现他居然长高了！比一比，原来我也一样在长高。

还没忘记那些有趣的童谣、颠倒歌和绕口令吧？嘿嘿，现在你读二年级了，你会遇到《有趣的老师，有趣的考试》，你会跟一群乡下孩子一起去上《村小：生字课》，减了一个暑假的肥的小书包，又要开始变得鼓鼓的……别急别急，你先得和小松鼠问一下早安。先听老师来读一下诗歌：

早安，小松鼠

［新加坡］刘可式

早安，小松鼠
整个早晨
我一直看着你
怎样把每一寸
玲珑的晨光
变作七彩的跳跃
嚼成松子的果香

请大家一起来读一遍吧。（学生齐读诗歌）

【精确理解】

又一个新的早晨来到了，小松鼠在干什么？我为什么一直看着它？（出示问题，让学生自由地说说）

是啊，又一个新的早晨来到了！七彩的阳光透过树枝照进森林的每一个角落，可爱的小松鼠钻出了树洞，在松树间快乐地跳跃、吃松果。小诗人呢，一直看着它，它的这份快乐也感染了小诗人——这是一个多么美妙的早晨啊！让我们一起读出这份美妙吧。（让学生一起读一遍）

【综合呈现】

又一个新的早晨来到了！我们又在忙着做什么？（请学生自由地说一说）

现在呀，老师要把这首诗，送给全班的孩子们——

早安，亲爱的孩子们/整个早晨/我一直看着你们/怎样把每一寸/玲珑的晨光/变作七彩的朗诵/吟成书本的芳香

孩子们，你们也把这首诗送给亲爱的老师吧——

早安，亲爱的老师/整个早晨/我们一直看着您/怎样把每一寸/玲珑的晨光/变作粉笔的舞蹈/转成知识的波浪

多好啊！我们用“对唱”的方法，把珍贵的礼物，赠送给了对方。

现在，让我们回到原诗，再来读一遍吧。（让学生读一遍原诗）

亲爱的孩子，你见过的最美的晨光是什么样的呢？拿起笔，写一首小诗送给那个把晨光变美的人吧！或者，你想把晨光变成什么样？把它写下来，并且做到，你就成了世界上最美的晨光。

二、《村小：生字课》

【浪漫感知】

又一个清晨来到了！让我们一起用美妙的歌声来迎接这个黎明吧！

（师生一起唱《我要上学》）

师：早安，亲爱的孩子们。

生：早安，亲爱的老师。

师：整个早晨/我一直看着你们。

生：整个早晨/我们一直看着您。

师：怎样把每一寸/玲珑的晨光/变作七彩的朗诵/吟成书本的芳香。

生：怎样把每一寸/玲珑的晨光/变作粉笔的舞蹈/转成知识的波浪。

又一个新的早晨来到了！七彩的阳光透过树枝照进森林的每一个角落，可爱的小松鼠钻出了树洞，在松树间快乐地跳跃、吃松果。让我们再次来感受这份快乐吧。（学生齐读《早安，小松鼠》）

今天，我们要去一所村小看看，那里的孩子们是怎么学习的。先听老师来读一读。（出示诗歌，老师范读，之后全班齐读）

村小：生字课

高凯

蛋　蛋　鸡蛋的蛋
调皮蛋的蛋　乖蛋蛋的蛋
红脸蛋的蛋
张狗蛋的蛋
马铁蛋的蛋

花　花　花骨朵的花
桃花的花　杏花的花
花蝴蝶的花　花衫衫的花
王梅花的花
曹爱花的花

黑　黑　黑白的黑
黑板的黑　黑毛笔的黑

黑手手的黑
黑窑洞的黑
黑眼睛的黑

外　外　外面的外
窗外的外　山外的外　外国的外
谁还在门外喊报告的外
外　外——
外就是那个外

飞　飞　飞上天的飞
飞机的飞　宇宙飞船的飞
想飞的飞　抬翅膀飞的飞
笨鸟先飞的飞
飞呀飞的飞……

【精确理解】

《村小:生字课》中，老师教大家认识了哪几个生字？（“蛋、花、黑、外、飞”）你觉得这首诗在说老师教学生识字，还是在说这里有着一群怎样的男孩和女孩？他们过的是一种怎样的生活？（先让学生整体地自由地说说自己的感受）

让我们一段一段地来看一下（每出示一段，先让学生读一读，说一说，再由老师引领）：

蛋　蛋　鸡蛋的蛋 / 调皮蛋的蛋　乖蛋蛋的蛋 / 红脸蛋的蛋 / 张狗蛋的蛋 / 马铁蛋的蛋

这一段文字里，我们仿佛看到了：在山中的一所小小的小学里，有调皮可爱的男孩子，他们的脸蛋被山风吹得红扑扑的，他们的小手黑黑的，他们都长着乌溜溜的黑眼睛。

花　花　花骨朵的花／桃花的花　杏花的花／花蝴蝶的花　花衫衫的花／王梅花的花／曹爱花的花

这一段文字里，我们仿佛看到了：学校里也有着花朵一样的女孩子，她们像杏花，像梅花，她们穿着花衫衫，像蝴蝶般飞来飞去……

黑　黑　黑白的黑／黑板的黑　黑毛笔的黑／黑手手的黑／黑窑洞的黑／黑眼睛的黑

这一段文字里，我们仿佛看到了：这群山里的孩子，他们住在黑黑的窑洞里，他们的小手也因为经常不洗而变黑了，但他们渴求知识的双眼仍是明亮的。

外　外　外面的外／窗外的外　山外的外　外国的外／谁还在门外喊报告的外／外　外——／外就是那个外

这些可爱的男孩子女孩子在小小的教室里，心中装着的却是窗外的那个世界，山外的那个世界，国外的那个世界……

飞　飞　飞上天的飞／飞机的飞　宇宙飞船的飞／想飞的飞　抬翅膀飞的飞／笨鸟先飞的飞／飞呀飞的飞……

他们有着飞翔的梦想——飞机、宇宙飞船，一次次在他们的梦中出现，他们努力地学习，那响亮的读书声每天在山中回荡，就像他们的梦想，一直在他们的心中飞翔……

【综合呈现】

现在，我想大家应该已经发现了：这不只是一节识字课，还是一节生命教育课；这不只是在说一群男孩女孩，也是在说他们的生活；这不只是在说他们的生活，更是在说他们的生命、他们的梦想和期待。

我们再一起来读一读这首诗歌吧。（让学生一起读）

亲爱的孩子们，看了村小孩子们的生活，想想我们现在的生活，请你选择几个生字仿写一首有意思的诗歌吧。

备课样例三
三年级下册诗两首

陈美丽

进入三年级，孩子们就真正进入了自由童诗的世界。在这里，他们会见到来自日本的金子美铃，来自美国的谢尔·希尔弗斯坦，来自中国的金波，来自意大利的贾尼·罗大里，来自英国的斯蒂文森，和来自印度的泰戈尔，这些人的或天真或幽默或孤独或宁静的诗歌，将为孩子们打开一个丰富而美好的世界。

经过二年级一年的熏陶，三年级仍以声音的训练作为主要方向。如何通过朗读感受不同诗人的不同风格，不同诗歌的不同趣味？这是一个需要长期训练的过程。

有了前两年的诗歌积累，到了三年级，在诗歌的仿写和创造上也可以适当加大力度。大量诗歌的浸润，培养了孩子们敏感而细腻的心，而作品的创作，反过来会让孩子们对诗歌更加敏感。

接下来，以《种子的梦想》《弹歌》为例，我们来看一看，一节完整的晨诵课如何穿越“浪漫—精确—综合”这三个阶段，如何用诗歌来唤醒黎明，唤醒孩子们的生命。

一、《种子的梦想》

【浪漫感知】

亲爱的孩子们，新的学期又开始了！让我们在歌声中开启今天的晨诵之旅吧。（师生一起唱）

让世界因我而美丽

词、曲、唱：李嘉榕

啦啦啦/我是因为爱这个世界才来/继续我伟大美好无私的梦想而来/我要成为这世界上最美的种子/让世界因我而美丽

生命是上天赋予我最大的财富/我是自然中所有奇迹中最大的奇迹/我要通过改变自己来改变世界/让世界因我而美丽

我要带着梦想满怀希望/让自己像花一样绽放/我要创造奇迹放飞梦想/让生命因我而飞翔/让世界因我而美丽……

亲爱的孩子，你是不是还有些留恋过年红鞭炮的余响，为这么早就站在新学期的门槛上有点儿沮丧？

哦，孩子，可千万别沮丧。你看，一个新崭崭的早春，正在为你酝酿着一个季节的芬芳。

你瞧，现在的窗外，虽然还是寒风料峭、残冰未消，但是如果你静静地去听，就会听见从冰冷坚硬的冻土下，传来了细细的歌声。（出示诗歌题目《种子的梦想》）

请你猜猜，种子的梦想会是什么？（请学生自由地表达）

接下来我们来看看顾城笔下的种子，有着怎样的梦想。听老师把诗歌来读一遍。（老师范读全诗）

种子的梦想

顾城

种子在冻土里梦想春天。

它梦见——
龙钟的冬神下葬了，
彩色的地平线上走来少年；

它梦见——
自己颤动地舒展着腰身，

长睫旁闪耀着露滴的银钻；

它梦见——
伴娘蝴蝶轻轻吻它，
蚕姐姐张开了新房的金幔；

它梦见——
无数儿女睁开了稚气的眼睛，
就像月亮身边的万千星点……

种子呵，在冻土里梦想春天，
它的头顶覆盖着一块巨大的石板。

（老师读完后，请学生读。如果感觉学生朗读有难度，可以先自由练读再齐读；如果感觉学生朗读没难度，可以直接齐读。）

【精确理解】

“种子在冻土里梦想春天。”读着这句，你觉得这是一粒怎样的种子？（请学生自由地说一说）

是啊，这粒种子可没有温室里的种子那么幸运，整天都在温暖中度过，有足够的光照、水分和养料。它生活在冻土里，冷冰冰的硬邦邦的冻土里。环境是多么恶劣，处境是多么糟糕，命运是多么不幸，但是它并没有因此而绝望、自暴自弃或埋怨命运的不公，反而梦想着春天，畅想春天的美好。

请读一读三、四、五这三小节，说说这颗小种子做的是怎样的梦。（请学生自由地说一说）

“自己颤动地舒展着腰身，长睫旁闪耀着露滴的银钻”，种子梦见自己长出了嫩绿的叶子，这些叶子上有露珠在闪闪发亮。是的，它梦见自己长大了，长得很美。

“伴娘蝴蝶轻轻吻它，蚕姐姐张开了新房的金幔”，种子梦见自己开花了，花儿美得就像新娘，蝴蝶来做伴娘，蚕儿为它布置新房。

“无数儿女睁开了稚气的眼睛，就像月亮身边的万千星点……”种子梦见自己留下了很多种子，这些种子也在慢慢长大，它们的眼睛也像它一样明亮，明亮得就像天上的星星。

现在，再来一起读一下这首诗吧。

【综合呈现】

是啊，冻土就像石板，又冷又硬。可是梦想却能顶开它，让小小的种子，开出一朵花，长成一棵树。

亲爱的孩子，你不就是这一粒小小的种子吗？那么在新的一学期开始的时候，你又在梦想着什么呢？（请学生自由地说一说自己在新学期的梦想，这个最好事先就让学生想过、写过，要尽量针对自己在这一个学期中的梦想来说，要言之有物、言之有理，切忌空话套话假话）

最后，让我们带上我们的梦想，再来读一读这首诗吧。

二、《弹歌》

【浪漫感知】

亲爱的孩子，生活在科技如此发达的今天，你或许很想知道：我们的先人是怎样生活的？他们又有着怎样的喜怒哀乐？

现在，就让我们一起回望过去，听听这古老大地上的回声。我们将从原始社会出发，穿越尧、夏，走过先秦来到春秋，然后走过南北朝来到大唐……我们将看到他们如何劳作，如何抗争，如何悲伤，如何思念，如何歌颂……

你们知道中国最早的一首诗歌是什么吗？（让学生自由地说说）

出示《弹歌》，老师范读。这首诗歌的范读，最好带上节奏，用吟唱的方式呈现，效果更好。（带着学生一起练习吟唱）

弹 歌

《吴越春秋》

断竹，续竹。

飞土，逐宍[①]。

【精确理解】

你觉得这首诗歌主要在讲什么？（让学生自由地说说）

这可是中国最早的诗歌哦，据说是4000多年前的黄帝时代，我们还处于原始社会的先人们，在劳动时唱出来的歌谣。

那个时代啊，人们主要靠打鱼、狩猎和采集植物果实为生，当时还没有发现铁呢，只能用尖利的石头来砍削、制作劳动工具。

这首歌谣，就是用最简洁的文字，叙述了从制作工具到完成狩猎的整个过程。如果翻译成现代文的话，就是这样的：

砍断竹子——哟嗬，做成弹弓——哟嗬。

弹出土块——哟嗬，去打野兽——哟嗬。

这就像古代的一种劳动号子。再唱起这首歌，你是否看到，我们的先人们对劳动的激情和对生活的热爱？你是否感觉到，这来自遥远时空的歌声，也为你的劳作注入了一份既古老又新鲜的活力与热情？

【综合呈现】

现代也有劳动号子。这是与生产活动直接联系的一种口头即兴创作，曲调比较简单，节奏强而有力，有领有合，顿挫分明。内容根据劳动特点随意发挥。主要用于统一步伐，调节呼吸。

我们一起来听一首现代的《劳动号子》，感受一下劳动人民的热情。（歌词很简单，旋律也很简单，可以让学生一起打着节拍唱起来）

① 宍（ròu）：古“肉”字。

劳动号子

劳动号子嘛——嗬嘿！
震天动地嘛——嗬嘿！
盘古开天嘛——嗬嘿！
传到今天嘛——嗬嘿！

路有平呀嘛——嗬嘿！
也有险呀嘛——嗬嘿！
只要人呀嘛——嗬嘿！
齐努力呀嘛——嗬嘿！

不怕风儿嘛——嗬嘿！
不怕雨儿嘛——嗬嘿！
愚公移山嘛——嗬嘿！
传遍四方嘛——嗬嘿！

哟嗬　永远的歌
让我学会度过坎坷
哟嗬　永远的歌
伴我岁岁年年度过

天有晴呀嘛——嗬嘿！
也有雨呀嘛——嗬嘿！
只要人呀嘛——嗬嘿！
团结紧呀嘛——嗬嘿！

原来，我们和先人一直在同呼吸，共命运。

是的，这苍茫大地上发生的一切，从不曾消逝。让我们再一起走进这古老的回声，感受古代劳动人民的激情和对生活的热爱吧。（最后一起吟唱《弹歌》）

备课样例四
四年级下册古诗两首

陈美丽

四年级的任务，就是在享受童年的同时，与童年挥手道别。

如果第七册《晨诵课》是在让学生尽最大的可能享受童年的话，那么第八册的《晨诵课》就是让他们穿越时空和年龄，暂时远离童年，进入一个古老的农人世界，和一个古典的诗歌世界。

“农历的天空下——二十四节气古诗词之旅”是我们最最满意、最具有创造性的课程之一，无数个实验让我们确信，它带给孩子们的，比我们能够想象的还要多得多。重要的是别半途而废，别置身诗外。

穿越这个课程，我们就是在向整个世界证明：证明唐诗宋词并没有在这个时代死亡，而依然是鲜活的艺术珍品；证明我们能够在这个年纪，开始领略到先人们的忧伤与诗意，而这种领略会从这时开始，随我们生命的丰富与深邃而不断地加深；证明穿越时空，人类的生命仍然能够达成共鸣，永恒的精魂确实不会随时间而消亡，而我们的生命，确实会因为这样的共鸣而变得与众不同。

如果有可能，请再学习吟诵的方法，用吟唱的方式，吟出诗词中的平平仄仄和深远意境。

接下来，以《春日》《迎春花》为例，我们来看一看，一节完整的晨诵课如何穿越“浪漫—精确—综合”这三个阶段，如何用诗歌来唤醒黎明，唤醒孩子们生命中的诗情。

一、《春日》

感受音韵之美，理解意韵之妙！让我们一起走进百花诗词吟诵。先一起来唱《春暖花开》。（插入歌曲）

【浪漫感知】

经历了漫长的冬季，春天正在向着我们走来。在接下来的日子里，我们将和百花、诗词一起度过这一个美好的春天，我们要看这些积攒了整整一个冬天力量的花卉是如何迫不及待地登台亮相的，看光秃秃的枝头如何就突然绽放出无限润泽与明艳的花朵，看这些颜色不一、形态各异的花儿如何从一簇、两簇突然间就灿烂了整个天地。而那时，你一定会由衷地赞叹：每一朵花，都是大自然吐出的诗行。有些清新，有些孤傲，有些朴素，而有些简直就像神灵一样辉煌。

这一次我们要穿越的，可并不只是春天里的自然之花。在漫长的岁月里，我们的祖先已经为每一种花命名。梅花的孤傲高洁，兰花的清冷高贵，桃花的美丽虚幻，杏花的绚烂短暂，牡丹的雍容华贵，还有丁香的淡淡哀愁，甚至溪头的野荠，在诗中也有了一种独特的性格。

所以“百花课程”里，我们要欣赏和领略的，不仅是无数种的色泽、无数种的芬芳，还是无数种独特的品格。

今天我们要学习的第一首诗，是朱熹的《春日》。先听老师来读一遍。

春　日

［南宋］朱熹

胜日寻芳泗水滨，无边光景一时新。
等闲识得东风面，万紫千红总是春。

我们来吟诵一遍。（让学生一起吟诵）

吟诵，就是我们古人读诗的方式。贾岛说：“两句三年得，一吟双泪流。”意思是说，写诗真是不容易，两个诗句要用三年的时间才寻得，写完后一吟诵，就禁不住流下了辛酸的泪水。

杜甫说："陶冶性灵存底物，新诗改罢自长吟。"意思是，写诗可以陶冶性灵，每次写诗，他都要反复地吟诵，反复地修改。

从这里我们就可以看到，古人是用吟诵的方式来读诗、品诗的。

那么，吟诵的基本规则是什么呢？

我们先来看一下关于平仄的区分。平声，就是现在的一、二声，我们一般用横线表示，横线的长短代表声音的长短。仄声，就是现在的三、四声，我们用竖线表示。其中竖线下加一点，表示的是入声字，这是古代的字音，现在已经没有了。入声字归入仄声，但比仄声更短促。我们可以用一句口诀来记住：一二声平三四仄，入声归仄很奇特。

平仄的高低长短是怎样的呢？应该是"平长仄短，平低仄高"。也就是说，平声比仄声长，仄声比平声高。

最后我们来看一下吟诵最重要的原则，那就是"依字行腔，依义行调"。依字行腔，就是按照文字本身的读音特征（即文字本身所具有的声、韵、调）来行吟诵的腔音。依义行调，说的是吟诵最核心的本质。吟诵不是背诗，也不是唱诗，而是在理解诗歌后，和诗歌产生共鸣，然后用自己的声音来传递这种兴发感动。

好，了解了吟诵的原则和方法后，我们再来吟诵一下这首诗歌。（让学生吟诵一遍）

【精确理解】

体会了这首诗歌的音韵之美后，我们再理解一下它的意韵之妙。你能用自己的话来说说这首诗的意思吗？（请学生自由地说说）

接下来我们一起来看一看这首诗到底在说什么。（解释诗句意思的时候，老师尽量用自己的话来解释或描述，不要照着翻译读）

胜日寻芳泗水滨，无边光景一时新。

这一天，风和日丽，我到泗水之滨游春，发现经历了一个冬天之后，泗水河边那无边无际的风光已经焕然一新。

等闲识得东风面，万紫千红总是春。

随随便便就可以认出这春天的模样来，那和煦的春风已经吹得百花开放、万紫千红，到处都是春天的景致了。

现在，我们把这首诗再来读一遍吧。（让学生再读一遍）

这首诗真的只是在写诗人找寻春天的美景吗？

其实，这首诗有两层意思，两层意思都非常好。

在字面上，诗人到泗水之滨寻找春天，看到春风吹拂下百花齐放，万紫千红。这样的胜景，怎能不叫人欣喜？

而在更深的层面上，写这首诗的朱熹，在历史上可并不是以写诗著名的，他是中国历史上最伟大的儒学大师之一。儒家学派创造者孔子曾经在泗水之滨讲学，千百名弟子在此弦歌、诵诗、习艺，而儒家思想也从此流传千年，日益兴盛。所以，在诗人眼里，这“无边光景一时新”的，既是眼前的春光和春风中的百花，也是儒学在他所在时代的再一次兴盛。

理解了这两层意思后，我们再来读这一首诗，不仅感受到了春天的万紫千红，同时也感觉到生命的欣欣向荣和一种文化的勃勃生机。再来读一读，是不是感觉有点不一样了？

【综合呈现】

遥想很多年以后，我们事业有成，再回顾今天学习的这首诗时，会不会也感慨地吟诵起“等闲识得东风面，万紫千红总是春”呢？

现在，就让我们带上对春天的无限憧憬，对生命的无限向往，最后来吟诵一下这首诗。（让学生吟诵一遍）

二、《迎春花》

【浪漫感知】

感受音韵之美，理解意韵之妙！让我们一起走进百花诗词吟诵。先一起来唱《春暖花开》。（一起唱）

我们先复习一下昨天学习的诗歌《春日》。

感受了春天的万紫千红后，接下来，就让我们来一一领略绽放在春天里的花儿们的美丽与芬芳吧。

今天我们将迎来春天的第一朵花——迎春花。我们先来朗诵一遍。

迎春花

［北宋］韩琦

覆阑纤弱绿条长，带雪冲寒折嫩黄。
迎得春来非自足，百花千卉共芬芳。

我们再吟诵一遍。

大家的吟诵刚刚起步，今天再简单地复习一下基本原则和方法吧。

其实，吟诵时平仄的长短高低，这些都是技术性的问题，练多了也就熟练了。最重要的原则是“依字行腔，依义行调”。这是在提醒我们，我们的汉字是神奇而又美妙的，每个字都自带了音和韵，我们吟诵时不要去破坏它就好了。而吟诵的最高境界，就是用我们自己的声音传递出对诗歌的理解，传递出我们自身生命的兴发感动。

好，我们再试着来练习一下。（让学生再吟诵一遍）

【精确理解】

感受了诗歌的音韵之美后，我们再一起来理解一下诗歌的意韵之妙。

我们先一起来了解一下迎春花。迎春花，因在百花之中开得最早，花后就迎来百花齐放的春天而得名，它与梅花、水仙和山茶花统称为“雪中四友”。

因为它花色金黄又热烈地密布在长长的花枝上，所以人们又赋予了它一个俗名“金腰带”。有些地区，则称之为金梅、清明花、金腰儿、小黄花。

今天我们要学习的诗歌是韩琦写的《迎春花》。我们先来看看这首诗在说什么。（请学生自由地说一说）

覆阑纤弱绿条长，带雪冲寒折嫩黄。

迎春花是真正的迎接春天的使者。它黄得灿烂，却往往只生长在庭院墙边，或路边花圃。但这又有什么关系呢？重要的是，待到新春伊始，即使冰雪还没消融，它也会迎着凛冽的寒风，伸出纤弱的枝条，开出小小嫩嫩的黄花，率先迎来这烂漫的春光。

迎得春来非自足，百花千卉共芬芳。

它迎来春天并不是为了自我炫耀，而是为了和百花千卉一起沐浴和煦的东风，共同开出芬芳的花朵。

理解了诗句的意思后，我们一起朗诵一遍诗歌。（让学生朗诵）

诗人只是在说迎春花吗？我们来了解一下这位诗人。

韩琦，北宋政治家、名将。韩琦“相三朝，立二帝”，当政十年，与富弼齐名，号称贤相。欧阳修称其“临大事，决大议，垂绅正笏，不动声色，而措天下于泰山之安，可谓社稷之臣矣”。作为政治家的韩琦，写一丛小小的迎春花，难道不也是在借着它抒怀写志，自励勉人？

现在再来看这首诗，我们会发现，原来每首诗的背后都站着一位诗人呢。我们一起来吟诵这首诗吧。

【综合呈现】

如果说我们每个人就是这世上的一朵花——也许很纤弱，也许并不像牡丹那样美丽，但我们是不是也可以像迎春花一样，在这个春天开出属于自己的花朵，不自恃，不骄傲，不以迎春功臣自炫，而是同百花一起共同点缀春色，绽蕊吐芳呢？

让我们再次用我们的声音吟诵出迎春花的美丽和芬芳。

备课样例五
四年级上册道德人格课程两则

肖丽娟

一、孔子的开学典礼致辞

【浪漫感知】

用诗歌唤醒黎明！又一个清晨来临，让我们一起走进《晨诵课》。

在每一个学期的开启时刻，校长或者老师，一定会在开学典礼上致词。那么，你可曾想过，咱们中国历史上第一位伟大的教育家——孔子，他会在开学典礼上如何致辞呢？

历史上当然没有这方面的记载，不过《论语》开篇《学而第一》里的这三句话，却不失为一份精彩的开学致辞，我们不妨将其想象为两千五百多年前，孔子在开学典礼上的讲话，毕竟孔子是一位非常重视仪式的人。

这三句话，或许，你已经会背了呢，我们先来读一读。

学而时习之，不亦说乎？有朋自远方来，不亦乐乎？人不知而不愠，不亦君子乎？

【精确理解】

短短三句话，孔子在言说着什么呢？我们逐句来看。

第一句：学而时习之，不亦说乎？

请注意，这句话中有个特别的字，“说”通“悦”，表示愉悦。

亲爱的孩子，你喜欢学习吗？（可能有人喜欢，有人不喜欢）

现在有不少人不喜欢学习，是因为现在的不少“学习”，从内容到方式，都违背了学习的本义。而在原初，在孔子时代，学习是一件非常自然的事。

所谓的“学”，就是汇聚，往生命中汇聚美好、精致、深邃的东西。而能够担当起美好、精致、深邃这些品格的，往往是经岁月淘洗过的经典。

所谓的“习”，就是不断温习它，揣摩它，深深地玩味它，让经典与自己当下的生命建立联系，产生共鸣。

当我们为一首诗感动的时候，为一本书流泪的时候，为一道题目茶饭不思的时候，学习，就正活泼泼地发生！这样的时刻，难道不令人高兴吗？

第二句：有朋自远方来，不亦乐乎？

朋友从远方来，开心吗？当然开心。

但是我们需要追问——为什么开心呢？朋友来是为了做什么？

很显然，孔子所言，有朋自远方来，不是为了聚会、打游戏、刷短视频，而是共同学习，讨论问题。

在孔子的时代，他的弟子们来自四面八方，大家汇聚在一起切磋琢磨，研读经典；今天的我们，或许是“有朋自近处来”，或“有朋自同一小区来”。当然，还有可能像咱们这样，“有朋自网络来”。所以，这里的朋友，其实就是同学，是聚在一起求学问道的人。

空间变了，方式变了，但不变的是这一份求学之乐，是如切如磋，如琢如磨地研究问题，追求真理而获得的快乐。

第三句：人不知而不愠，不亦君子乎？

注意这一个字，“愠”，读音 yùn，恼怒，怨恨。

每个人的性格不一样，才能不一样，条件也不一样，这样，对同一个问题，自然会产生不同的见解，甚至可能会导致一些争论。这时候，你可能会觉得没有人理解你——没有人理解你的心情，更没有人赏识你的才能。甚而有人将因此陷入恼怒怨恨中。这种心情我能理解，但这样，对自己并没什么好处。

怎么办？

有句话说得好：“我不同意你的意见，但我誓死捍卫你说话的权利。”我们不能因为别人不理解自己的意思，别人误解了自己的观点，别人不知道自己的抱负和心意，就心生愤怒。

真正的君子，就是尊重他人的自由，如同尊重自己的自由；尊重他人的权利，如同捍卫自己的权利；承认世界上存在着与自己不同的观点……

有这样的气量，还耐得住寂寞，就能够成为真正的君子。

【综合呈现】

亲爱的孩子，亲爱的家长，孔子的开学典礼致辞，实际上是在这三个问题上树立了一种尺度：我应该如何学习？我们在一起应该如何学习？当不被人理解的时候，我们应该怎么办？

对于一个追求卓越的自由的人来说，学习，像呼吸一样自然。对于一个追求卓越的班级或者共同体来说，学习，是我们共同的语言。

而无论何时何地，哪怕毕业了，天各一方，周围的环境并不支持你的学习，周围的人并不能理解你的学习，那么，你也要坚持自己的选择，让自己成为一个终身学习者，一个顶天立地的君子。

（文稿主要来自魏智渊老师2016年的文章）

二、第56号教室的道德发展六阶段

【浪漫感知】

早安，亲爱的孩子，老师喊你一起读诗啦！

作为学生，我们生命中的大部分时光在教室里度过，我们的成就与挫败，悲哀与喜悦源自一间教室，我相信，你肯定不希望教室平日里没有共同的愿景，只是偶尔地因为一首歌、一个演讲、一场运动会团结在一起。你肯定期待教室是一个发展中的部落和社会，拥有自己的文化和规则。

但究竟一间教室应该拥有怎样的规则与文化？这个问题，你思考过吗？

这一周，我们将借助诗歌、借助故事来具体探究这个话题。首先来看第 56 号教室的道德发展六阶段。

第 56 号教室，一间特别的教室，这间教室的缔造者是雷夫老师。在这间神奇的教室里，仅一年时间，那些母语并非英语的五年级孩子，就能以专业的水准演出大学生们都望而却步的莎士比亚戏剧。他们在全国各地甚至国外的剧院公开演出，戏票总在演出前几个月就被订购一空。

这间教室里的孩子，深深地知道“品格”的重要，他们热爱阅读，成绩卓越。许多学生在离开这间教室后，依然追求卓越，长大后纷纷进入哈佛、普林斯顿、斯坦福等美国常青藤名校就读。

可你知道吗？这些孩子的起点并不高。这所学校里 90% 的孩子家庭贫困，且多来自母语并非英语的移民家庭。学校环境也不好，教室课桌被乱涂乱画，厕所地板上到处都是尿。甚至连教室，都曾一度是一间会漏水的教室。

我们不禁好奇，究竟是什么力量造就了第 56 号教室这一教育奇迹？老师无法为你做全面的分析，但是第 56 号教室的道德发展六阶段，值得我们注意。

第一阶段：我不想惹麻烦。

第二阶段：我想要奖赏。

第三阶段：我想取悦某人。

第四阶段：我要遵守规则。

第五阶段：我能体贴别人。

第六阶段：我有自己的行为准则并奉行不悖。

【精确理解】

这六阶段不难理解，咱们逐条来看。

第一阶段：我不想惹麻烦。

其实，咱们绝大多数人行为准则的第一条几乎都是——我不想惹麻烦。想一想，在教室里，咱们最常说的一句话是不是——“嘘，老师来啦！”……

不知你发现没，当我们这样相互提醒时，我们是基于恐惧不去做某事的。这意味着，倘若我们停留于这一阶段，那么，除了害怕管理者的愤怒与权利，我们什么都没学到。因此，我们必定要超越这一阶段。

第二阶段：我想要奖赏。

这一阶段也是我们常见的行为动机——老师用小红花、用各种奖品奖励我们，我们也常向爸爸妈妈提出这样的要求——如果期末考试我考到多少，就要奖励我一辆自行车，一个平板电脑……得到奖赏，成为我们做出良好行为的一大动力。

可是，亲爱的小飞侠，倘若我们停留在这一阶段，只为一份外在的奖赏去行动，我们会渐渐忘记做好一件事情本身就是最好的奖赏，我们会忘记做事本身的快乐。所以，我们还可以做得更好。

第三阶段：我想取悦某人。

不少时候，我们努力要求自己做到一些事情，目的是为了博得老师或家长的喜欢，或是得到权威者的认可。

相比前两个阶段，这当然有进步，可是，我们仍然要保持警惕——为了取悦一个人而努力，是把他人的期望背负到了自己的身上。

如果我们只是按照别人的期待去做某个选择，去付出努力，那么，我们很有可能会丢失自己。所以，我们还可以做得更好。

第四阶段：我要遵守规则。

此时的我们，大概处于这一阶段——知道遵守规则的必要性，能依据规则约束自己的行为。但是老师仍然要追问你们——规则从何而来？我们基于什么原则来制定公共规则？当我们开始思考这个问题时，我们又将往前走一步。

第五阶段：我能体贴别人。

这真是一个了不起的阶段啊——步入这一阶段，意味着我们能够将心比心，能够从对方的角度来看待问题。

试着想象一下，当我们进入体贴别人的这一阶段，我们不会在教室里大声喧哗，而是自觉地使用同等音量进行交流；我们不会轻易地与同学起冲突，即便有，可能也只是观点之争，而非情绪上头，暴力冲突……那是多么美好！

关于这一阶段，老师还想到了三件事：

十年前，老师刚到罕台，在一次相约星期三教师共读中，我们的校长干国祥老师，也就是咱们《晨诵课》的主编，他对所有老师说："恕，将心比心，是一切规则的出发点。"而那一所学校，遥远的沙漠边陲的罕台小学，每一间教室里的少年，都在朝着"既质又文，君子堂堂"努力。

还记得《特别的女生萨哈拉》中的波迪小姐吗？开学第一天，她为班级制定了三条规则：一定要听，一定要看，一定要推己及人。推己及人，正是"我能体贴他人"啊！

而咱们中国第一位教育家——孔子，他也提出了"己所不欲，勿施于人"的准绳。他认为这是可以，也是需要终生奉行与修炼的。

原来，最伟大的老师，无论东方的还是西方的，无论现实的还是虚拟的，无论古代的还是现代的，他们都在引导着孩子朝向这一阶段——"我能体贴他人"啊！

第六阶段：我有自己的行为准则并奉行不悖。

一个人的行为准则存在于他的灵魂之中，他遵循着内心的声音去做任何事情，无论如何都不会违背他的准则。

举个例子：孔子和弟子曾受困于陈蔡，他们与外界失去联系，随身携带的干粮全部用尽，一度绝粮长达七日，弟子们困的困、病的病，但孔子依旧讲授学问、弦歌不辍。

遭遇如此困厄，而能这样从容，是因为孔子内心尊奉的准绳——"知者不惑，仁者不忧，勇者不惧"，因此，他能超越世俗中的桎梏，坦然面对困厄。

亲爱的小飞侠，这一阶段，的确很难达到，但是，我们不妨将其作为一座灯塔，借着它的光，前行的我们不会迷途。

至此，我们或许能够窥见为何第 56 号教室能成为教育中的奇迹。因为在这个教室里，每个孩子都知道“道德发展六阶段”，并把它当作自己优良人格的基石和标尺。

【综合呈现】

在这堂课的最后，老师还要带给你们一份礼物——它和第 56 号教室的道德发展六阶段一样，源自科尔伯格，但是又结合着中国传统儒家对一个君子的希求而做了改动。这就是干国祥老师为南明教育学校所制定的道德人格发展图谱：

道德人格发展·需要与幸福层次图谱

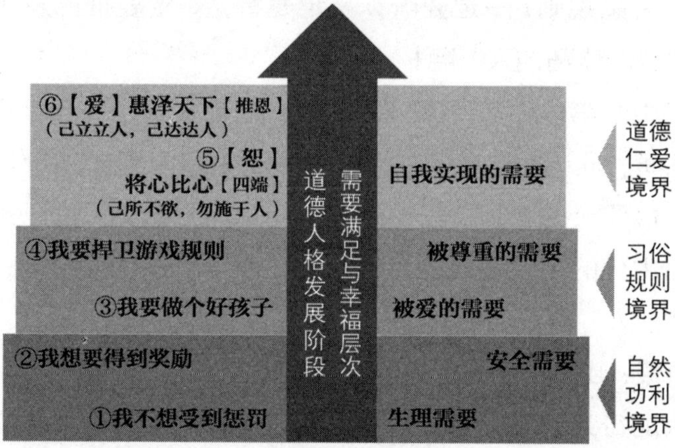

我们主要看左边。你会发现，从第三阶段开始，干老师为我们制定的道德人格发展图谱已不同于雷夫老师。

第三阶段由“我要取悦某人”变成了“我要做个好孩子”，你知道干老师为什么这样改吗？第四阶段从“我要遵守规则”变成了“我要捍卫游戏规则”，从遵守到捍卫，有怎样的不同呢？第五阶段，基本不变，只是表述不同。第六阶段，变化很大，从“我有自己的行为准则并奉行不悖”变为“惠泽天下——己立立人，己达达人”，这是从个体生命转向了天下，彰显的是一颗活泼泼的道德仁心啊。

时间关系，老师的点拨就到这里，特别建议你邀请爸爸妈妈一起聊聊第 56 号教室与南明教育的道德人格发展图谱。

对了，告诉你一个小窍门——可以借助经典童书或者电影中的人物抉择来分析这张道德人格发展图谱。譬如利用这张图谱分析《夏洛的网》中的小猪威尔伯、蜘蛛夏洛、老鼠坦普尔顿等。

最后，就让我们再来读读南明教育的道德人格发展图谱吧！

备课样例六

六年级上册儒家课程两则

杨枫

一、孔子自述

【浪漫感知】

今天，我们先来认识儒家学派的创始人孔子。

孔子，即孔丘，字仲尼，春秋时期鲁国人。孔子是我国古代最伟大的教育家和思想家，儒家学派创始人。他的言行主要记载在《论语》中，他一生整理编辑传统文化的精华，但自己没有专门的著作。因为《论语》这一本书，他成为无数中国人的老师，被称为“万世师表”“至圣先师”。

亲爱的少年，你知道孔丘是如何成为孔子、孔夫子的吗？

晚年的时候，孔子曾这样粗线条地勾勒自己的一生——

子曰：吾十有五而志于学，三十而立，四十而不惑，五十而知天命，六十而耳顺，七十而从心所欲，不逾矩。

孔子说：“我十五岁开始有志于学；到三十岁能够凭实力在社会上安身立命；到四十岁能够做到免受种种迷惑，而对自己的志向更为坚定；到五十岁，我开始知晓自己一生的‘天命’，并努力担当它；到六十岁，我做到了能够聆听并理解各种不同的声音；到七十岁，我终于做到了可以随心而说、随意而行，且这些话、这些行为都不会违反社会的道德准则。

【精确理解】

这当然不是说孔子恰好每在一个整数年龄，人生就有所转折。如果我们结合他一生的经历来看，孔子的一生实际上大体是这样的——

他十五岁开始有志于学。

二十岁，就因为学问突出而有机会做了季孙氏的小吏。

等到三十岁，孔子就因为对礼法的了解而远近闻名了，连齐景公都专门向孔子咨询秦穆公使秦国强盛的奥秘。

三十五岁，鲁国发生了内乱，鲁昭公逃亡到了齐国，孔子也投奔了齐国。齐景公很是看重孔子，但最终没有任用他。后来，孔子回到了鲁国，虽然阳虎和公山不狃都召他去做官，但他都拒绝了，不是他不想从政，而是阳虎和公山不狃的行径不符合他所追求的道义。在这样的经历中，他经受住了种种诱惑，走出了次次迷惑，对自己的志向更加坚定了。

等到五十多岁，孔子终于在鲁国得到了出仕的机会，做了中都宰，后来不断升职，做了大司寇，代理国相，主持国政。在孔子的治理下，鲁国很快强盛了起来，但因为堕三都失败，以及齐国的离间挑拨，还有鲁国三桓的猜忌和嫉妒，孔子不得不离开了鲁国，流亡各国。流亡途中，孔子仍然期待着在其他国家能获得出仕的机会，但始终没有；哪怕自己的弟子们有不少都出仕了。流亡中，他不止一次遭遇生死危机，最绝望的一次，是被围困在陈国和蔡国之间的野地里，断炊绝粮，差点饿死。求仕失败，加上死亡的胁迫，孔子不得不再一次思考自己的人生意义是什么。最终，他认识到他的天命不是做一个官员，而是做一名教师，将传承自古代的文化继续传播下去。

于是，他不再汲汲求仕，而是专心教学，修养自身，渐渐地，他能够聆听并理解各种不同的声音，对人世间的一切多了理解与包容。

到七十岁，虽然遭遇儿子孔鲤去世、被视为衣钵传人的颜回去世、亦徒亦友的子路去世等连番打击，但孔子的修养却越来越高，做到了可以随心而说、随意而行，且这些话、这些行为都不会违反社会的道德准则。

“吾十有五而志于学，三十而立，四十而不惑，五十而知天命，六十而耳顺，七十而从心所欲，不逾矩。”这段话，可以看成是孔子对自己一生的粗线条的勾勒，我们从中可以看到：最伟大的人物，也是这样一步步地成长起来的。

亲爱的少年，孔子一生的这六个阶段，你认为哪一个对他来说最为重要呢？

当然是“十有五而志于学”。后来的一切，孔子之所以成为孔子，都源自少年时的“有志于学”。那你认为这句话里，最重要的字是什么呢？“志”还是“学”？

事实上，这句话中最为关键的一个字是“志”。放在孔子一生的背景中看，他幼年丧父，家境平平，先祖当年的荣耀与辉煌早已成为传说。据说他哥哥是庶出而且残疾，那么家族复兴的希望，自然就落在他的身上。

十五岁，正是一个人的人生关键时期，即我们今天所谓的青春期，正是道德思想和世界观形成的时期。孔子面对母病兄残家道中落的处境，以及先祖的辉煌，油然而生大“志”，这是他一生之中第一次追问一个问题——我是谁？我将成为一个什么样的人？

孔子有志于承先祖辉煌，弘孔家之名，似乎唯一的出路就只能是“仕”，而求仕的唯一出路，只能是“学”。唯学得更好，才能得到社会的赏识，才能获得机会去成就功业。一开始，孔子大概就是这么想的，这么计划的。虽然最终这个志向破灭了，但为追求理想而学的东西却丝毫没有浪费。世界上少了一个成功的政治家孔子，却多了一个影响更为深远的大思想家、大教育家孔子。

【综合呈现】

从没有志向到立下志向，从无所建树到有所成就，从惑于功名到清明不惑，从茫然不知到认知天命，从刺耳怨怼到理解包容，直到最后抵达自由。孔子回顾自己的一生，大概就是要告诉自己的弟子们，我和你们一样，都是一步一步走过来，一点一点修炼出来的。

亲爱的少年，站在青春的入口，你所遥望的远方是哪里呢？你将怎样一步一步抵达它呢？或者，你也会像孔子一样，在路上发现了更美丽的风景？

让我们跟着孔子，一起前行吧。

二、仁

【浪漫感知】

天行健，君子以自强不息；地势坤，君子以厚德载物。

之前，已经和大家讲过——

君子在内心深处追求仁道，有一颗敬畏心，看重的是内在道德境界的提升；外显在言行上，君子好学向上，态度从容，言语谨慎，能够成人之美。而小人正好相反。

君子食无求饱，居无求安。敏于事而慎于言，就有道而正焉。可谓好学也已。

君子泰而不骄，小人骄而不泰。

君子和而不同，小人同而不和。

君子喻于义，小人喻于利。

君子成人之美，不成人之恶。小人反是。

君子有三畏：畏天命，畏大人，畏圣人之言。小人不知天命而不畏也，狎大人，侮圣人之言。

孔子把"仁"当成君子应该去追求的最高道德原则。在整个儒家道德系统中，"仁"是最为核心的，另外还有孝、弟（悌）、忠、恕、礼、知、勇、恭、宽、信、敏、惠等内容。

那么究竟什么是"仁"呢？

说到"仁"，大家首先想起的应该就是这一则——

颜渊问仁。子曰："克己复礼为仁。一日克己复礼，天下归仁焉。为仁由己，而由人乎哉？"

颜渊曰："请问其目。"

子曰："非礼勿视，非礼勿听，非礼勿言，非礼勿动。"

颜渊曰："回虽不敏，请事斯语矣。"

【精确理解】

颜回问什么是"仁"。

孔子说："克制自己，按照'礼'的标准去做，这就是'仁'了。每天做到这样，你面对的整个天下都具备了'仁'。一个人追求'仁'应该靠自己，难道还要靠别人或者依赖环境吗？"

颜回说："请给我说说具体该怎么做。"

孔子说："违反'礼'的事物不要去看，违反'礼'的声音不要去听，违反'礼'的话不要说，违反'礼'的事不要做。"

颜回说："我虽然不聪明，但一定牢牢地遵照这几句话来做。"

为什么"克己复礼"就是"仁"呢？

还记得我们之前学过的"己所不欲，勿施于人"吗？自己不想要承受的，也不要让别人承受。这八个字，其实就是"仁道"的核心。

仁，其实就是人际交往的本心和准则。它告诉我们在与人交往的时候，要时时刻刻以一颗同情心去关切他人，以一颗同理心去理解他人，而不要把自己的意见、观念等强加到别人身上。当我们遵循"仁"的原则去行为处世的时候，约束自己就是理所当然的事情了。这，就是"克己"。

礼呢？当说到"礼"的时候，你会想起什么？

礼貌？礼节？礼仪？……这些，都是"礼"的内涵。如果要给"礼"下一个定义的话，"礼"就是人际交往中成文的或不成文的规则。但是，你知道"礼"的本质是什么吗？比如说，我们给行动不便的老人让座，这是礼貌。可是我们为什么要让座呢？因为我们也会变老。这难道不就是同情心吗？"礼"只是外在的表现形式，"仁"才是"礼"的本质。

所以，孔子说"克己复礼为仁"。

知道了"仁"是什么，怎么做也就显而易见了，就是"非礼勿视，非礼勿听，非礼勿言，非礼勿动"，总之，让自己的言行符合"礼"的要求，符合内在的本质上的“仁心”的要求就可以了。但是，它必须靠你自己切实地去做，不能依靠别人或者环境。

而孔子说到“仁”时，对一个人的言行还有很特别的要求——

子曰：“刚毅木讷，近仁。”

子曰：“巧言令色，鲜矣仁。”

孔子说：“一个人刚直、果敢、质朴、少言，就很接近‘仁’的标准了。”

孔子说：“那些道理说得很动听，态度也很乖顺的人里，很少有几个真正是‘仁’的。”

一个仁者，似乎是要木讷少言的。你认同吗？

同学们，你喜不喜欢听到别人奉承你的言语呢，俗称的“拍马屁”，喜欢吗？大部分人应该都是喜欢的，好听的话，谁不爱听呢？但是，这样的言行就是“巧言令色”。

一个人，为什么要巧言令色地哄你开心呢？是为了引导你成长吗？你的老师你的父母会对你巧言令色吗？

巧言令色之人一般是为了达成自己不可告人的目的。如果不是从你身上有利可图，一个人会对你低眉顺眼拍马屁吗？巧言令色的人往往就是在利用你。你希望自己被人利用吗？巧言令色的人往往也是虚伪的，你希望别人对你虚伪吗？

己所不欲，勿施于人。木讷少言，而不是巧言令色，正是因为我们内心对别人是尊重的，是真诚的。我们对自己所说的每一句话、每一个承诺，也都是真诚的。

因为是真诚的，所以我们不轻易地说，要斟酌再三，这就显得“木讷”；因为是真诚的，我们说了就一定会努力地做，这就是我们行动上的“刚毅”。

子曰：“知者乐水，仁者乐山；知者动，仁者静；知者乐，仁者寿。”

孔子说：“智者喜欢水，仁者喜欢山。智者喜欢流动，仁者喜欢沉静。

智者能够获得快乐，仁者能够获得长寿。”

一个仁者为什么是这样子的呢？

我听到过的最动人的解释是这样的——面对利欲，不动如山，这是仁者的操守；有山必有林，有林就有飞禽走兽，万物生长，这是仁者的胸怀；仁者总是能够宽恕他人，又能约束自己，所以总是安静沉着的；仁者行事依从仁心，遵守礼法，总是坦然无愧，所以能够长寿。

【综合呈现】

这就是孔子描述的“仁”，你能朝着这个方向去努力吗？

颜渊问仁。子曰：“克己复礼为仁。一日克己复礼，天下归仁焉。为仁由己，而由人乎哉？”颜渊曰：“请问其目。”子曰：“非礼勿视，非礼勿听，非礼勿言，非礼勿动。”颜渊曰：“回虽不敏，请事斯语矣。”

子曰：“刚毅木讷，近仁。”

子曰：“巧言令色，鲜矣仁。”

子曰：“知者乐水，仁者乐山；知者动，仁者静；知者乐，仁者寿。”

第三辑

让每次晨诵成为一趟美妙的旅程

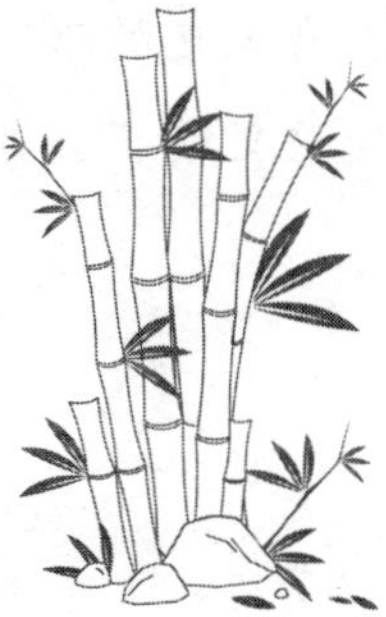

这些晨诵实践案例，仿佛一绺金色的线，穿过你的心，带领你往梦中出现过的地方前行。

你会那么真切地感觉到诗歌的魅力：在老师的引领下，在学生的朗读里，在和生活相结合的文字里，那一首首沉睡的诗歌，似乎突然就被吻醒了，仿佛刚刚写出一般新鲜而有活力。

你还会惊叹于晨诵中教育的魅力：随着那些描述，你仿佛置身在课堂中，感受着师生的呼吸，应和着诗歌的节律，欢笑或沉醉，丰盈或忧伤。

或许，你还会感应到生命的魅力：春种夏长秋收冬藏，天上的明月地上的落花，清明的伤感白露的色泽，狄金森的孤独苏轼的豁达……宛如藤蔓般爬上你的心头，成为你生命的一部分。

刚出发时，你或许感觉这是一条少有人走的路，溪流淙淙，幽谷深深，空山寂寂。再往里走，一定会发现这里繁花盛开，蜂鸣蝶舞，欢笑声声……

诗歌无穷，案例有限。

但旅程的美妙已在眼前。

愿你，情不自禁。

愿你，流连忘返……

晨诵，让教育安静下来

肖丽娟

2021 年 10 月 12 日，陈美丽老师应邀再次走进西安高新钱学森第二小学。这是我们第二次走进这所学校。第一次在 8 月 24、25 日，那一次是全人之美课程通识培训，为期两天。而这一次，直接进班听课，开展田野教研。

走进一年级教室，我们瞬间就被吸引了——孩子们正在背诵学过的晨诵童谣。《拉大锯》《老鼠搬鸡蛋》《耗子娶亲》《小甲虫》《对对歌》……一首接一首，他们自己主持，拍着手读，带着律动，声音轻快而有力。老师呢？站在讲台一角，和孩子们一起读着、玩着。那一刻，教室里充满生机，每一个生命都那么明亮，那么饱满。只是入学一个月的孩子啊，这么训练有素，着实令人惊讶。

这样的训练有素，不仅发生在这一间教室。二年级的教室也是明亮的。杨海宁老师用一首《小鸟天堂》开启了这一堂晨诵课，这是《晨诵课》二年级上册第一单元《欢欢喜喜开学啦》的主题曲，歌曲难度不小呢。但是二（4）班的孩子，用清亮的歌声吻醒了它。

还记得通识培训时，陈美丽老师曾和钱小的老师们这样交流："黎明，是新的一天的开启，是黑暗之后的光明，是沉沦之后的新生，是绝望之后的希望。我们的晨诵，当有这样的感觉，有这般的美妙。"

是的，晨诵是美的开启。每一个清晨，当晨诵主题曲在一间间教室响起，我相信不同的歌声里一定发生着同样的事情：歌声响起的那一刻，教室突然就明亮了，老师和孩子的生命突然就从眼前的世界，朝向了远方，伸向了天空，沉睡的灵魂就这样被唤醒了……

有了这样的起点，这一次教研，陈美丽老师主要带着钱小的老师们对诗歌文本解读、诗歌与孩子当下生命的编织等方面进行探讨。这正是困扰老师们的难点所在。

比如说二年级的这一首《全世界都在对我微笑》：

全世界都在对我微笑

洪建全

今天，我偷偷做了一件事
于是，全世界突然对我微笑起来
绿树对我招手
花儿对我挤眼
小鸟儿在枝头吱喳叫
小草儿们弯腰齐声问我好

而我只不过暗暗下了决心
从今要做个好孩子
就这样，突然间
全世界都在对我微笑

一、精确理解

在浪漫地感知全诗后，就进入精确理解部分。杨老师出示了第一段的前两句“今天，我偷偷做了一件事 / 于是，全世界突然对我微笑起来”。

然后，她问学生：“今天你做了什么事，全世界都在对你微笑？”

这里有两个问题需要澄清：

（1）这个问题显然已经直接跟学生的生命关联起来了，事实上学生的回答也证实了这一点。而理解一首诗歌，应该先从诗歌开始，而不是从自己直接开始。也就是说，应该先理解诗歌，再相互编织。

（2）精确理解诗歌时，提问很重要。问题不但要契合诗歌，还不能太琐碎。要提出好问题，首先要理解这首诗歌。

我们来看第一节：

今天，我偷偷做了一件事 / 于是，全世界突然对我微笑起来 / 绿树对我招手 / 花儿对我挤眼 / 小鸟儿在枝头吱喳叫 / 小草儿们弯腰齐声问我好

这一节是总分结构，这里的总起句不是“今天，我偷偷做了一件事”，而是“全世界突然对我微笑起来”，也就是说，这节其实没有回答“我偷偷做了一件什么事”，而是在回答“全世界是怎么对我微笑的”。

“我偷偷做了一件什么事”这个问题在第二节做出了回答，“而我只不过暗暗下了决心 / 从今要做个好孩子”。

而诗歌的最后，“就这样，突然间 / 全世界都在对我微笑”，呼应了开头，这种首尾呼应，不仅让诗歌浑然一体，而且再次让诗歌、让“我”的心变得明亮起来。

理解了诗歌后（不需要把刚才提到的语文知识要素讲给学生听，但在无意中要让学生有所感知），在最后分男女生读的时候，就可以根据刚才的总分结构和前后呼应的方式来划分，而不是平均划分进行朗读，同时问题的设计也就更有针对性，而且能出现在合适的时候：全世界是怎么对我微笑的？为什么全世界会对我微笑？

二、相互编织

精确理解后，诗歌需要和师生的生活或生命相互编织。

现在我们再来看，当杨老师询问孩子“今天你做了什么事，全世界都在对你微笑”时，几个孩子的先后回答分别是这样的：“我画画拿了一等奖。”“我在舞蹈比赛中得了第一名。”“我在钢琴比赛中拿了金牌。”……

不知道大家注意到没有，孩子的回答不约而同地朝向一个地方——“第一名”。是啊，在一般的理解中，能够让全世界都对“我”微笑的事，一定得是一件了不起的事，得是一个辉煌的时刻。可是，当我们读完全诗却发现，这并不是诗人所要表达的。诗中的“我”只不过暗暗下了决心——从今要做个好孩子。

也有老师感到困惑——为什么仅仅是下了一个决心，全世界就对他微笑起来，怎么可以不做具体的事情呢？孩子会不会因此成为一个光说不做的人？

怎么办？怎么解开这一困惑？

事实上，我们会发现愿望如此重要："先知后行"，真正做一件事，一定是决心在先，愿望在先。没有决心，没有愿望，行动可能是盲目的，是被人规定的，被人要求的。可是如果一个孩子自己下了决心，这意味着这是孩子想做的，是主动的，是积极的。愿望是有力量的，内在的愿望决定了真正的行动。

道德人格发展·需要与幸福层次图谱

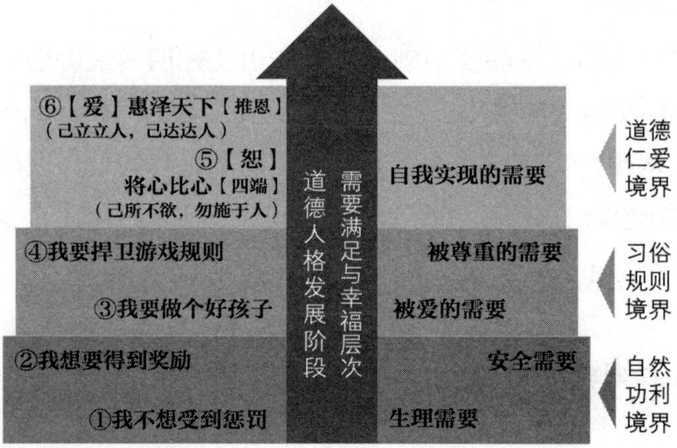

当然，教学中，我们不是抽象的说教，而是利用教室里的道德人格发展·需要与幸福层次图谱，直观地分析：原来，他是自己下定决心要做一个好孩子，不是为了逃避老师的批评和惩罚，也不是为了得到老师的奖励，而是自己暗暗下了决心，从今要做个好孩子。

倘若这间教室里，在孩子的日常行为习惯养成中，老师对于"我要做个好孩子"有非常具体的、可操作的要求与反馈，那么，老师可以将日常生活中的那些要求作为背景，呈现在课件上。

课堂最后，老师不必去一一对应，更不要去评判孩子们的行为，只需轻轻一问：亲爱的孩子，你今天决定做一个好孩子了吗？

就这样，下定决心做一个好孩子，是从内心生发出的美好愿望，而不是聚焦到第一名、一等奖……毕竟，“第一名”只意味着少数啊。更何况，这只是外在的评判，而不是内在生命的成长。

倘若我们这样一天天读着诗歌，沿着晨诵课的阶梯拾级而上，倘若我们的教育一直坚持着这样走下去，减少外在的刺激，更本真地围绕美好事物本身，去引导孩子聆听与发现自己内在的愿望，那么，孩子将不会成为一个趋利避害的人，他们将拥有自己内在的成长尺度。

晨诵课，它关乎的不仅是对一首诗歌的理解，更关乎着一间教室当下的生活方式，关乎着一个个生命的自由与丰盈。

过不完的《元日》

——干国祥老师《元日》晨诵课录

魏智渊

【说明】这是罕台新教育小学一节平常的晨诵课，我做了记录（几乎记录了教师的每一句话）并整理成文。说是晨诵，其实称为语文课更合适。因为平时晨诵课不是这样上的，而这节课，只是在探讨为什么二年级学生对古诗缺乏感受。因为时间关系，一些精彩的解读没有在课堂上呈现，但在课后进行了探讨。可惜因为时间关系，我没有将这些探讨梳理成后记。

这几天，一年级和二年级都在晨诵中学了一首古诗《元日》，有得有失，也算是一个焦点。大家听过两节了，有些议论。于是，今天早晨，大家又去听干国祥老师上晨诵《元日》。

上课前，他在微博中写道：

今日，准备到201班试着“素上”文徵明的《除夕》和王安石的《元日》，就是不用课件（因为没时间按我的意图做，就索性不用）。陈美丽说学生读儿歌兴致盎然，读古诗有点闷，我想探究是什么阻着他们。成败不必在意，重在探究问题并尽快解决。

汤长春、李鑫义、我以及义工晓简、王琪、雷皓早早地进入教室准备听课，班主任陈美丽老师正在教室里辅导早读。而黑板上，早就抄写好了两首诗，一首是昨天早晨的晨诵内容《除夕》，一首是今天早上要晨诵的《元日》：

除　夕

［明］文徵明

人家除夕正忙时，我自挑灯拣旧诗。
莫笑书生太迂腐，一年功事是文词。

元　日

［北宋］王安石

爆竹声中一岁除，春风送暖入屠苏。
千门万户曈曈日，争把新桃换旧符。

快上课了，干老师端着茶杯，悠闲地踱了进来。

一

“同学们把书收起来，面对黑板。”

正在读书的孩子们纷纷抬起头，很快，大家的注意力就集中到了这个“新老师”身上。干老师笑眯眯地问：“昨天，我们学了什么诗啊？”

“《除夕》！”

“我想听同学们把《除夕》背一遍。我要听听背得好不好，有没有把除夕的味道读出来。”

孩子们站起来，自觉地转过身，背对黑板，开始摇头晃脑地背起来。

有趣的是，他们背得一点不生硬，反而有意拖长一些句子，不少学生还轻微地将头摇动起来，很有味道。

“背得还不错。因为大家把一样东西背出来了。哪样东西呢？”干老师停顿了一下，然后继续说，“迂腐。‘迂腐’是什么呢？就是指傻乎乎的读书人。傻乎乎的读书人就是摇头晃脑地读——”

说着，干老师便摇头晃脑地模仿起来：“莫笑——书生——太——迂腐，一年——功事——是——文——词。”

孩子们都笑起来了，与这位幽默的“老头”的距离一下子拉近了许多。

“应该说背得不错，但这首诗还能背得更好。为了背得更好，大家可以再理解一下。我写了一个字，很重要，这是啥字呢？你看它像什么？上面是什么？”

干老师用手指着黑板上一个上课前早就写好的甲骨文：。

孩子们七嘴八舌地猜，终于有一个孩子喊出来了：“稻苗！”

“太聪明了！”干老师表扬了他，“不过不是苗，而是谷穗成熟后低下头来的样子。成熟了要怎么办？要割下来。下面有个人，背着沉甸甸的禾谷。——其实下面这个字是‘千’，表示数量上很多。这是甲骨文的‘年’字，它表示收获很多。那么收获这么多，大家做什么？”

有孩子马上说：“吃！”

“当然要吃。但吃饱了之后呢？”干老师估计孩子不懂这些，就开始绘声绘色地说，“吃饱了之后就要围着篝火跳舞。他们说：这个人今年耕作得很好，那个人耕作得不好，都要比一比，看谁的功劳最大！所以要计算‘一年功事’。”

“噢。”不少孩子这才明白“功事”的意思。

“一年下来，做得多的同学就要表扬，做得少的同学就要批评：某某同学，你那天割稻的时候偷懒了！不过没关系，以后要努力啊！”干老师的编织能力很强，总是不知不觉就将孩子们带入诗中。

“所以这个除夕，文徵明在做什么呢？”

有个孩子反应很快：“把以前写过的诗拿过来看看，不好的扔掉，好的留下来。”

“我们来看看，‘除夕’这个词是什么意思？”

“就是过大年！”有孩子抢着说，显然说错了。

“我们再看看‘夕’是什么意思？”干老师没急于纠正。

“太阳！”不少孩子说。

“错了，‘夕’是月亮。‘夕’代表晚上。”

学生显得很惊讶，干老师指着黑板上陈老师写的今天的日历解释说：“你们陈老师每天将日历写在黑板上，你们就知道今天是什么日子了。

那么古人怎么知道日子的？古人不知道，就把日历挂在这里，每天由这个同学上去撕掉一张，那个同学上去撕掉一张。每天撕掉一张。到了大年夜，怎么样？”

“还剩下一张。”大家说。

“所以‘除’是剩下的意思，剩下的最后一个晚上。‘除夕’就是日历一张张撕下来之后剩下的一张，最后一个晚上。除了这一张，另外所有的日子都哪里去了？都过去了。所以这一天晚上叫除夕。”

学生恍然大悟。

“那么，除夕的晚上我们做些什么呢？我们再读一下。”

学生齐读《除夕》。

“好了，那么除夕这天晚上，大家都在做什么呢？”

孩子们七嘴八舌：包饺子，放烟花，看人家放鞭炮……

干老师一挥手：“反正要做的事很多，都在忙喝的，忙吃的，忙玩的，吃喝玩乐，现在还多了看电视。那么这个人在做什么？‘挑灯拣旧诗’，这个‘拣’说明什么？”

有孩子说：“用手拣。”

干老师摇摇头：“什么叫‘拣旧诗’？就是把一年的作业放在桌子上——他的诗就像我们的写绘作业。嗯，这个不好，扔掉，这个好，留下来……一年过去了，他要把自己写的那些好的诗留下来，不好的扔掉。如果好的诗多，就说明这一年收获很大。可能一年留下了二十多首，甚至七十多首、一百多首好诗。也可能，只有一首勉勉强强可以看一看——其实连这首也不好。如果连这一首诗都扔掉了，那么说明一年白过了。”

干老师边说边表演，似乎真的在“拣旧诗”，孩子们则听得兴趣盎然。干老师说：“对百姓来说，一年功事是粮食，对书生来说，是文词。那么，对你们呢？是学习，是读写绘，是作业。所以一年到头，我们可以说：‘一年功事是作业。’”

大家都笑了起来。

“我们再读一下，想想人家在忙吃的喝的玩的，你在做什么？在面对自己的作业。你回顾一年，这一年是高兴的，就读得高兴些，但如果你看着自己的作业觉得很糟糕，你就读得沉重些。”

干老师一边绘声绘色地讲，一边模仿着读出或高兴或沉重的语气来：“莫笑书生太迂腐，一年功事是文词。”“我要听哪个同学是骄傲的，哪个同学是伤心的，都没关系，读——”

学生又一次齐读全诗。但是那种参差不齐的感觉还没读出来。

“有一点，大家都读成文徵明了！除夕夜是谁在这样回想呢？”干老师看着大家，然后突然指着蒲儿，“是蒲儿！‘人家除夕正忙时，我自挑灯拣作业。莫笑书生太迂腐，一年功事是成绩！’”

学生都笑了，大概这时候也终于有些感觉了吧。读诗歌，总是要与自己的生命相关联，要兴发感动，这一点，这群孩子还要走多久的路才能意识到呢？

干老师继续问：“最后一个晚上我们可以做两件事，一是吃吃喝喝，二是回顾这一年——过去的365天，我有多少收获呢？要回顾一下。那么，除夕之夜大家什么时候睡觉呢？”

“不睡觉。”有孩子说。

“说得很好，除夕不睡觉，等到12点钟声一响，就表示什么？”

“该睡觉了。”有孩子说。

“睡觉了？”

“放烟火！”好几个孩子反应过来。

“为什么12点要放烟火呢？如果12点你把陈老师叫来，那么你要告诉她，现在是哪一年哪一月哪一日？”

孩子们搞糊涂了，似乎也不知道。

“我写一下，”干老师在黑板上开始边写边说，“如果除夕是2010年12月31日，过了这个时间就成了2011年1月1日。12点一过就意味着什么？新年来了，日历就要换了，这一天叫元日。”

“谁知道‘元旦’是什么意思？”干老师问。

“元宵节。”有孩子说。

“元旦就是元宵节吗？”干老师摇摇头，开始在黑板上讲解，“我们看一下这个‘元’字，这个‘元’就是头，这个‘旦’就是太阳从地平线上升起来了，所以是早上。那么‘元旦’是什么意思？就是头一个早上。那么‘元日’呢？”

“新年的头一天！”这下子不少孩子明白了。

“新年的头一天怎样呢？听干老师读一下。”顺理成章地，干老师导入了今天的晨诵。

好漫长的导入啊！

二

干老师开始“摇头晃脑”地读了，用标准的“绍兴普通话”。他的普通话虽然不是很好，但是往往能够“意到”，读得很有起伏，很有感觉：

元　日

［北宋］王安石

爆竹声中一岁除，春风送暖入屠苏。

千门万户曈曈日，争把新桃换旧符。

读完后，干老师让孩子们跟着他再一句一句地读，从题目和作者读起。前两句都多读了一遍，读到“春风送暖入屠苏”时，两遍的语气有意做了变化。

结果读完后两句，有孩子马上提出质疑：“老师，写错了，读错了，不是‘争把’，而是‘总把’！”

干老师大概早就预料到有孩子会这样说，诡秘地一笑：“是我让陈老师改掉的。刚才的诗歌讲的是去年最后一天，但这首诗讲的是新年第一天。我等啊等啊等啊等……为了什么？我们算了一年（的收获）之后，是不是所有人都很高兴？”

“是！”

“不是。”干老师“苦”着脸，“2010 年我很倒霉！我停车把人家车撞了，人家停车把我车撞了，我把车停在院子里，车也被撞了……成绩不好，被陈老师骂了，我还生病了——”

学生笑得前仰后合。

“那么，你希望这旧的一年怎样？”

“把它赶走！”

“对，把它赶走。希望新的一年这些小妖小怪怎么样呢？不来干扰你！古时候认为遇到不好的事是小鬼捣乱的结果，要把这些小鬼除掉。所以，这个‘除’，就又是除掉的意思。那么，用什么办法除掉呢？”

“用爆竹！”

“以前没有鞭炮的时候，人们就把山上的毛竹砍回家烧起来让它爆炸——”

干老师忽然停下来，看着不远处的一个女生说：“曼曼，不要走神！”原来他一直在观察每一个孩子。“这叫‘爆竹声中一岁除’，爆竹声中，那倒霉的一年，滚蛋了！”说完手一挥。

“好了，晚上 12 点一到，新年就到了，赶紧去放鞭炮！把这一句读下：爆竹声中一岁除。”

孩子们很快乐、很用力地读：“爆竹声中一岁除！”

“所以，这就是指爆竹声中旧岁除。除掉以后做什么呢？”干老师顿了顿，继续说，“除掉以后，按照习俗，一家人喝酒，大家都要喝一口酒。这个酒叫什么酒呢？叫屠苏酒。怎么喝？”

干老师用手摸了摸一个男孩的头：“你是家里最大的孩子还是最小的？”

男孩不好意思，没有回答。

“假如你是大儿子，假设你有个小妹妹，那么顺序是，先是爷爷喝，然后奶奶喝，再然后是爸爸、妈妈、你，最后是你的小妹妹。每个人根据自己的能力喝一口或几口。不过啊，我就觉得奇怪了，人家夜里 12 点钟在家里，春风会吹到酒里去吗？你们家的门是关着的呀？就算没关，哪有春风？外面只有零下十多度的寒风！”

这次，该听课的老师们笑了。鄂尔多斯的新年，确实有零下十多度甚至零下二十度的气温。

“这春风是哪里来的？先喝上几口。”干老师做出喝酒的样子。

一个孩子叫道："喝了酒，肚子就热起来了！"

"对，如果你喝过酒，就会知道肚子里现在暖洋洋的，就好像春天已经来了似的。我们读这句：春风送暖入屠苏。两句话连起来读——"

孩子们齐读："爆竹声中一岁除，春风送暖入屠苏。"

"喝完了酒，接下来做什么呢？"干老师问。

"不知道。"这帮孩子可真老实。

干老师笑了："傻了，你喝了酒，接下来睡觉呗！呼噜呼噜，睡到什么时候？读：千门万户曈曈日。"

孩子们跟着读了一遍。干老师继续讲："睡到这时候，你老爸叫了：快起来，快起来！你起来一看，看到什么了？"

"曈曈日。"

"'曈曈日'就是明亮的太阳。太阳照在什么地方了？"

有孩子很可爱，说："照在屁股上。"大概他父母经常这样催他起床吧？

"屁股上？你已经起床了，哪照得到屁股上？"

孩子们哄笑起来。

"照在门户上。'门'就是'户'，现在太阳已经照耀着千家万户，照在他们的大门上，为什么没说照在屋顶上？因为大门上有点古怪。为什么？"

有孩子说："贴着福字，倒着贴的。"

有孩子说："贴着门神。"

"为什么要贴门神？"干老师问，"刚才我们已经用爆竹把大鬼小鬼赶走了，那么现在怎么办？要贴新的门神。后来大多数人家都不贴门神了，改贴对联了。谁家过年贴过对联，举手？"

不少孩子举起手来。

"谁能背出来，举手？"

有一个孩子站起来，居然真的背出了自己家的春联："天顺地顺百事顺，家和人和万事和，横批：吉星高照。"

干老师表扬了她，接着说："大家听明白了没有？会不会出门被汽车撞？不会，百事顺嘛。一家人会不会吵架？不会，人和嘛。再加上吉星高照，今年不会有坏事啦。现在是把——”

孩子们一起说：“新桃换旧符！”

“大家注意，刚才是把‘门’‘户’联系在一起，现在把新旧桃符连在一起。你家贴了对联，一年过去，到除夕夜它就变成旧的了，你们家明年还要贴新的。它旧了，过去的不灵了，如果不换，今年还是有可能要被车撞了，或把车撞了。所以今年得用‘新桃’把‘旧符’换了，这时候一家就平安和睦了。”

这下孩子们很容易就明白了。

“好，现在大家连起来读一下。读——”

孩子们开始大声朗读《元日》。

三

读完《元日》，干老师问：“你觉得这两个人（文徵明和王安石）一样吗？”

孩子们有些迷惑了。（我们才二年级，怎么能回答这么高深的问题？）

干老师换了一种问法，指着《元日》问：“这个人喜欢过去的一年吗？”

“不喜欢！”

再指着《除夕》问：“这个人喜欢过去的一年吗？”

“喜欢！”

“这种喜欢，我们称之为怀旧。那么，你喜欢过去的一年吗？”

孩子们七嘴八舌，有的说喜欢，有的说不喜欢。

“文徵明觉得好不好？”

“好！”

“王安石觉得好不好？”

“不好！”

“一个觉得过去好，所以怀旧，回顾‘一年功事’；一个觉得过去不好，所以要‘除’去。这是一个不同。还有一个不同，文徵明关心什么？关心自己的生活：‘人家除夕正忙时，我自挑灯拣旧诗。’但王安石关心什么？”

“自己！”有孩子说。

“关心自己吗？你看太阳一出来他看的是什么？——‘千门万户曈曈日，争把新桃换旧符。’”孩子们也一起跟着读。“所以他关心每家每户。”

干老师接着追问：“那么，你是关心自己，还是关心别人？这两首诗，你喜欢《除夕》，还是《元日》？”

不等回答，他又说：“我们把这两首诗联系起来，就是‘辞旧迎新’。如果我们今年很勤奋努力，成绩很好，今年就是值得留恋的。但未来，永远是值得我们怀念（口误，应为‘向往’）的。好，现在我们把这两首诗连起来读一读！”

孩子们热情洋溢地齐读了两首诗。读的过程中，下课铃响了。

干老师最后说：“回头自己去背熟这两首诗，下次说不定干老师还要过来检查一下，因为干老师辛辛苦苦地教了一早上，还要看看曼曼同学背熟了没有。”

干老师边说，边和善地看着曼曼。

原来，他一直没忘记这个孩子。

但愿人长久，千里共婵娟

——陈美丽老师《水调歌头》晨诵课录

师丽平

弦歌时光

一阵秋雨一阵凉。

下过秋雨的校园，显得格外舒畅清爽，天空仍压着乌云，似乎雨还会继续。

这是一个平常的星期五，早餐后，六年级的教室里，已经响起了欢乐的吉他声。五年级的孩子也来了。今天，陈老师要给这两个行走在“农历的天空下”的班级上《水调歌头》。

五年级两位家委会的成员从孩子那里听说这消息后，也兴致勃勃地跑来听课了。

一进入教室，首先吸引大家目光的，是白板上的一幅简笔画：星辰大海教室的三个孩子，站在舞台上，尽情弹奏尽情歌唱，旁边清晰地写着“星辰大海乐队”。这份热情和自豪感一下子就把人感染了。

看得出来，星辰大海教室的孩子们，知道如何珍惜这样的机会，知道如何呈现班级的良好风貌，知道如何活出生命的精彩。

从《阮籍》到《推开世界的门》再到《第三极》，星辰大海教室的孩子一首一首地弹着、唱着，太阳帆教室的孩子、老师和家长们静静地欣赏着。一曲结束，热烈的掌声就响起来了。

渐渐地，太阳帆教室的孩子们也跟着哼唱起来。生命，就这样被相互感染了，启发了。

唱主题歌

弹唱结束，孩子们安静地去摆放吉他，屏幕上同时出现了晨诵的主题。

陈老师微笑着站到了白板前，对孩子们说："中秋快到了！昨天你们两个班已经去徽州糕饼博物馆做了月饼，而且有人已经吃到了肚子里了（有孩子快乐地回应：我还留着一个）。在满足了我们的物质需要之后，今天再来学一首关于中秋的诗，满足一下我们的精神需要。这样，这个中秋就过得圆满了。"

陈老师轻轻的几句话，一下子就拉近了孩子、生活和诗歌的距离。

王菲演唱的《水调歌头》的前奏响起来了，屏幕上同时出现的，是无声的提醒和引领：请调整好你的坐姿，再调整好你的呼吸，清清你的嗓子，亮出你的声音，用你的歌声来唤醒这个黎明吧——孩子们看到后，一下子挺直了脊背，开始做好了学习的准备。

屏幕上出现了歌词。陈老师非常细心地给"绮"和"阙"两个字注上了拼音，并且用醒目的黄色标注了出来——这是学生特别容易读错的字。

孩子们清亮的歌声响起来了，家长也跟着唱了，老师们也忘我地投入其中。是的，在这样的场中，大家都成了一个真正的学习者。

导入诗歌

唱完第一段，音乐停了，歌声也停了。大家无比期待地看向屏幕。

屏幕上，漆黑的夜空中挂着一轮金黄的圆月，那隐着的一半似乎在预示着什么。"但愿人长久，千里共婵娟"几个大字显得格外夺目。

陈老师让孩子们一起读。孩子们愉快地读了一遍，声音有些急促。

陈老师提醒说："不要着急！文字是有灵魂的，请你们调整好呼吸，想想诗句的意思，再重新读一遍。"

孩子们沉静下来，又读了一遍。这一遍，孩子们的声音中，明显地有了想复活文字的意愿。

肯定了他们的进步后，陈老师突然笑问：“你认为在我国古代的诗人中，谁写月亮写得最好？”

太阳帆教室的瑞反应最快：“李白。”

“为什么？你知道他哪首写月亮的诗？”陈老师立即追问。

“《静夜思》啊。床前明月光，疑是地上霜。举头望明月，低头思故乡。”瑞一起头，孩子们都反应过来，一起快乐地念了起来。

“很好。其他人觉得谁写得好？”

坐在最前面的一男生冲口就说：“杜甫。”

“杜甫有哪首著名的写月亮的诗？”男生一下子答不出来了。

另有一男生答：“还是李白，他写过著名的《月下独酌》。”

“哇，厉害！大家在李白课程中学过的，是吧？还会背吗？”陈老师微笑着看着孩子们。

孩子们自豪地背了起来……

“看来大家学得真不错！还有一首在我们很小的时候就会念的，你们忘了？小时不识月……”陈老师又接着说。

孩子们一听，立即笑了，接着陈老师的念了下去。

“大家想的跟我一样，关于月亮的诗，李白确实写得好。一首《静夜思》成了千古思乡第一诗，一首《古朗月行》给我们的童年留下了无穷的遐想，而一首《月下独酌》则把李白的飘逸风神、浪漫诗风以及个人精神世界做了充分的展示。另有一首《把酒问月》我们下次会学。不过，也许，走完了‘月之旅’以后，大家对这个问题会有不一样的回答。因为中国诗人，都有着深深的‘月亮情结’……”

屏幕上，课件已经自然切换到了如下内容。

中国诗人，都有着深深的“月亮情结”。

从“月如眉”“月如钩”到“月似弓”，从“举头望明月，低头思故乡”到“海上生明月，天涯共此时”，从“江畔何人初见月，江月何年初照人”到“今人不见古时月，今月曾经照古人”，从“二十四桥明月夜”到“杨柳岸，晓风残月”……

为什么月亮的细微变化总是牵动着诗人的心？

现在，就让我们到这些诗歌里面去寻找答案吧。

这些被断章选取来的词语，在陈老师的口中都被还原了，她说的不是这一个个词语，而分明是有情境有意境的诗句，从“凉月如眉挂柳湾”到“无言独上西楼，月如钩”，再到“可怜九月初三夜，露似珍珠月似弓”，把孩子们的记忆勾起来了。

当出现完整的诗句时，陈老师就和孩子们一起配合着读，让孩子们也充分地参与进来。

之后，屏幕上出现了月亮的每日变化图，以及“月相歌”三个字。

“咱们不忙去寻找答案。为了了解月亮，我们先来读读《月相歌》，掌握一些月相变化的规律。”陈老师不紧不慢地说。

“哦，是有这样一首儿歌，怎么说来着……”有孩子坐在位置上努力地思索着。

陈老师不卖关子了，出示了整首儿歌，孩子们迫不及待地读了起来。

月相歌

初一月亮看不见，初二月亮一根线，
初三初四像镰刀，初七初八月半边。
一天更比一天胖，直到十五月才圆。
十七十八月出迟，廿二半夜月半圆，
一天更比一天瘦，廿九三十见月难。

学习小序

这一段热身，让孩子们的学习状态越来越好了。

这时，今天要学的诗歌《水调歌头》正式登台了！

水调歌头

［北宋］苏轼

丙辰中秋，欢饮达旦，大醉，作此篇，兼怀子由。

明月几时有？把酒问青天。不知天上宫阙，今夕是何年。我欲乘风归去，又恐琼楼玉宇，高处不胜寒。起舞弄清影，何似在人间。

转朱阁，低绮户，照无眠。不应有恨，何事长向别时圆？人有悲欢离合，月有阴晴圆缺，此事古难全。但愿人长久，千里共婵娟。

陈老师先给大家示范朗诵。此时，陈老师显然已经忘掉了听课的老师、家长和孩子，她忘我的朗诵把大家也都带入了诗词中。

然后，陈老师让孩子们朗诵一遍。这时，孩子们只是注重诗歌节奏，但自己的生命并未与诗歌交汇。因为对这首词孩子们既熟悉又陌生，所以，陈老师关于此词提的第一个问题是："谁读懂了这首词？"

两个班的孩子没有一个回答。

陈老师并不急着让孩子们回答，笑了笑，就从词前的小序讲了起来。

陈老师先带孩子们理解了"丙辰""子由"的意思。由于这只是简单了解性质的知识，因此，这页课件也快速闪过了。

讲到"丙辰"的时候，陈老师还顺带简单讲了一下当时的背景：这首词是公元 1076 年（宋神宗熙宁九年）苏轼在密州时所作，因为与当权的变法者王安石等人政见不同，苏轼自求外放，辗转在各地为官。他曾经要求调任到离弟弟苏辙较近的地方为官，以求兄弟多多聚会，但这一愿望一直无法实现。

然后陈老师又领着孩子们了解了这个小序的意思：公元 1076 年的中秋，皓月当空，银辉遍地，苏轼痛饮到天亮，醉得厉害，然后乘酒兴正酣，挥笔写下了这首名篇，在抒发自己愁绪的同时，怀念和自己分离了七年未曾相见的弟弟苏辙。

理解诗歌

接着，陈老师带着孩子们逐句理解。

"明月几时有？把酒问青天。"

"苏轼在问谁？谁还这样问过？"在看似无问题的地方，陈老师引导学生将李白类似的诗句“青天有月来几时，我今停杯一问之”拿来解此句。这种以诗解诗的方法极为巧妙，在此节晨诵课中，陈老师多次使用。

“不知天上宫阙，今夕是何年。”

“人间今年是什么年？”陈老师再问的时候，孩子们已经能够很快地回答了“丙辰年”。“那你们说天上现在是什么年？”孩子们笑了，说：“不知道啊！”“是啊，天上一天，地上一年。在传说中，天上的日子本就和人间不一样，何况我们连月亮是什么时候开始有的也不知道，又怎么知道现在天上是哪一年呢？”

“我欲乘风归去，又恐琼楼玉宇，高处不胜寒。”

“我想归去，为何又不去了？”孩子们都能回答出是因为太寒冷受不了。“那到底哪个词说明他受不了呢？”孩子们先说“高处不胜寒”，陈老师打回。孩子们又说“不胜寒”，陈老师又打回，并同时再次强调了自己的问题：“到底哪个词说明他受不了呢？”直到学生准确地找到“不胜”，陈老师才停止追问。

接着，老师抛出了个较有难度的问题：“‘归’字说明了什么？”这下孩子们来了兴致，有人不确信地问：“难道天上是他的家？”陈老师肯定了他们的想法后，又追问：“他为什么会这么说？”孩子们一时回答不上，陈老师提示：“李白被称为什么？”有一个同学回答：“谪仙。”陈老师随即说：“黄庭坚曾称苏轼与李白是两位谪仙。”“原来苏轼觉得自己也是月中人啊！”“他原来是被贬入人间的神仙啊！”“原来是仙人到人间来玩了啊！”孩子们愉快地说。看来孩子们已经很好地理解了。

“起舞弄清影，何似在人间。”

“在上一句中，苏轼说他不愿去天上，因为天上太冷。读了这句，你们有没有发现，他真正不想去天上的原因？”陈老师问。“天上没有人间好？”一个孩子快速反应过来，但似乎又有些不敢确定。“与其飞往月宫不如在人间跳舞来得自由快活。李白好像也说过类似的话，是哪句啊？”陈老师提醒道。学生都抢答：“我歌月徘徊，我舞影凌乱。”是啊，这两个诗句真有异曲同工之妙啊！

“转朱阁，低绮户，照无眠。”

“朱阁是什么，绮户又是什么”，陈老师抓住“朱”表示红色这点，让孩子们很快理解了“朱阁”的意思，又巧妙地联系孩子们的生活——学校食堂的门窗雕刻得很精美，轻松理解了“绮户”这个词。“这句说的是什么？谁转朱阁，低绮户，照无眠？”此处孩子们没有困难，都可以回答出是月光，月亮刚开始照着朱阁，随着时间的推移又照到低矮的门户，照到了“我”的身上。

“为何睡不着，是照得睡不着，还是本来就睡不着？”有些孩子理解有误，回答说被月光照醒，但更多的孩子说是因为思念亲人而睡不着，睡不着才发现月光移动，发现照到自己身上。陈老师接着追问：“还有谁睡不着？”一个孩子回答还有他的弟弟苏辙——他想弟弟，弟弟也想他。一个孩子回答还有他的父亲苏洵——父亲在家中想念着远在他乡的两兄弟。陈老师依旧问，最终，六年级的洵回答：“是所有远离家乡的游子都无法入眠。”陈老师让全班给予他热烈的掌声，然后她说：“这首诗为何千百年来被不断传诵？仅仅是因为苏轼写出了自己？不是的，因为他写自己时，也写出了普天之下所有远离家乡的游子的心声。”

“不应有恨，何事长向别时圆？”

“谁不应有恨？诗人在怪月亮：你为什么在我们离别的时候圆了呢？词人这样责怪月亮有道理吗？”孩子们似懂非懂地看着老师。陈老师讲了个形象生动的例子帮助孩子理解：“小时我们摔倒了，奶奶总是说‘都怪这地板’，你们觉得她怪得有理吗？”用孩子们的生活经验解释，孩子们瞬间笑了。

“人有悲欢离合，月有阴晴圆缺，此事古难全。”

“他一直在怪月亮吗？一直在埋怨吗？不，若那样这便不是一首伟大的诗歌了。词人自己想想也觉得好笑，然后就自己回答‘人有悲欢离合，月有阴晴圆缺，此事古难全’——这真是无礼之问，旷世之答啊！”

“但愿人长久，千里共婵娟。”

面对自己的愁绪，不同的诗人会做出不同的回答。李煜说：“问君能有几多愁，恰似一江春水向东流。”李白说：“唯愿当歌对酒时，月光长照金樽里。”王勃说：“海内存知己，天涯若比邻。”张九龄说：“海上生明月，天涯共此时。”陈老师问：“你们觉得谁的回答和苏轼此诗中的感觉最像？”孩子们说张九龄的。

升华主题

此时，下课铃声已响，但孩子们因为沉浸在课堂中浑然不知。陈老师对整首词做了简单的总结：整首词上阕望月，但在写月亮吗？其实是在写自己的遗世独立。下阕怀人吗？是写他的弟弟吗？他仍在写自己，写自己的旷达自适！

有人曾说：“中秋词，自东坡《水调歌头》一出，余词尽废。”

这首词称得上是最好的一首中秋词。他既有李白式把酒问月的浪漫，又有乘风归去自诩谪仙的洒脱，还有“起舞弄清影，何似在人间”的清醒。

他既参悟到了“人有悲欢离合，月有阴晴圆缺，此事古难全”的规律或者说轮回，又有“不应有恨，何事长向别时圆”的离愁、怀念和追问，更有“但愿人长久，千里共婵娟”的美好祝福和豁达心境。

亲爱的孩子们，在一遍遍的吟诵中，你是否也和词人一起与明月对话，一起思考人生的意义？

说完这番话，《水调歌头》的音乐再次响起，老师、家长和孩子们再次唱起了这首歌。

同样的歌曲，因为不一样的理解，就有了不一样的歌声。

由于已经下课，陈老师没有让孩子们唱完全曲，而是及时宣布：“这节晨诵就到此结束了。”大家却还不肯离去，一边搬听课的凳子，一边还唱着下阕“转朱阁，低绮户，照无眠……”。一个孩子走到门口，还恋恋不舍地说：“歌还没唱完呢……”

这节课就这样结束了，但我知道：一节好课能够永远印刻在孩子们的心里，若干年后还会让他们时时想起。

回　声

课结束后，陈老师满怀喜悦地发了一条朋友圈：给五、六年级两个班上晨诵课《水调歌头》，心中是满满的喜悦。在岁月中的积累，让孩子们的生命越来越舒展和闪亮，在活跃中又渐渐有了一份高年级孩子特有的雅致和沉静。还有什么比这更让人欣慰和满足的呢？

一位来现场听了课的妈妈，在陈老师的朋友圈下这样留言：外面大雨滂沱，教室里您的笑容让人春风拂面，孩子的眼睛如星辰般璀璨。

同时，她发了这样一条朋友圈：昨天孩子们跟着老师一起亲手打了美味的月饼，今早陈校长又给五、六年级的同学们带来了一份精神大餐"一场与月亮的约会"。在这里，孩子们遇见了中秋最美的诗词：浪漫飘逸的李白"我歌月徘徊，我舞影零乱"，豪迈洒脱的苏轼"明月几时有，把酒问青天"，优雅深情的张九龄"海上生明月，天涯共此时"……孩子们行走在农历的天空下，充实幸福！

而在"尺码相同者"微信群里，大家也在纷纷传播着这份美好。

明日落红应满径

——《天仙子》晨诵课录

千国祥

一

“目前有全国21个省市的210人报名参加开放周。”杜涛告诉我一个我事先没料到的数目。

因为开放周次数减少，所以本次不再限额，于是就有了这样的一个惊人的数目。对一个喜欢田野研究而不喜欢公开表演性质的研讨会的人来说，这个数目有点“惊悚”。

于是内心忐忑，既为越来越多的人愿意理解新教育、聆听新教育而喜，又为新教育的课程总受制于这样那样的条件不能持久深入而憾，而忧。

二

昨天听了陈美丽的晨诵，“百花课程”的告别仪式，“落花课程”的启动仪式。“落花课程”在这个星期启动，穿越整个开放周，正好在开放周的最后一天，以一个特别的仪式结束。

在“百花课程”中，她精心地把孩子们的生活与诗词联系了起来。如“春色满园关不住，一枝红杏出墙来”这首，投影上显示出优秀学生的晨诵本；“红杏枝头春意闹”这首，出现的是前些天春游时的快乐照片；“竹外桃花三两枝，春江水暖鸭先知”，联系的是运动会；“可爱深红爱浅红”这首，照片上孩子们正在实地欣赏桃花……凡此种种，都体现了“课程”这个词语的理念。课程，即把美好事物编织进我们的生活、我们的生命，也即是我们共同穿越这些美好的诗词，穿越这个季节，穿越这些事情、这些心情。

一个课程，就是一个完整的叙事。这个完整的叙事，应该有自己特定的主题，有主题诗词，有主题音乐，有主题画面。但是，叙事的主体，却不是诗词，而是活生生的我们——是每一个孩子，是教师自己。穿越的，朗诵的，悲喜的，兴发的，感动的，觉悟的，是我们而不是任何别人。这些诗词，应该能够与我们的日常生活相交织。

就像昨日陈美丽“落花课程”的第一首诗，唐朝严恽的《落花》：

春光冉冉归何处，更向花前把一杯。
尽日问花花不语，为谁零落为谁开。

如果只是诗人站在花前，喝酒忧伤，那么它又与我们何干？事实上，不仅我们今天同样面对着季节的更换，面对着春天的离去，面对着美丽花朵的凋零，而且我们自身，不也是在季节中盛放与凋零的花朵？人的生命或者可以称得上是花中之花，但人应该学会追问：我为谁而开，为谁凋零？事实上，这是个永无答案，但永不能停止追问的问题。

依据课程，我今天上的是张先的《天仙子》。这首词，我曾经在年少的时候背诵，昨天进办公室，和皮鼓（魏智渊）、马玲说起，他们随即背诵了里面的几句，可见此词影响之深远。

天仙子

［北宋］张先

水调数声持酒听。午醉醒来愁未醒。送春春去几时回？临晚镜，伤流景。往事后期空记省。

沙上并禽池上暝。云破月来花弄影。重重帘幕密遮灯，风不定，人初静。明日落红应满径。

但这是一首难度极大的词。去年春天早些时候，我的女儿干如云还在上四年级，我发现她几乎不能以诗词的方式，去理解诗歌。今天学习了两个月“农历的天空下”课程的四年级孩子，如何才能更好地理解这首词呢？昨天傍晚，在发下这首词的打印条时，我匆匆写了几点注解：

1. 水调，指水调歌头，音乐名。

2. 临晚镜，指睡前梳洗，照镜子。

3. 伤流景，景本指阳光，流景就是流逝的时光，伤流景就是为时光流逝而伤感。

4. 往事后期空记省，后期，后会有期的约定；记省，记起；整句诗说徒然记起相逢的美好往事和后会有期的约定。

5. 沙上并禽池上暝，是说天色晚了，池塘的沙渚上有水鸟并排而眠，大概是鸳鸯鸟吧。

6. 云破月，一丝丝流云穿破月亮。

7. 花弄影，花在月光下摆弄着姿态。

学生自己读一读，结合这几条注释，至少在字面意思上，应该大致可以感受，但要理解这首词，却没那么容易。而晨诵，不能过多讲解，它要的是呈现，最直接地呈现、重现诗词，涌现出诗之为诗的那一刻、那种感觉。

最好的方式，是老师的范读，是老师非常简单但画龙点睛的串讲。

早晨，音乐响起，是童安格的《花瓣雨》，我选了这首也许有人认为并不太合适的歌曲作为“落花课程”的主题曲，我的理由：儿童课程不是道德教育，它是要把美好的事物原汁原味地给孩子们，绝不能因为《花瓣雨》中有一点思念和爱情，就当成是洪水猛兽。关键是它的美丽、它的纯粹，关键是通过这些美好的事物，让孩子们珍惜生命，珍惜生活。

前奏过去，童安格浑厚的声音响起时，孩子们自动地站了起来，按照角色分配的提示，重温了昨天的《落花》——本来“落花课程”的主题诗是《春晓》，但是因为昨天学生读此诗不到位，而我要在下周一重新讲解，所以今天就暂时没有出现。

学生诵读之后，我同样用朗诵的方式，追问孩子们：我问的是你 / 你

这花中之花 / 你为谁开放 / 你是否也会零落？

然后，画面出现月历和日历，提醒孩子们，今天是 2009 年 4 月 9 日星期四，农历三月十四。我告诉孩子们，今天，我们来走进一个词人的一天，看一个词人，或者词人笔下美丽的“女主角”是怎样度过一天的。

我为孩子们朗读了《天仙子》。有孩子鼓起掌来，这出乎我的意料，因为晨诵，它并不需要这些外在形式的刺激，它更需要我们静静地进入诗的灵魂——当然，真的进入时，鼓掌、欢笑、哭泣也都只是生命的随机涌现。

孩子们也读了一遍，因为有我的范读，他们读得也比较到位。我问了一下他们的自读体验，毕竟难了些，孩子们只从字面上，读到了时光流逝的伤感（伤流景）和忧愁（午醉醒来愁未醒）。然后，细读就开始了。

第一句“水调数声持酒听”，我问：什么时候在听歌曲？听时的心情怎样？

我的本意是考察一下孩子们的理解能力，但事实上，在晨诵时，本可以没有这些问题，老师可以直接讲给他们：早上，怀着忧愁的心情，端着酒杯，一遍遍地听着歌女唱《水调歌头》（学生误以为《水调歌头》就是苏轼的那阕名曲，我略做了纠正）。

第二句“午醉醒来愁未醒”，时间流逝，上午和中午在听音乐喝酒，下午在午睡，但醒来后，酒是醒了，愁却未醒——所以上面持酒听音乐的心情，也应该是愁闷的。

那么词人愁什么呢？紧跟着三句，既是时间流转，也是对愁为何物的解释：

“送春春去几时回”——这是为春去而愁；

“临晚镜，伤流景”——这是为自己的青春流逝而愁；

“往事后期空记省”——这是为朋友、爱人远去，自己孤单一人而愁。

就这样，上阕从早上写到傍晚，关键词只有一个：愁。

理解了，就再读一读，注意时间的流逝，注意主人公的活动与心情。孩子们读得很好。

再来看下阕：

“沙上并禽池上暝”——暮色四起，池上沙渚上有水鸟并排挨着即将栖息，但这个“并”字，岂不显得“我”的孤单？那就读读这句的孤单吧。

“云破月来花弄影”——月儿穿云，云儿遮月，花儿在月光下顾影自怜，独自起舞。这绝美的夜景中，静静起舞的岂止是花，也是孤单、美丽的“我”呀。读一读，读出这一份美丽。

“重重帘幕密遮灯”——作者在月光下花影前站了多久？站多久也要回房睡觉的啊。也要用重重帘幕，把自己遮起来，把自己的心事密密地遮起来，不让人看到啊。读一读，读出这婉约，读出这心事的细密、这夜的宁静。

“风不定，人初静”——但是躺下，外面风声仍未安定啊。风不定，人又怎能安定？风不定，人又怎能安静？慢慢地，人终于安静下来，安定下来，也该睡觉了吧。

“明日落红应满径”——但是蓦地百转千回又一个念头跳将出来，到明日，这花园的小径上，又将是落红遍地了吧？这春天，这青春，这花的美丽，毕竟留不住啊，毕竟这宁静的夜，永恒地流逝着啊。

读一读吧，读一读这些转折：风不定，人初静，明日落红应满径。

孩子们读得很好。

再合起来把整首《天仙子》读一读，心中要有时间感，从上午，到午睡，到下午，到傍晚，到暮色四合，到夜渐深……

再分角色把词读一读，因为齐读容易破坏词的韵味。

最后，《花瓣雨》的音乐又响了起来，屏幕上有诗句在叩问孩子们，因为它们也曾一再地叩问我自己：

尽日问花花不语，为谁零落为谁开。
有花堪折直须折，莫待无花空折枝。
因为，因为明天，明日落红应满径……

梦里花落知多少

——干国祥老师《春晓》《如梦令》晨诵课录

马玲

一

这节课，干老师笑称它为“亦是晨诵亦是语文”。

课，果真就是从“晨诵”开始的。

从 2009 年 2 月立春开始，402 班的同学们在陈美丽老师的带领下，在“农历的天空下”且歌且行，虽身在城市，却心翔大地，“浴乎沂，风乎舞雩，咏而归”，一路穿越“梅花课程”“百花课程”，穿越节气“立春、雨水、惊蛰、春分、清明”，穿越了整个春天，也穿越着一个个诗人生命的诗性的本真存在。课程就是一段旅程啊，不知不觉两个月走下来，许多听课老师都惊喜地发现，孩子们的气质、精神真的在潜移默化中有了变化，如春草，不见其生，却日有所长。

本次开放周的名为“梦里花落知多少”的落花主题农历诗词课程，既是承接前段时间的“百花课程”，同时也是与整个春天告别。这一朵朵芬芳的自然之花啊，从梅花开到百花；历经千年，花开花谢，一直开到这个春天，虽已是沧海桑田，世事变迁，可是，却总有着同样的兴发感动，同样的喜悦惆怅，在一朵朵花绽放时，在一朵朵花凋零时，心情也随之起起落落。对于这些四年级的孩子来说，是在这个微妙的年龄，用一种特殊的方式，把中国传统文化中最美妙的，也是最精髓与深邃的，注入他们的生命，而生命，也将在这个时刻开始发出永恒的追问：“我这花中之花啊，我又为谁开放为谁零落呢？”

可是啊，“落花课程”又实在太厚重了，这些精选的诗词与前面描述百花盛开的诗词不同，如干老师所说：“孟浩然的《春晓》，语极浅，意极深，寥寥20字，情节极曲折而神情极冲淡，读来容易，解开极难。仅仅是‘花落知多少’这五个字该用何种语气来读，便只怕会难倒许多解诗人，恐怕不小心还会掀起一场解读的大战。”

因此，这次“晨诵＋语文”的尝试，他意在教给学生一个武器，一个厉害无比的武器——王国维《人间词话》的“有我之境”与“无我之境”，这样，在后面的农历诗词课程中学生便可以更加灵活地运用了。“符码”“以己证诗”“儒道精神”“有我之境与无我之境”，也便成为师生的主要武器，可以在后面的农历课程的行走中，慢慢揣摩运用，从而走向更高处！

就是在这样的背景之下，干老师以同学们上周晨诵的张先的一阕《天仙子》开始了今天的课堂。

天仙子

［北宋］张先

水调数声持酒听。午醉醒来愁未醒。送春春去几时回？临晚镜，伤流景。往事后期空记省。

沙上并禽池上暝。云破月来花弄影。重重帘幕密遮灯，风不定，人初静。明日落红应满径。

他以“一个词人的一天”为线索巧妙地将整首词的词意串联起来：

时间流逝，词人上午和中午在听音乐喝酒，下午在午睡，但醒来后，酒是醒了，愁却未醒——“送春春去几时回”，这是为春去而愁；“临晚镜，伤流景”，这是为自己的青春流逝而愁；“往事后期空记省”，这是为朋友、爱人远去，自己孤单一人而愁。

而当暮色四起，他看见了什么？“沙上并禽池上暝。”月亮出来了，他看见了什么？“云破月来花弄影。”他就在这美好的月色中流连忘返，可是，终归是要回房睡觉的啊。当他睡觉的时候，他躲进这重重帘幕的时候，虽已躺下，但外面风声仍未安定啊。风不定，人又怎能安定？风不定，人又怎能安静？

慢慢地，人终于安静下来，安定下来，也该睡觉了吧。但是蓦地百转千回又一个念头跳将出来，“明日落红应满径”啊，到明日，这花园的小径上，又将是落红遍地了吧？

这样，在和学生共同温习了诗意之后，干老师再请学生来朗读这首词，把词句中所蕴含的优雅、闲适、惆怅、美丽、孤单、婉约、感伤，通过声音传递出来。学生读得就很入境了。

二

“天终于亮了！天终于亮了。”很自然地，承接着《天仙子》，干老师引入了今天要学的新诗——《春晓》，面对这连每个刚学说话的孩童都会背诵、熟悉得不能再熟悉的20个字，干老师的第一个问题是：“谁可以把自己对这首诗的理解读出来？”

一个戴眼镜的女生自告奋勇，她的声音清脆、平稳，在最后一句的时候略显惆怅。而另一个女生则在评价的时候针对这一句特别指出：“最后一句她应该把诗人强烈的感情读出来。”

干老师就请她把自己的想法读出来。这个女生很可爱，回答问题的时候声音轻轻的，可是读诗句的时候语调却昂扬起来，尤其最后的“知多少”，正好和前面那个女生相反，声音重重地加以强调。她的朗读更引来其他一些同学的赞同，有个女生情不自禁想要伸手鼓掌，甚至刚才那个女生也举手表示赞同。

但也有同学不赞同，一个女生又提出异议，说：“这首诗，诗人带有一丝伤感，她没有读出来。”她也读了一遍，“夜来风雨声”声音渐高，而“花落知多少”则渐渐低落下来，以表达出那种伤感之情。

“看来，这首诗大家都认为读得越伤感越好，读出那种死去活来的感觉最好了。”干老师幽了一默，同学们都笑了，看来，他们都认可了这首诗应该是读出一种“伤感”的。

前排一个戴眼镜的男生也站起来又读了一遍，然后解释说，刚才那几个同学是用重重的声音来读，来表现伤感，而他则是用轻轻的声音来读显得更愁一些，伤感一些。

那么，到底这首诗该怎么读呢？干老师让大家理解了这首诗后再说。

三

诗句的文本细读，就是一个词一个词地细读，将极其精练的词还原到诗人当时诗心涌动的刹那。

先从“春眠”说起吧！

一个男生直接就说了：“春眠就是春天睡觉。”

而另一个男生就显得有灵气了，他说：“春眠就是春天睡觉，感觉不到人要醒来一样。”

这时，屏幕上出现了另一首诗——金子美铃的《春天的早晨》，这不就是对“春眠”二字的最好印证吗？老师让男生齐读一遍，啊，这些词句真是天真啊，真是童趣啊！

春天的早晨

［日］金子美铃

鸟儿不要叫
天气这么好
呼噜噜，呼噜噜
再让我睡一觉

上眼皮想要睁开
下眼皮还不愿醒来
呼噜噜，呼噜噜
再让我睡一觉

“这样睡觉，难怪不愿醒来。可是怎么又会‘处处闻啼鸟’呢？究竟他是‘觉晓’还是‘不觉晓’？”干老师带大家继续细读。

“他是听到鸟儿的叫声才醒来的。”一个男同学说。

“我觉得他应该已经醒了，只是还有些迷迷糊糊的而已。”另一个男生提出更加具体的意见。

“已经醒来，那他为什么会醒来？”干老师紧抓着核心“觉”还是“不觉”不放。

“他还有点瞌睡。”这个男生的解释把大家都逗乐了。

“因为他到了八点钟自动醒来了。”这是第一排一个男生的发言，看来早上他就是这么醒的。呵呵。果然，他话音刚落，又是一阵笑声。

“我认为他这会儿还在睡觉，只是潜意识里听到了鸟叫。”这时，又一个戴眼镜的男生起来，做了一个很有质量的发言。

干老师马上表扬了他“潜意识”这个词用得好，接着又简单讲了一下“意识”与“潜意识”的差别：意识就是你感觉到的，睡着的时候意识就没有了，但是你是有潜意识的。因此，诗中是说，他睡着的时候，在潜意识里听到了鸟叫，但是他没有醒来，后来鸟叫声越来越多，他就慢慢地醒来了。因此，要想把这两句诗读好，就要读出一个人从“潜意识”里听到慢慢到“意识”里听到，开始时一声、两声鸟叫，诗人还在沉睡，但是后来越来越多，诗人就醒了。要把这种变化过程读出来。然后他让学生再读前两句：春眠不觉晓，处处闻啼鸟。

不过，这两句诗真是难读啊，只拿这个“处处”来说吧，它其实并不是一下子就“处处”了啊，而是先“一两声”，然后慢慢才“处处”“闻啼鸟”。这个朗读，对于四年级的学生来说，要想读出神韵，真是难啊！

“诗人潜意识里除了听到啼鸟声，还听到了什么？”在刚才“潜意识”这个巨大发现的基础上，干老师带着孩子们继续向前。

“他还听到了风声和下雨的声音，因为‘夜来风雨声’。”

“这时候他是睡着还是醒的？”干老师故意追问一句。

“睡着。”

“那他怎么能听到风雨声？”

“潜意识。”全体学生一起说了。呵呵，这个概念他们马上就掌握了。听课老师和孩子们一起哄笑了。

“那么，到底是‘风雨声’在前还是‘啼鸟’声在前呢？”干老师新的问题又抛了出来，这就是文本细读啊，一字一句见真章。

当然是“风雨声”在前了，可是为什么诗句却要把“啼鸟”放在前面呢？很自然地，又要让学生深度思考了。

“他先写现在，然后再写他回忆昨天晚上听到的风雨的声音。”还是前排那个戴眼镜的男生，他的思维品质还是很好的。

干老师肯定了他的意见，然后又带学生做了一个“游戏”，把这首诗按照时间的顺序重新排列一下，会是什么样呢？

春　晓

［唐］孟浩然

（时间）	夜	生命
（感觉）	春眠	浑然不觉
（时间）	夜来风雨声	
（感觉）	不觉	（遮蔽）
（时间）	闻啼鸣	↓
（感觉）	渐闻—渐觉	（去蔽）
（时间）	处处啼鸟	
（感觉）	闻—觉	渐渐觉悟
（感觉）	觉悟	

这样，将诗人从“眠”一直到“晓”的心理过程全都呈现出来了，学生这时也都全面细致地知道了这首诗所描写的具体内容。于是干老师让大家把这首诗再读一遍，把这个随时间变化的诗人的内心变化过程，再品味琢磨一下。

接着干老师又带领同学们继续理解诗句的最后一句——花落知多少。

他仍然从同学们朗读时“伤感”的语气入手，他问学生：“你准备用怎样的语气来读‘花落知多少’？”

随之，大屏幕上出现了“悲戚”“伤感”“凄厉”“淡淡的惆怅”“无心的宁静”几种语气让同学们选择，大家都异口同声地选择了“淡淡的惆怅”。一路落花课程，花谢花飞，那种惜春伤春的感情，已经比较深地渗入他们的情感中了。但这首诗真的也表达着同样的情绪吗？“花落知多少”一句也是全诗中最难理解诗人那种复杂、微妙的情绪的一句。

“那么到底应该怎样来读呢？”干老师并没有直接告诉孩子们“淡

淡的惆怅”是否合适，而是带领学生先来理解诗人当时的心情究竟怎样——在这首诗的背后站着一位怎样的诗人？

“当时肯定是淡淡的惆怅，我估计他肯定很老了。”一个男生这样理解。

“我觉得应该是强烈的感情。因为从‘知多少’就可以看出来。”还是那个强调应该读出“强烈”的感情的女生。

“应该是惋惜时光的流逝。”另一个女生说。很明显，她深受最近“落花课程”的影响。

那么，这首诗背后到底站着一个怎样的诗人呢？干老师让大家再读全诗，他又带领学生，从字句中深入诗人的内心。

春眠不觉晓——这是怎样的睡眠？是“午睡醒来愁未醒”的“睡”吗？通过几种比较，学生明白了，这种睡眠和那种愁眠，以及那种极度疲惫后的浓睡，还有那种辗转反侧的睡眠都不同，这是一种“恬静自然”的睡眠。

处处闻啼鸟——这又是怎样的“啼鸟”？是“子规夜半犹啼血”，还是“雄鸡一声天下白”？通过比较引入的两句诗句，学生知道了，这“啼鸟”和“子规啼血”的凄厉悲惨不同，和“雄鸡高唱”的嘹亮高亢也不同，它不带有那么浓烈的情感，不表示悲伤，也不表示喜悦，而是清脆悦耳、自然的啼叫，这是一种“清新自然”的啼叫。

夜来风雨声——当老师再问这是怎样的风雨时，很多孩子依然说这是“狂风暴雨”，这是“强烈的风雨”，这是“残暴的风雨”，原因只一个——花落知多少。这的确是个难点，干老师又引入了几句明显表达诗人对雨情感的诗句。“好雨知时节，当春乃发生”“吹面不寒杨柳风”，这样的风雨让人明显感到温和；而“昨夜雨疏风骤”，“疏”和“骤”则明显表示昨晚的风雨是一阵一阵的。这样通过比较，学生理解了，其实雨并没有感情，而我们之所以对这样的句子产生情感，是因为诗人以自己的感情来看待这风雨了。而在孟浩然的这句诗中，则是“自然而然”，风雨就是那样自然而然地在夜里出现了。

花落知多少——这是怎样的花落呢？是“无可奈何花落去”还是春

来草自青，春去花自落？同样，在这一句的理解上，学生仍然受自己的经验影响很大，他们无法真正去感受孟浩然当时的“诗人之心”，在他们的这段生命中，对于“落花”已经是非常看重了，因此，大部分同学仍然坚持对“花落”的惋惜、惆怅、伤感。

干老师也感觉到了让学生理解这种“无我之境”实在比较难，但是他仍然继续努力着，他又把全诗连起来回顾了一下，让学生体会这诗的背后到底站着一个怎样的“我”：“这是一个美美地睡觉的‘我’，可是他被谁唤醒了呢？先是风雨，后是啼鸟，唤醒之后，他开始是‘不觉’，后来才‘觉’——‘闻啼鸟’，闻的时候却并无悲喜，然后他就问花了——花落知多少。这时候诗人有没有悲喜啊？”

“没有。”“有。”学生仍然是两种意见。

“诗人是无心的啊，就像是一面明镜一样，花落花开、风雨啼鸟，就全映照在他的心灵里，他听到风在刮着，雨在下着，鸟叫了，花谢了，他本来都是无心的，所以是无心如明镜，静静地照出万物。可问题在于，他最后问了一句——花落知多少？这一问，你就要回答，诗人本身没回答，可是你读了这首诗，你就要回答。你怎么回答呢？”干老师直接挑明了。

这时，时间过去了 25 分钟。

四

这时候，一下子诗句出现了跳转——李清照的《如梦令》出现在屏幕上，面对“花落知多少”的询问，只有这两个答案：一个说“海棠依旧”，一个说“绿肥红瘦”。那么，哪个对呢？

“绿肥红瘦。”很多孩子琢磨着做出了选择，而也有同学说“全对”。

这样就进入本节课第二首词《如梦令》的学习。

如梦令

［南宋］李清照

昨夜雨疏风骤，浓睡不消残酒。试问卷帘人，却道海棠依旧。知否？

知否？应是绿肥红瘦！

干老师先让大家把这首词朗读一遍。这时，干老师发现了学生存在的一个重要问题，周五布置下去要求认真完成的预习作业，学生并没有认真完成，因此在读这首感情非常充沛的词的时候，学生的声音却显得平淡、漠然，你只能听到诗词的节奏，却听不到词人心跳的节奏、词人呼吸的节奏。

接下来，干老师继续就预习单上的预习作业，组织学生对《如梦令》和《春晓》进行比较学习。预习作业有三：一是借助老师给的注释翻译《如梦令》；二是比较《春晓》和《如梦令》的相同之处和不同之处；三是阅读关于王国维《人间词话》中“有我之境”和“无我之境”的相关解读。其中关于两首诗词的比较预习作业如下：

一、熟读两首诗词，至能有感情地朗读、背诵。仔细揣摩一下，这两首诗词在朗读中的感情有什么不同？想想诗人各会有怎样的性格与感情？

二、想想这两首诗词有哪些相同的地方？把它们写下来。

可是由于学生并没有认真完成预习，没有去经历这一有深度的独立思考，因此在这时的回答上同《春晓》相比，就暴露出问题来了，对于两首诗词有哪些相同之处，学生只找到了最基本层面的一些：这两首诗词都有风吹雨打；这两首诗词都写到了昨天的事；这两首诗词都写到了昨天夜里，风吹雨打，第二天看花有没有落。

此时，干老师内心里也在做着选择吧：就学生现在的反应，教学目标该如何调整呢？是继续细细引导他们，来更清楚地理解《如梦令》，还是在重要处点上一点，然后继续带领学生走向“有我之境”和“无我之境”？

他把两首诗词的相同点投放在大屏幕上，带领学生更深入地比较阅读，来体会这两首诗词的情感真的一样吗？

干老师引导学生，首先从内容上再做更深入的比较：《春晓》一诗只问了并没有回答；而《如梦令》不但有了回答，而且有两个答案，一个是“却道海棠依旧”，另一个是“知否？知否？应是绿肥红瘦”，这两个答案是不一样的。

接着，他又把张先的《天仙子》引入进来，和《如梦令》做一诗意上的关联。

“知否？知否？应是绿肥红瘦！”她知道年华流逝，青春去了，她会怎么做呢？——哦，她会“水调数声持酒听。午醉醒来愁未醒”。而当牵挂着“明日落红应满径”沉沉睡去的时候，第二天醒来，会怎样啊？——“试问卷帘人，却道海棠依旧”。这样，两首词在意思间就构成了一个有趣的循环。

这是用学生熟悉的《天仙子》来帮助理解情感同质的《如梦令》，接着，对于情感异质的《春晓》，干老师再带领学生做更深入的比较：

“风雨声”和“雨疏风骤”有什么不同？——风雨的大小是包含着词人的感情的啊！

“不消残酒”暗示着什么？——联系我们学过的诗词，暗示着她喝酒是用来消愁的啊！

为什么要“试问卷帘人”？她会怎么问？——“试问”是小心翼翼地问啊。为什么？只因为她太在意那些花儿，不忍看它们凋零了啊！

为什么卷帘人会回答“海棠依旧”呢？——因为卷帘人对这些花可不像词人那样敏感啊，而且是一点也不敏感，所以她才会回答“海棠依旧”。

“花落”与“绿肥红瘦”有什么区别？“知多少”与“知否？知否？”有什么不同？——这当然有区别啊！“绿肥红瘦”和“知否？知否？”是词人对花十分敏感的一颗心啊！

这样又一次比较理解完后，干老师让同学们把这首词再读一遍，把这种理解了的感情通过声音表达出来，重点读出卷帘人的麻木与词人的敏感。

这样，再问“这首《如梦令》的背后又站着一个怎样的词人呢”这个问题时，学生就有更深一层的理解了。

不过因为时间关系，这个问题干老师就没有让学生像对前面《春晓》一样细细地分析回答了，因为预习作业完成得不充分，所以他还是把教学目标做了调整，本来是两首诗词并重的，但是前面《春晓》已经很详细地学了，这首《如梦令》就做了较大幅度的缩减，让其作为一个工具，以它的“有我之境”来更深地对比理解《春晓》的“无我之境”了。

五

最后，干老师让同学们根据预习作业单上的“有我之境”与“无我之境”来判断一下《春晓》和《如梦令》分别是哪种“境”。

有有我之境，有无我之境。[诗词所描写的意境，可分为“有我之境”和“无我之境”。]

“泪眼问花花不语，乱红飞过秋千去”“可堪孤馆闭春寒，杜鹃声里斜阳暮”有我之境也。[像这样的诗句，就是“有我之境”。]

“采菊东篱下，悠然见南山”“寒波澹澹起，白鸟悠悠下”无我之境也。[像这样的诗句，就是“无我之境”。]

有我之境，以我观物，故物皆著我之色彩；[“有我之境”，是用“我”的眼睛去观察事物、景物，因此事物和景物都染上了“我”的情感色彩。“我”悲伤它们就显得悲伤，“我”喜悦它们就显得喜悦。]

无我之境，以物观物，故不知何者为我，何者为物。[“无我之境”，“我”就像也只是一个物体，因此用物体照看事物、景物，分不清哪个是“我”，哪个是“景物”。“我”消失在景物中了。]

古人为词，写有我之境者为多。然未始不能写无我之境，此在豪杰之士能自树立耳。[古人写的词，大多数是“有我之境”的，但也有一些是“无我之境”的。无我之境，是水平高的人才能够写的。]

无我之境，人惟于静中得之。[“无我之境”，只有人在特别宁静的时候才能够达到，能够写出来。]

有我之境，于由动之静时得之。[“有我之境”，是人在生活中获得的，但也只有在宁静下来的时候，才能够写出来。]

故一优美，一宏壮也。[因此，“无我之境”就显得自然优美，“有我之境”就显得情感热烈。]

——前面原文摘自王国维《人间词话》，后面的注解是干老师为方便大家理解而写的。

经过老师又一次的讲解，这时，学生已经能够辨别出《春晓》是“无我之境”，《如梦令》是“有我之境”了。

这样，虽然艰难，但是通过对《春晓》和《如梦令》的精确阅读分析，“有我之境”与“无我之境”，这一重要武器还是让学生有了一个比较整体、直观的感受。

接着，干老师又让学生运用这个武器，对那首已经非常熟悉的晏殊的《浣溪沙》，再用“有我之境”与“无我之境”来进行观照，通过老师课件上字体颜色的区别，学生再一次体会到了“有我之境”是以“我”的感情色彩来“染”万物啊！

“词、酒、天气、亭台、夕阳西下、花落去、燕归来、小园香径”这些都只是“物”，本身是没有感情的，但是加上其他的字句，这些“物”便被附着了诗人的感情，整首词便体现出“有我之境”，以“我”观物，以“我”的感情“染”物，“我”的感情喜，则“物”也喜，“我”的感情悲，则“物”也悲。

最后，再回到《春晓》和《如梦令》上，老师让大家再读，但是这一遍读，就要努力体现“无我之境”和“有我之境”了。

春　晓

［唐］孟浩然

春眠不觉晓，处处闻啼鸟。
夜来风雨声，花落知多少。

如梦令

［南宋］李清照

昨夜雨疏风骤，浓睡不消残酒。试问卷帘人，却道海棠依旧。知否？知否？应是绿肥红瘦！

学生把两首诗词放在一起来读，这时，不同的感情便也通过他们的声音透了出来。

而干老师又继续努力着，再把学生往上带一带，他最后把这两首诗词，同学生的，也是同众多现场听课老师的生命存在联系了起来，他说："《春晓》，生命在睡眠中浑然不觉，仿佛被什么东西给遮蔽了；然后鸟儿在你的身边啼叫声声，仿佛把遮蔽你生命的东西给去除了，因此你的生命就活泼泼地出现在这个世界上。这时你就对这个世界有一份感情，也许你觉得它美丽，也许你觉得它短暂，也许你觉得它太无常了，也许你像某些'卷帘人'一样麻木不仁。同学们，什么是你生命的春天阶段呢？什么是你春天的黎明阶段呢？你的生命是不是已经觉醒了呢？你的生命是'春眠不觉晓'还是'处处闻啼鸟'呢？或者你已经在问'夜来风雨声，花落知多少'了呢？"

此时，偌大的教室静悄悄的，学生和老师们的表情各异，孩子们仍然有些懵懂，他们需要更长的时间去理解，可是已经经历了若干载春秋，惯看秋月春风的老师们却如同被击中，当生命一下子被一首诗照亮的时候，那种心情真是难以描述的复杂啊！

夜来风雨声，花落知多少？

是啊，面对这千古一问，我该怎么回答呢？

而答案至少有两种：一种是"海棠依旧"，生命麻木不仁；一种是"知否？知否？应是绿肥红瘦"，生命敏感地感受到自己的存在……

而你的答案呢？

夜来风雨声，花落知多少？

这真的是要用一生来回答的啊！

自在飞花轻似梦

——《浣溪沙》晨诵课录

干国祥

意外的晨诵课

昨天的语文课，旨在往“农历的天空下”这个古典诗词课程中，放进去一种新武器——“有我之境”和“无我之境”。如果说课外阅读，譬如晨诵是举三反一、积小成大的话，那么语文教学就是举一反三，授予一种精确的阅读方法，以使得学生在课外阅读时，在平时的晨诵时，能够有称手的工具，可以比较轻松地解开那些遥远的诗词。意象与符码分析、赋（叙事）比（比喻）兴（兴发感动）、儒道精神的区分、以己证诗法等，都是我们在诗词教学中研发出来的或新或旧的武器。

昨天利用《春晓》和《如梦令·昨夜雨疏风骤》的情感差异，向孩子们传授了“无我之境”与“有我之境”。因为预习环节上出了些偏差，所以课堂效果没有达到预期的流畅与圆融。但是，如果不是从公开课的效果来考虑，我认为，毕竟是已经把这个武器，交给了孩子们，接下来可能要做的，就是既利用这工具、这武器来解开后面所遭遇的诗词，也利用后面的诗词，来加深对这工具的理解，巩固对这武器的使用。

但也因此，我和陈美丽有了今天晨诵内容和方式上的理解冲突。她认为用有我之境（以情染物）来理解秦观的《浣溪沙·漠漠轻寒上小楼》有些难，她自己理解得也还不够透彻。而我则认为，正因为在语文课上没有达到预期，所以在晨诵课上就更应该让孩子利用它，掌握它，更何况，这首词是“描绘”性质的，绘，必有“勾勒”与“渲染”，利用有我之境的以情染物，更能够理解这首难度颇大的词。

因有分歧，在晚上九点多，决定改由我来讲这首词。于是就有了今天我的这堂意外的晨诵课。

开启黎明

孩子们进场了，前面的屏幕上，是他们已经熟悉的画面，背景中粉红色的花瓣在纷纷飘零，古典的音乐在大厅中回荡，这音乐的标题就是“自在飞花轻似梦”。屏幕的正中，打着这个小课程的主题词：梦里花落知多少。

孩子们坐下来，听音乐，自由地读前面学过的那些诗词，或读已经发下的纸条上的今天的晨诵内容。

突然，音乐转换，是《花瓣雨》那熟悉的前奏，美妙的钢琴声，一声声，如花瓣下落，叩动人心。当童安格的声音响起的时候，孩子们站了起来。此时讲台上没有一个老师，我隐身在人群之中，和老师们讨论着另外的事情。这时，屏幕上出现提示，说：

这是早晨，人们还处于半梦半醒之中。

亲爱的小鸟，请用优美动听的啼鸣，唤醒所有的人吧——

于是孩子们还天真的声音响了起来，是孟浩然的《春晓》，是昨天又唤醒几个敏感心灵的绝句。

画面转换，屏幕上提示说：

面对落花，孟浩然无心静照，不喜不忧。

而李清照笔下的叶和花，不仅有了颜色，而且也有了肥瘦，有了爱憎。请把李清照的感情带入诗中，用你的声音读出来！

于是，孩子们按规定的字体颜色分角色，用他们今天所能够理解的程度，读出这《如梦令》中对青春和时光流逝的急切呼喊。

屏幕上又提示说：再来一首。梦一样的格调，水一样的情怀啊！

接着就出现了晏殊著名的《浣溪沙·一曲新词酒一杯》，因为陈美丽老师昨天带着他们认认真真地读过，所以孩子们的感情处理得很好：

浣溪沙

［北宋］晏殊

一曲新词酒一杯，去年天气旧亭台。夕阳西下几时回？

无可奈何花落去，似曾相识燕归来。小园香径独徘徊。

漠漠轻寒上小楼

然后，我出场了。我感谢孩子说：“春眠不觉晓，处处闻啼鸟——亲爱的孩子，亲爱的小鸟，感谢你们用悦耳的声音，又唤醒了许多半梦半醒的人，又唤醒了这个黎明。今天，我们再来学一首新的与落花有关的词。”

屏幕上出现了今天学习的内容：

浣溪沙

［北宋］秦观

漠漠轻寒上小楼，晓阴无赖似穷秋。淡烟流水画屏幽。

自在飞花轻似梦，无边丝雨细如愁。宝帘闲挂小银钩。

我问谁愿意再用自己的声音为大家来打开这首词，一个女孩站起来，轻轻地、慢慢地读了一遍。音很准，感情很周正，只是读得有点平，少了一点平静背后必要的内在诗意的起伏。

于是我也为大家读了一遍，尤其是下阕，情感转换是非常细致的。无边的丝雨中，飞花自在而落，细雨如愁，愁如细雨，飞花似梦，梦似飞花，但当感情将要生起，人将要悲伤、将要哀愁之际，忽然词又跳转到美丽的小楼：宝帘闲挂小银钩。多么美丽，多么雅致，多么宁静啊！

然后，我让大家读，读后，来分享一下问题与感受。

一个女生问“宝帘闲挂小银钩”的意思，我说，“帘”是知道的吧，就是“试问卷帘人”中的“帘”，就是“重重帘幕密遮灯”的“帘”，但这里是怎样的“帘”呢？这是“宝帘”，是非常珍贵的帘。它现在是“酒后帘幕低垂”吗？孩子说不是，是卷起来了。是啊，因为天亮了，它已经卷起来了，挂在钩上，挂在怎样的钩上呢？这是小银钩，瞧，多么精致，多么美丽的生活啊。

一个男生问“晓阴无赖似穷秋”中的“无赖”什么意思。我说，大家都知道“无赖”有两个意思，一是流氓无赖，二是“最喜小儿无赖”中的“无赖”，有可爱的意思，但大家不知道这两个无赖还有相同的意思，就是调皮不听话。天亮了，词中人想要一个风和日丽的好天气吧，不料一看天气，依然是阴沉沉的，就像是深秋。所以说它无赖。不过，难道大太阳就一定好吗？大太阳下能写出这么美的词吗？所以这无赖，也不一定是不好，不美。

一个女生和大家分享了她对“自在飞花轻似梦，无边丝雨细如愁”的理解，这段长长的话，真是说得好啊。她大意是说，花自由自在地飘落，很美丽，就像梦一般迷离，但是，这美丽、梦幻、忧愁，其实都是词人自己的内心，不是外在的景物，是词人自己感觉到了迷离，感觉到了忧愁，他就把这忧愁，加到了飞花和丝雨上，说它们轻似梦，细如愁。

瞧，这就是昨天讲的“有我之境”中的以情染物，今天就有孩子能够如此出色地运用了。于是，我请大家把她的理解带进去，再读读这两句词中最美的句子吧。

淡烟流水画屏幽

这是一首用心细描的好词，我们晨诵时，也该用心细细品一下才对。

我带着孩子们先看上阕。它讲了什么呢？刚才我们复习的词句中有一句“去年天气旧亭台”，这上阕，讲的也是天气和亭台啊，但它们又是怎样的天气和亭台呢？

孩子们找到天气，是“寒”和“阴”，找到亭台，是“小楼”是“画屏”。

因为是晨诵，我没有让孩子们多去找，而是以自己的描述为主。我说，这是怎样的“寒”呢？这是轻寒，是漠漠轻寒。这是怎样的“阴”

呢？这是晓阴，这是无赖的晓阴，这是似穷秋的晓阴。这是怎样的“画屏”呢？这是美丽的画屏，画屏上画着淡烟流水，而词中人就坐在这画屏背后，安静孤独，所以说是“画屏幽”。

多么美丽但令人忧愁的天气，多么精致的小楼和画屏啊，来，把上阕读一读：漠漠轻寒上小楼，晓阴无赖似穷秋。淡烟流水画屏幽。

再来看下阕，同样是天气、风景和亭台。

天气与风景，是“飞花”和“细雨”。对亭台的描绘，用的是刚才讲过的“宝帘”和“银钩”。但这是怎样的“飞花”啊，它自由自在，如梦般轻盈，如梦般扑朔迷离。

这又是怎样的“细雨”呢，它弥漫在整个空间，不大，所以安静、迷离，所以忧伤。但是，这是多么神奇的比喻啊，你只听说过细如牛毛细如发丝，哪有细如愁的，细如愁又是怎样的纤细呢？哦，原来，它是说愁细得像这无边的雨，像这雨一样弥漫着，无边无际，细细的，无名无由。来，再读一读，读出这美丽、忧愁，这恬静：自在飞花轻似梦，无边丝雨细如愁。宝帘闲挂小银钩。

所以，这就是“有我之境”啊，这就是昨天讲的“以感情染景物”啊。

再读一读，注意这些染上去的色彩，尤其是其中每一句都有一个词，它们分别是：寒，阴，幽，梦，愁，闲。

音乐响起来，音乐的名字就叫《自在飞花轻似梦》，孩子们读得很好。

我利用屏幕，把以感情染景物的过程简单重演，并分类，于是，三类词语就共同刻画了“宁静的春天”“美丽的风景”和“精致的小楼”，但是，少了什么呢？

哦，原来是少了一个画中人啊。但这会是怎样的一个词中人、画中人呢？词没有一个字写这个人如何，但是我们已经知道，他或者她，会是怎样一个雅致、美丽、宁静、落寞的人啊。来，把这些美丽与雅致读出来。

孩子们再分角色朗读一遍。音乐一直响着。

然后音乐再度转换，《花瓣雨》再度响起，我读出屏幕上的句子，作为今天晨诵的告别：

为万物，为每一天 / 细致地涂上生命的色彩 / 自在飞花轻似梦 / 无边丝雨细如愁 / 宝帘闲挂小银钩

歌声回荡，人们远去。一次近 20 分钟的晨诵结束了，一首美丽的小令，又在多少人的灵魂中，如啼鸟一般，轻轻地唱过呢？

用一首落花诗，跟春天说再见

——《浣溪沙·一向年光有限身》教学手记

李爱萍

课　前

2020年4月30日，五一放假前夕，在CCtalk上完了“农历的天空下”古典诗词之旅之落花课程的最后一课——北宋“宰相词人”晏殊的《浣溪沙·一向年光有限身》。接下来，就是立夏立秋立冬，就是杨柳就是夏荷就是秋菊就是冬雪，再无春花了。对这首词格外珍视，不敢率性处之，心里琢磨着课程设计者干老师把它放在落花课程乃至整个春天的诗词课程最后一课的可能用意。

备课时，先是聆听了陈美丽老师的吟诵版音频，而后重温了叶嘉莹先生对这首词的阐释，同步温习了魏智渊老师对唐宋词发展脉络中李煜、冯延巳、晏殊、欧阳修等十七人的词风梳理，再结合自己的理解，总算明晰了词人意欲表达的意思。

第二天就要上课了，前一晚参加了学校的教师专业发展之周三微演讲活动，又加上年级语文研课活动，结束时已接近晚上9点。一个人在操场上就着习习晚风和微弱的星光，漫步行走3公里，边走边思索着该以何种恰当的方式把我琢磨到的诗词况味与人生哲理讲给我的四年级升五年级的孩儿们听。其中，我最想传达的，除了诗词本身的美好，还有隐藏在这首词里的那种对待人生的“圆融旷达之理性的观照”，我相信这是庚子年春天最后的生命赠礼——来自千年之前的晏词之光。

然而，可能是因为一天的劳作终于带来了困乏，已经完成文本解读的我，对于已然领悟到的时光的短暂、生命的有限、离别的哀愁、登高念远的空想、风雨落花的忧伤，以及以“酒筵歌席”和“怜取眼前人”进行的心理排解和超脱等诗词况味，都暂时无法找到合宜的教学策略，来完成课堂的设计。

我决定设置好早上 6 点的闹铃，先歇息，早起再备课。届时头脑清明，应该会想到好点子吧？我想。其时，已是凌晨 1 点。

第二日，早上 5 点半，闹铃未醒人先醒。晨星寥落，时光空明，纤尘不染。我又开始琢磨如何上好这一课的问题。

我心想，从词中体察到的所谓深刻的人生感悟，如果不能以具体的形象、合宜的语境来唤起孩子们的内在情感共鸣，那诗词本身将是一堆乏味、堆砌的词语；如此，来自词人的那种强大的生命感发力量，就不能抵达到孩子们那里。所以，如何使“抽象”转化为孩子们用已有经验便可理解的“形象”，被他们感知、理解，才是关键所在。

但是，什么事情可以以某种合宜的形式，使线上一百多个孩子有共同经验到并引起共鸣？思来想去，我觉得共同穿越过的云端晨诵时光便是最好的选择，那是被我们用声音摩挲过、用画笔和文字描绘过的春天啊！想法确定了，我重新编辑文字，调整、修改课件内容，赶在 7 点半前，完成了课堂设计。

而后，梳洗、整装、就餐、端坐电脑屏幕前，准备和孩子们一起用声音在黎明中共舞。距离上课还有几分钟，我在朋友圈随手写下这样一句：当我读明白了一首诗，我的心里不复焦灼和恐惧。

课　中

浣溪沙

［北宋］晏殊

一向年光有限身，等闲离别易销魂。酒筵歌席莫辞频。

满目山河空念远，落花风雨更伤春。不如怜取眼前人。

1

在如山间流水一般轻淌的《桃花渡》箫声中，我用课件对整个春季的学习旅程进行了阶段性梳理和重温，作为整首诗词学习的浪漫感知和前置铺垫。

今天是4月30日，4月最后的一天，明天我们将迎来五一劳动节。昨天走在校园中，发现小朋友们都换上薄薄的夏衣了，夏天已不知不觉走近了我们。

从2020年2月10日开学典礼至今，整整80天，CCtalk在后台给我们记录了252节课；在晨诵课的旅程中，我们穿越过梅花课程、百花课程、落花课程、节气节日课程……共学习了50首古诗词。今天，我们要学习落花课程的最后一诗。我们真的要跟春天的花儿们说再见了。亲爱的孩子们，是不是觉得时间过得飞快呢？

那些站在诗歌背后的诗人们啊，无论是君王、名臣，还是普通的无名氏，都已经离我们远去，他们把生命留在历史的长河里，却在千年之后以精美的诗词、以熠熠的光明点亮我们此时的生命。

从万紫千红的春天一路走来，穿过开满了桃花、梨花、杏花、海棠、牡丹的小路，你的身上也一定带着花儿的香味了吧？

时光容易催花老啊！日子一天一天过去，花瓣就一片一片地飘落下来。在院子里，在街道旁，在公园里，在田野上，当你看到从枝头飘落的花瓣，你可曾感到光阴从我们身边悄悄地溜走？

亲爱的孩子，你能听到花儿飘落时的叹息，你就能觉察到宇宙生命的神秘。而穿越时空，与古老岁月中敏感的灵魂共鸣时，你一定会发现：花开是美丽的，而花落，因为让我们认识到宇宙的庄严与深邃，也变得美丽无比！

要告别春天了！来年再见的枝头上的花儿，却再也不是今年枝上的这一朵了，这真是“年年岁岁花相似，岁岁年年人不同”啊！

此刻，我们130个人汇聚在这里，在百花中徜徉，在诗海里畅游，多么美好。我们有理由相信——更美好的岁月一定在未来，在你们的书写之中……

终有一天，我们也会像古诗里的人那样，从“今人”变成“古人”。千年之后，谁又会在课堂上讲到正在读诗的你的故事呢？让我们珍惜此时此刻的美好，从进入一首诗开始，把握当下，让美好以各种方式延续下去，成为后人深切的怀念。

当我讲述的时候，评论区里孩子们也在互动着，发来各自家乡的物候消息。他们心中对刚刚从身边悄然消逝的时光也一定有着相同的感慨吧。

2

范读完诗词后，我抛出了大问题，让孩子们整体感知文本：读了这首词，有没有哪一句话或哪个词语，深深打动了你呢？

梓涵同学第一个举起了手，我在线向她提问。她朗读完后，说：“‘不如怜取眼前人’这句诗最能打动我。”

我对她说：“跟大家分享一下你的想法吧。”

她说：“我自己曾经有过类似的经历。我觉得为那些未来的事情着急、担心是没有用的，所以，我会在当下一刻去关爱身边的朋友和亲人；有事情的时候，我会第一时间去把它做好，我觉得这更有用。所以，‘不如怜取眼前人’这一句最打动我。”

梓涵的感觉真好，仅仅一句诗便引发了她对生活的思考，激荡起她内心的感动。我表扬了她。

我又问了第二个孩子。孩子说，她最喜欢“落花风雨更伤春”一句，“因为这句让我感觉春天就要离我们而去了，一想到这里，我的心里就自然而然生出了一丝丝的忧伤”。

评论区里有人说读出了要珍惜当下……

孩子们对这首词的感受，打破了我内心的忧虑，活泼泼的心灵总是给人以惊喜。

也许缘于他们对词语的敏感，也许是前面长长的讲述起了作用，也许是这个春天对词语的长时间浸染而得，飞儿教室的郭老师为孩子们的发言跷起了大拇指。

3

对诗词有了初步的感知后，我还需要带着孩子们进一步精确地学习文本。

我出示了诗词中关键的字词解释，让孩子们自读自悟。我特别强调了“向”字的读音，“向”在这里读作“shǎng”，表示时间的短暂，因为之前连我自己也读错。

1 分钟以后，我邀请了苏越、唯熙两个孩子上线朗读，在轻而缓的语调中，我感受到了她俩投入其中的感情，两人对“销魂”和“伤春”处理得特别棒。

我问唯熙：“你为什么这样朗读呢？”

唯熙说：“从词中我感受到春天要离去了，心里有许多不舍和伤感，只有珍惜当下的分分秒秒才不会留下遗憾。所以才这样读。”

我评价说：“所以，你读出了春天离别的伤感，同时也读出了对当下的珍视。真好！”

我又邀请了涵渝上来朗读，根据她的朗读，我相应纠正和解释了“怜”和“酒筵歌席”的释义，由“酒筵歌席”又进一步对“词”的来源和本质做了简单的解释：词，类似于当下流行的“歌词”。在古代，词是士大夫们写给歌女们，让其在酒筵歌席上演唱的歌词。虽然是歌词，以晏殊的这首《浣溪沙》为例，却不知不觉中流露出词人的性格和修养，甚至对人生智慧的领悟，所以古典诗词跟现代歌词还是有很大区别的。接着，又对应现代歌词的上下段，把诗词分成上下阕，带领孩子们理解词人对生命的不同层次的感悟。

上阕：一向年光有限身，等闲离别易销魂。酒筵歌席莫辞频。

又是梓涵同学举手参与朗读。读完后，她分享道：“我在上阕中感受到当诗人体验到时间的流逝和生命的短暂时，他发出了一阵阵的感慨。”

我问她：“当一个人感受到时间的一去不回以及生命的短暂时，人的心里往往涌动着别样的情感，你觉得诗人此时心情怎样？”

梓涵同学说：“是哀伤、伤感。”

我追问：“这里有没有哪一个词，可以准确表达出‘哀伤、伤感’的意思呢？”

“是‘销魂’这个词。”梓涵说。

“是的，是‘销魂’。”我说。

我继续引导她：串起“销魂”这个词语的，除了“一向年光”“有限身”，还有“等闲离别”。但是诗人有没有因为意识到世事的哀伤就一味地沉溺下去呢？没有。诗人要以过好当下——酒筵歌席莫辞频——的生活方式，来应对、排解、消遣掉那些不可改变的忧伤。连曹操也写下过“对酒当歌，人生几何”的诗句来排解倏忽而逝的感伤之情呢！

至此，通过和孩子的对话，我们完成了对上阕的理解。

接着我又邀请其他孩子上线朗读原文和翻译，增进对文本的理解：

人的生命是有限的，时间总是过得飞快；人活着，总要面对生离死别，有人说这是人之常情，可为什么让我悲痛欲绝呢？（既然这些事情都不可避免）那么，每当相聚或别离之时，我们就不要推辞这酒筵歌席，而应当趁着这相聚的时刻，对酒当歌，开怀畅饮。

下阕：满目山河空念远，落花风雨更伤春。不如怜取眼前人。

继续邀请孩子上线朗读，发言，分享自己的理解。

子芊说：“词人此时的感觉，山河很空……”

资博说：“词人看着眼前的山河，觉得自己的思念和哀愁像大山一样遥远。”

可菁说：“词人登上山顶，从远处眺望奔腾而去的河流，会想起远方的朋友；词人一个人在某个地方看风雨打湿了落花，就会感觉分外悲伤。”

孩子们各自分享了自己的想法，但他们对“空”的理解我总觉得还不到位。

我问孩子们：“你怎么理解‘满目山河空念远’的‘空’？”

可菁补充道：“山河辽阔，整个空间显得空空荡荡，所以‘空’是‘空阔’的意思。”

但是在诗词语境当中，我以为“空”应该有更深远的意味，于是做了以下的引导——

我：是啊！看着山河，我想念远在他方的亲人，想念久未见面的爱人，想去到那个我还没去过的地方，想着那个我奋斗已久却还没有实现的遥远梦想。可是，当你远远地眺望山河，你在心里想着他们、念着他们，你就能立刻到达他们的身边吗？

不能的，对吧？你想念某个朋友，可是却不能一下子到达他的身边，所以这种“想”就是一种“空想”；既然是“空想”，想了也不能实现，所以诗人劝诫自己说：还是不要想了吧，徒增伤感而已……

你看到花儿被风雨打落了，你忧伤，你难过，花儿能重新回到枝头吗？也不能的，对吧？所以，满目山河的念远，落花风雨的伤春，都是一种“空空的念想”啊！

既然梦想将来是“空想”，留恋过去是“空想”，我们都没有办法把握，只能徒增伤感。倒不如，我们就在心里把这一切都放下吧，把握当下，怜取眼前人，才是我们要做的呢！

那就让我们，把未来的事情交给未来再做吧；过去的事已经过去了，我们已经没有办法把握，所以且让它过去。把当下过好，珍惜眼前的时光和人事，才是词人教给我们的智慧呀……

带着穿越过百花课程的所悟所感，孩子们或上线，或在评论区发出了这样的声音——

怀宇说：“天地万物凋零时，词人默默地站在高山上，一个人看着广大的世界，内心感慨，写下了诗篇。”

瑞洋说：“词人想到一夜风雨把花儿打落，想到了要珍惜眼前的时光。”

我又问：“今年春天只剩下最后3天了，我们要怎么珍惜呢？”

一个孩子说：“下课后，我要先认真把作业写完，然后到花园里再好好看看花儿们。”

又一个孩子说：“与其怀念过去，不如珍惜当下。”

我说：“是的，未来我们没有办法把握，未来也还没真正到来。我们能做的，就是学会珍惜身边的人，珍惜当前所拥有的美好时光。”

理解完下阕，我又邀请了孩子对刚刚学过的内容进行有感情地朗读。

有时候，我们登临险峰，放眼辽阔河山，我们会思念远方的亲友，或者寄托遥远的梦想。春来时，花开正好，可一夜风雨就会把繁花吹落。每当这时，才发现春天消逝得太快，不禁又会忧从心来。既然遥想未来是空想，雨打花落又不可挽回，不如就在此时此刻此地，好好珍重、怜爱眼前的人。

4

至此，我们完成了全诗的精确学习。在综合阶段，还需要深化对全诗的理解，联系生命进行对话。

根据课件出示的内容，我对全诗做了小结：不管上阕还是下阕，诗人都是先发表对事物的感慨、感叹，再意识到不能沉溺于忧伤之中，所以就找到一种办法进行排解——时间太短暂，离别又容易使人感伤，因此“我”要开怀畅饮、高声歌唱；想念亲人却不能去到他们身边，伤感春天的流逝却留不住春天，那“我”就要活在当下，珍惜眼前的生活！

《乌夜啼》里，李煜对于美好流逝的感伤真是一发不可收，他的忧伤“恰似一江春水向东流”，像江水一样滔滔不绝地向前流去，这是回不来的、耽溺其中的哀伤呀；可是晏殊不一样，他也感觉到了时间的流逝，但他并没有因此沉溺，而是带着一种心理上的克制，在精神上对眼前的生活进行“理性”的安排。这种对待生活的态度，真称得上“圆融的观照”。

所以，亲爱的孩子们，落花课程结束了。这个春天，我们已经领略过百花的美好，它们的美好已经留在我们的心里，留在我们的晨诵本里，留在我们的生命里。当花儿落了，不要去为它们悲伤，也不要为时间的流逝感叹，因为当你在感叹时光流逝的时候，时光就在你的感叹中流逝了。我们能做的，就是珍惜和我们相遇的每一个老师，珍惜和我们坐在同一间教室里学习的每一个同学，珍惜我们身边的每一个人。

时间是短暂的，生命是有限的，谁也不知道什么时候就要和身边的人说再见。所以，与其空空地梦想将来，留恋过去，不如就让我们像诗人一样，学会“怜取眼前人”吧！

因为，当下就是最好的时光啊！

那么，再见了，花儿们！再见了，2020 年的春天！

课　余

仿佛仍意犹未尽，孩子们在评论区里的讨论还在继续——

梓涵：就在此刻，我们感叹花儿的凋落时，时间已经慢慢地从我们身边溜走了。

家畅：这首词告诉我们，有些事既然不可避免地发生了，与其在这里惆怅，不如继续往前走，让结局更圆满一些。

苏越：在时间的消逝中，我们会想念那些帮助过我们的人。就像夏洛说的那样：如果不去帮助别人，人活着又有什么意义呢？（被想念也是一种幸福吧）

梓涵：人来到世界上，是来享受美好，享受生活的，如果总是沉浸在悲伤的情绪里，为什么还要来到这世界上呢？……

下午时分，批阅孩子们当天的诗评时，我看到舒岚写道：前一刻才一点钟，一转眼就是一点半，时间过得太快，因此我们要把每一分每一秒过得有意义。时间啊，是一匹永不停止奔跑的小马，它不会等你！

真是奇妙！舒岚的诗评让我灵光一现，解决了一个困扰我很多年的问题——在《特别的女生萨哈拉》这本书里，波迪小姐给德里讲了一个故事，故事中老师表达了自己的三个愿望：我希望我是一只鸟，我希望我是一匹马，我希望我是一个孩子。

我一直不能准确理解这三个愿望的意义。忽然之间，舒岚的诗评让我豁然开朗。波迪小姐通过童话的方式，把她对德里的祝福和愿望，传达给德里：我希望你（像鸟一样飞翔）拥有梦想，我希望你（像马儿一样永不停止奔跑的脚步）去珍惜稍纵即逝的时间，我希望你（像一个小女孩儿一样）始终保持内心的纯真、善良。

多么美好！在黎明，在春天的诗词里，和孩子们一起共同成长。

4 月 30 日，我用一首落花诗，和孩子们一起在云端，跟春天说再见……

清明和白露：我们的二十四节气诗词之旅

吴传莹

清明：生死之间的冷与热

这个春天，我像当年的晋人一样，向外发现了自然，向内发现了自己。那么，我是谁？我畏惧死亡吗？“向死而生”于我，是一个词语，还是切身的领悟？

记得母亲年轻时，常常为新生儿接生，为老去的人穿衣，仿佛是一个游走在生死之间的人，所以，我们姐弟 5 个都特别相信她的两句口头禅：没有过不去的火焰山；啥也别争，到了都是一场空。

尽管如此，青春年少时，读到阮籍因 15 岁陌生女孩之死而大哭一场时，读到马斯洛因第一个孩子出生而癫狂迷乱时，我的心，也不禁随之哭泣和震颤。

人到中年，读到孔子的“未知生，焉知死”和庄子的“方生方死”时，我知道了为何温暖如我却也常常冷淡无情。

近日，与死亡“面对面”有两次。一次是看完日本电影《入殓师》的失眠夜，还有一次是，5 天 5 夜滴水未进的孩子爷爷居然 3 天 3 夜没合眼，终在疫情解禁的第二天离世。而这样的时刻，你一抬头却发现山野的百花正怒放。

1

清明观察：

公　　历：2020 年 4 月 4 日星期六

农　　历：二〇二〇年三月十二

气　　温：6 ~ 18℃

今日天气：晴

今日月相：下弦月面朝东

半个月前，坐在名为“春分”的房间里写完了《春分：青梅如豆柳如眉》，然后开始想一个问题：清明的主题定为“生和死”合适吗？那么，对10岁的孩子来说，这三个字意味着什么？如何让他们理解这个重大的人生问题？

进行兰花课程时，周末分享电影和观看纪录片《孔子》的经历提醒了我，何不从迪士尼经典动画片《寻梦环游记》开始？没有比它更适合让孩子们感受“生与死”的主题了吧。

8：20，离上课还有10分钟，得知绝大多数孩子已看完这部电影，我就发出了这段话：

墨西哥的亡灵节和我们的清明节有些相似，都是死去的亲人和活着的亲人“团聚”的日子。有人说，人的一生要死去三次：

第一次，心跳停止，你在生物学上被宣告了死亡；

第二次，举行葬礼，人们宣告你在社会上不复存在；

第三次，是世界上最后一个记得你的人，把你忘记，从此整个宇宙都不再和你有关，而这就是终极死亡。你怎么理解这段话？

显然，孩子们一时不知道该怎么回应这个话题，只是很动情地说看电影的感受。有个孩子说，看了两遍还不觉得腻；有个孩子说，每次看完都会大哭一场；我也忍不住说，嗯，看了三遍，每次看到最后部分，米格唱起《请你记住我》，太奶奶被唤醒了记忆说出“爸爸”时，我都忍不住泪流满面……

聊到这儿，已是上课时间了，便直接播放清明歌曲“清明时节雨纷纷，路上行人欲断魂。借问酒家何处有，牧童遥指杏花村……”我静静地听着，到最后一句“万物复苏大地回春”时，自己也跟着哼唱起来。

《空雨》的背景音乐响起时（当然也只是我听得到），我揭示了“清明”节气的由来、其在地理气候学意义上的特点和节后的大地变化；然后介绍了清明三候和农谚；最后解决了一个问题：为什么清明这个节气同时又是一个节日？

讲述完介子推和寒食节之间的关系，重点让孩子们理解介子推之死——原来世间还有一种英雄叫“敢于不做事”。这种有气节的人更令人敬佩，也正因此，人们几乎忘记了古代寒食节“禁火”和“改火”的象征意义了。

2

从唐代开始，寒食节和清明节合二为一了，那咱们就用韩翃的诗歌《寒食》拉开学习的序幕吧。

寒　食

［唐］韩翃

春城无处不飞花，寒食东风御柳斜。
日暮汉宫传蜡烛，轻烟散入五侯家。

因这首诗并非今天的学习重点，因此，老师示范读，学生模仿读后，只设计了两个问题。

（1）“春城无处不飞花，寒食东风御柳斜”这两句有花有柳，描述了一个怎样的寒食节？

待孩子们略加思考后课件就出示：春天的长安城里，柳絮飘飞，落红无数，好个春光明媚的寒食节！东风吹来，皇宫里的柳树也摇曳生姿，与飘飞的柳絮相映成趣。

（2）“日暮汉宫传蜡烛，轻烟散入五侯家”这两句记录了一个怎样的场景？

仍是很快出示课件：到了晚上，负责传火的官员，骑着马把皇上赏赐的烟火，挨个儿传到王公贵族家里。

理解了再读，并提醒孩子们：原来，古代禁火真正的目的是“创造新火”。

课后反思：听《寒食》这一节的回放，意识到这首诗处理得过于简单，还有两处可以继续再问，比如，“春城无处不飞花”的“飞花”是各种各样的落花，还是专指柳树的花（柳絮）？唐朝皇帝读了“日暮汉宫传蜡烛，轻烟散入五侯家”一句，心情如何？是郁闷，还是愉悦？

寒食之后，就是清明了！是祭祖的清明啊！

这个节日，既有慎终追远的感伤，又融合了欢乐赏春的气氛；既有生离死别的悲酸泪，又有到处一派清新明丽的生动景象。让我们一起来领略一下这个极富特色的节日风景吧。

清　明

［唐］杜牧

清明时节雨纷纷，路上行人欲断魂。

借问酒家何处有，牧童遥指杏花村。

“清明时节雨纷纷，路上行人欲断魂”，第一个问题：这纷纷而下的，仅仅是连绵不断的春雨吗？

消息栏里，孩子们的回应是：不是，还有人的心情。

让我们先来理解下“纷纷”“路上行人”“欲断魂”的意思吧。“纷纷”是多而乱，“路上行人”是出门在外的行旅之人，不是那些游春逛景的人。

关键的“欲断魂”是什么意思？是“行人”灵魂将要与身体分开的绝望，是“行人”走在淅淅沥沥的清明雨下而莫名伤感？还是“行人”因清明节欢乐与感伤共在的特别氛围而内心茫然？悦芊和翊航说，想起死去的家人而绝望悲伤；一铭说，因清明特别氛围而失落；璐文说，因心情复杂而伤心。

理解到这里，我觉得孩子们大致感受到了“路上行人”的纷乱心情了，课件出示了我的理解：“行人”有可能常年漂泊在外，每逢佳节倍思亲；“行人”有可能觉得自己壮志未酬，甚至一事无成，觉得愧对先人；“行人”也很有可能受清明雨和特别氛围的影响而莫名伤感和茫然。总之，是一种纷乱复杂的情绪。

“借问酒家何处有，牧童遥指杏花村”，第二个问题：为何要“借问酒家何处有”？

消息栏里，纷纷回应：借酒浇愁啊、死去的家人爱喝酒、清明节和亡灵节一样“团聚”要有酒……

看来，酒文化于中国，真是妇孺皆知呀，课件出示了我的理解：一来歇歇脚、避避雨；二来小饮几杯，解解料峭春寒，暖暖被雨淋湿的衣服；最要紧的是，借此也能散散心头的复杂愁绪。哦，这不正是中国文化中的“哀而不伤”嘛！

至于这两句诗的表达技巧，如，前一句设个悬念并不告诉我们问的是谁，后一句“牧童遥指杏花村”中强烈的画面感（“遥指”的可爱动作，“杏花村”给人的美妙联想）只略略提一下，提醒孩子们在品读中体会这两句诗的意味无穷。

在启功的书法作品《清明》背景下，缓缓说出最后的结束语：这首诗前两句描述了一个清冷悲凉的世界，后两句描述了一个温暖热闹的世界，更让我们理解了清明节“沟通生死”的意义。难怪有人说，清明节不是“鬼节”，是“人节”。是啊，我们每个人从一出生就注定了一天天走向死亡。我们既要怀念逝去的亲人，又要珍惜活着的亲人，这样才能更好地创造美好生活。

说完这段话，能想象到屏幕前孩子们的沉思，那就让他们尽情地思考一会儿吧。

离下课还有 5 分钟时，我在班级群里发了这样一段话：转眼第一节语文课过去了，属于我们每个人的这一段思考“死亡”的时光就逝去了（永远离我们而去了，即死了），所以你发现“死亡”并不是我们开始想象得那么可怕，其实，它就是一个人的时间（和在时间中发生的事件）渐渐溜走……孩子们，思考死亡是一件重要的事，想通了就能活得更豁达快乐，像李白苏轼那样！

3

上完课，班级群里分享了“风雅弦歌”里冬颖老师的吟唱《清明》，比课开始时的清明儿歌有味道多了，又分享了干国祥老师的《清明：假装生活在唐朝》(上、下)，为明早的两首寒食清明诗歌学习做准备。

当记录下以上这些文字时，我也有了新的打算：明日清明，到父亲的坟头扫墓去。

白露：秋草生庭白露时

今年寒假，无意中看到了干国祥老师设计的虚拟融合课程《长安城·中国心》，因内容涉及的领域太多，当时我看得似懂非懂；网课期间的语文组教研，共读了《课程融合三问(上、中、下)》，和伙伴们一起讨论后，对“如何有机融合”有了些清晰的理解；暑假里，又邀请儿子一起看了《长安城·中国心》视频，他也给了我很多启发性的建议。

于是，有了一种不可遏止的冲动：

2020 秋冬的节气叙事是不是有所调整？我的晨诵课仍以古诗词为核心，但涉及天文、地理、农业等领域，是不是可以邀请科学老师参与？涉及古代的民风民俗的是不是可以邀请美术、音乐和舞蹈老师参与？

说实话，加斯顿艺体组的年轻小伙伴个个才华横溢，不卷进来就太可惜了。老天有眼，新学期居然来了个好玩的“二手”科学家魏冰老师，有了他，天文地理和节气的物候观察还愁不专业？

白露，“农历的天空下”第 15 个节气，新学期第一个节气，一起来玩吧！

1

白露观察：

公　　历：2020 年 9 月 7 日星期一

农　　历：二〇二〇年七月二十

气　　温：22 ~ 35℃

今日天气：晴

今日月相：下弦月

观察地点：河南郑州

白露团甘子，清晨散马蹄。

清早，迎宾路上，寻不到一团白露，鞋子上也无湿痕。原以为，可以让早起送我“上学”的儿子感受到“白露为霜”呢。拐过十字路口就是学校了，接过儿子肩上的我的大大的电脑包，哼着《在水一方》，入了校门，拉开了白露的序幕。

早餐后是器乐时间，待孩子们坐定，我说：今日白露，听首老歌《在水一方》吧。

听完，问孩子们：想不想创造一个小小奇迹？明天小桥音乐会，如果想要全班同学“一个都不能少”，我们就学会这首歌，如果是备选的另外两个节目，新来的 4 个同学就只能当观众。孩子们没有丝毫犹豫，几乎是异口同声地说：“就学这首新歌。”

好，我们就全力以赴地学唱吧。听两遍，跟唱两遍，再听一遍跟唱一遍，两轮下来，听唱六遍，刚好 20 分钟，都会唱了。

有点累了吧，那就一起看视频——中国气象频道的《二十四节气之白露》。一打开竟是《诗经》的《蒹葭》，“蒹葭苍苍，白露为霜。所谓伊人，在水一方”，和新学的老歌《在水一方》若合一契。

视频的结尾处讲述白露茶，听到“春茶苦夏茶涩，要好喝秋白露”，心生羡慕，难免重新打量一眼手中的茶杯，刚举到眼前，孩子们就乐了：你喝的那叫谷雨茶。咦，这些小家伙，还没忘谷雨节气的《花事了，吃茶去》呀。

2

第一节语文课，白露诗词学习开始。像前面的节气一样，揭示白露一词的含义、白露节气的大地变化、白露三候和民间风俗，因刚刚看视频“浪漫感受”过，所以，这几处几乎是一带而过，重点是两首古诗：《池塘晚景》和《闲居寄诸弟》。

池塘晚景

[唐] 李群玉

风荷珠露倾，惊起睡䴔䴖。

月落池塘静，金刀剪一声。

《池塘晚景》是一首物候诗，是一个敏感的生命对于时序的感受，适合讨论这样两个问题：

（1）这首诗描述了一个怎样的画面？

听，风一吹，荷叶上的露珠“咕噜”一声滚到了河里，惊醒了正在睡觉的䴔䴖，水面上荡起了一圈圈的波纹。月亮渐渐地落下去了，池塘也渐渐地静了——露珠不滴了，䴔䴖也静静地睡了。就在这时，却听到了一阵秋风吹过，一片叶子落了下来，似乎宣告着：“秋天来了！”

（2）如果你就在这样的画面中，你感受到什么？用一个字表达，用一句话表达呢？

静，秋夜的宁静。还有时光易逝的淡淡感伤。

闲居寄诸弟

[唐] 韦应物

秋草生庭白露时，故园诸弟益相思。

尽日高斋无一事，芭蕉叶上独题诗。

《闲居寄诸弟》表面上写怀乡，写思念，甚至还有些禅诗的味道，但本质上仍是一首闲适优雅的文人诗。于是，设计三个小问题：

（1）这首诗传达的，是一种什么样的情感？

相思的情感。（从第二句中“益相思”很容易看出）

（2）为什么是草叶上的露水会让诗人“益相思”？

这就是诗人对自然的敏感啊！看着这浑圆透明的露珠，诗人似乎听到了白露的低语：天凉了，秋天早就到了，时间过得真快啊！而身处异乡的“我”呀，已经很久没见到自己的亲人了。

（3）诗人为何在“芭蕉叶”而不在其他地方题诗？

借用百花课程《代赠》中的“芭蕉不展丁香结，同向春风各自愁”一句，就让孩子们理解了芭蕉为“愁”的象征。

3

大课间30分钟观察白露物候，吃完加餐，直奔学校后院的别墅小区。

孩子们按照出发前“安静有序”的约定，一路慢行，看渐变的黄叶，拾地上的落叶。走到一片丛林处，两个小男孩眼尖，一把抓住了一只红黑相间的蛾子，我以为是小时候常见的“花大姐姐”，后经“科学魏”鉴定，只不过是一只普通蛾子。

绕过水亭，孩子们站在了几棵枣树下。嗯，小小水亭这么美，咱们就齐唱刚刚学会的《在水一方》吧。记不住歌词？来，一人一张歌词单。三二一，开始！“绿草苍苍，白雾茫茫，有位佳人，在水一方……”稚嫩的童声响起来，别有风致，15秒短视频的最后一秒定格在清新可爱的副班亚楠的脸上，我情不自禁地叫出声来：美极了！

唱完歌，继续寻找秋天，感受秋意。漫步于两棵高大的银杏树下，孩子们围成了一个大大的圆圈。我们就在这里朗诵白露诗歌吧？于是，捧起手中的诗歌，深情地朗诵起来，先是《池塘晚景》的宁静，后是《闲居寄诸弟》的闲雅，哈，比在教室里朗诵得有味道。

自由活动时刻到了，看啊，这些少年们，沐浴在秋阳里，奔跑嬉闹……

返回教室时，第二节语文课已经开始了。孩子们，现在，请静下心来，回顾刚刚过去的两个多小时，选取自己最喜欢的白露印象，开始自由创作吧。

课后反思：物候观察完，就是孩子们无比期待的科学课了——露珠到底是怎么形成的？尽管暑假里和科学老师魏冰早有沟通，但开学诸事缠身，白露课前，并没有和魏老师进行面对面的深度沟通。上课前，当他说“露珠的形成过程特别简单”时，我觉得他可能没意识到，在小学五年级的孩子那里，“露珠形成过程”及水的“三态”其实挺不可思议的，也挺难的。所以，课堂上，讲到这个知识点时，魏老师以“陈述性知识”的方式来呈现了。我想，如果用图片或实验演示的方式可能更容易呈现那些神奇的变化的瞬间。

4

其实，白露节气里，我和孩子们最期待的是鹏璐老师的美术课。

几天前，她就对我说：“从白露课件里，我看到的关键词是露珠。是不是可以画露珠？立体的、彩色的……然后，剪下那些立体彩色的露珠，‘洒’在校园里的植物上。”嗯，好创意！露珠？《金刚经》里的“如露亦如电”，不正是以露珠形容那些珍贵而短暂、易破灭又易逝的瞬间嘛，同时又很契合“白露”这个名字。

周三下午后两节是美术课。早早地，鹏璐老师就抱着电脑来了。今天的她，略施了淡妆，一脸的春风。铃声刚落，她就开始了“创设情境”。简介完白露节气和露珠的形成后，鹏璐老师语气一转：露珠有颜色吗？露珠有形状吗？

于是，一张张五颜六色的、晶莹剔透的露珠图片徐徐出现在孩子们的眼前，一幅幅颗粒状的、心形的、圆形的小露珠画也“蹦跳”出来。就在孩子们看得目瞪口呆时，她突然提高了声音，似乎是一字一顿地说出来的：每一滴露珠的产生都不是偶然 / 它们拼尽全力 / 寻找属于自己的色彩 / 阳光给予了它光芒 / 而我们 / 将赋予它新的生命。

是的，每一滴露珠都拼尽了全力，而我们的使命是，赋予它新的生命——我心里一颤，赶紧用笔记下了这段话。刹那间，这位洒脱明丽的女老师让我油然而生一股敬意。

在这样简洁有力的语言感召下，孩子们迅速进入了自由创造。

他们拿起笔，在铺好的白纸上尽情描画着，涂抹着；鹏璐老师则穿行在孩子间，细心地指导着，反馈着；我呢，只能默默地欣赏着这一切，用相机记录下这些美好瞬间，完成一个“采光者”的使命。

不知什么时候，孩子们已经剪下了那些彩色的、立体的露珠，在鹏璐老师的带领下，游走在了校园里的角角落落，将自己亲手制作的小露珠们“洒”在了各式各样的绿植上，“洒”在了池塘边、操场上，还有的居然“洒”在了小姑娘的发夹上，哈哈。整个校园成了一个露珠的世界！

许多年以后，曾经是孩子的大人们心里，一定还会记着这些露珠吧。这是他们自己亲手制作的露珠呀，这是他们亲自赋予新生命的露珠呀。

5

周二的小桥音乐会上，15 个孩子唱起了《在水一方》。由于过于仓促，几乎没有彩排，这个“小小奇迹”似乎并不尽如人意，但我们不后悔——“一个都不能少”，我们做到了！感谢音乐老师杨晨，在她的指导建议下，我们才敢选用许茹芸版《在水一方》。周四的器乐课上，她会再教孩子们用吉他弹奏这首曲子。嗯，边弹边唱《在水一方》将是什么模样？期待中……

生命，是等一朵花开
——水仙花课程课录

严盈侠

十二月到了，窗外寒风凛冽，一场雪过后，连着好几天都是零下二十几度，教室里却暖融融的。一大早，我走进了教室，和往常不一样的是，我手里拿了两个花盆，还提了一塑料袋的泥土。

“老师拿的什么呀？”孩子们好奇地伸长了脖子欠起了身子往前看，调皮的江小鱼还跑到前面来：“老师，这是啥呀？今天你要给我们上什么课呀？”“是呀，上什么课呀？”大家跟着一阵叽叽喳喳。

“猜猜，这是什么？”我从花盆里拿出几个黑不溜秋的东西，笑着问大家。“洋葱。”“不对，是大蒜！”大家争得不亦乐乎。我摇晃着那几个东西，仿佛它们在向孩子们鞠躬问好，同时，在课件上出示了一首诗：

你是什么怪东西 / 有点像洋葱 / 有点像大蒜 / 有点像……/ 我们这群教室里的小调皮 / 穿着脏兮兮的衣裳 / 伸着大拇指 / 一晃一晃地笑嘻嘻

大家都笑了，互相指着：“像你，像你。”女同学指着男同学：“像你们这些男孩子。”黑溜溜的男孩子就笑：“杏儿不也黑溜溜的吗？她是女孩子呀。”“老师，这到底是什么呀？”

我出示了诗的题目：水仙。

“啊，这就是老师说过的水仙！”孩子们齐声喊道，“怎么会是这个样子？”

“不会吧？水仙应该是很美的，应该和仙女一样美，怎么会是这样的？”百灵说。“是啊，不会是这样的吧？”兰兰、小米等几个爱美的女孩子随声附和，大失所望。

“这是水仙种子呀，美的可是水仙的花！别小看这黑不溜秋的种子，它能开出美丽的花来呢。”我说。

孩子们又是一阵叽叽喳喳：“水仙的种子可真大呀！”

“是呀，因为它里面藏着花朵啊。”我说。

有孩子就回过头去看着黑板上那句五彩的句子并读了出来：“小种子知道，在它的身体里面藏着一朵花。”“会是白色的花吗？”“会是粉色的花吗？”“像仙女一样的花吗？”教室里又是一阵叽叽喳喳。

“大家等着吧，我们一起看它一天一天怎样成长，开出什么样的花吧。”我微笑着对孩子们说。接着我又出示了自己写的一首童诗：

我该叫你什么 / 是洋葱还是大蒜 / 你这不起眼的东西 // 我怎么也不相信 / 老师说 / 有一天你会亭亭玉立 / 像个仙子 // 难道你也像我一样 / 把开花的愿望藏在心里

“哈哈，老师，你怎么知道我们心里想啥呢？”

“我当然知道啦，我是你们的老师。”

大家都笑了。

我说：“水仙花吸收了足够多的水分和阳光，长到足够大的时候就会开出花来，因为它心怀着开花的愿望。咱们是小种子班，我们每一个心怀愿望的小种子也要努力地吸收知识的营养，我们也能开出花来，只要大家不忘记开花的愿望。”

我指着黑板上那句彩色的句子：“小种子知道，在它的身体里面藏着一朵花。”孩子们用真切的声音把这句话读给自己听。

“好，现在，水仙到了我们家了，你们要给水仙说什么呢？以后每天，你们要把自己对水仙说的话写在本子上给老师看哦。现在，让我们亲自来种水仙吧，我们用水养两颗种子，再用土养两颗种子，看看是土养的长得快还是水养的长得快。”大家在老师的指导下很快地种好了水仙。小海自告奋勇把水仙小心翼翼地放在了阳台上，仿佛捧着满怀的期望似的。

这一天晚上，大家的写绘都跟水仙有关，虽然大多都是短短的两三句话再配一幅想象中的水仙的图画，但仍然散发着一种异样的美好。第二天晨诵课上，老师出示了一首诗，是根据孩子们昨天本子上写给水仙的话整理改编的：

水仙到了我们家 / 我们怎样招待她 / 皮皮说：我要给她喝水 / 小创说：我要陪她说话 / 小海说：我要给她阳光 / 小白说：我讲故事给她听 / 凯说：我出道数学题考考她 / 翠翠说：我唱首歌给她 / 小菊说：我写出漂亮的字给她瞧 / 岐说：我为她画一幅画……/ 小种子们都说了话 / 水仙欣喜地点着头 / 092 班的小种子啊 / 你们真是好娃娃 / 我也要和你们一样努力地长大 / 争取早一点开花

大家今天的声音分外响亮，皮皮的脸上竟然有了些许害羞的笑容，小海的粗暴无影无踪了，小白憨憨地笑着，小菊的脸红红的。

从此，大家的生活中有了一件很重要的事，那就是下课看水仙，日记中写水仙。每天 27 双亮亮的眼睛都在盯着花盆看，27 颗心都牵挂着同一件事。一天过去了，没有动静；两天过去了，还是没有动静……时间仿佛静止了似的，大家急得跟什么似的。但是，一星期之后，水仙突然长出了根须，孩子们欢呼雀跃。

我们种下水仙已经一星期了。这一星期以来，我们每天让水仙喝得饱饱的，因为老师说它喜欢水，我们也把它放在窗台上，让它享受着阳光，因为老师说它喜欢阳光。就这样，一天天，水仙可变了大样了。它首先长出了密密的根须，很细很嫩的白色的根须，像一根根银线一样。接着，嫩绿的芽儿就往上冒了，像蒜苗似的，翠翠的，现在有一枝芽儿已经有一寸多长了。水仙花长得可真快啊。但我们还是嫌它长得慢，我们盼着它快点长大，早点开出美丽的花来。

江小鱼的日记道出了大家的心声。百灵画中的水仙花的样子竟真像个亭亭玉立的姑娘头顶上开着一朵花。我充满着喜悦，我知道，水仙不只种在了花盆里，也种在了孩子们的心里。每天都有新诗产生，都是我根据孩子们日记中的只言片语和小小心思改编出来的，于是，每天的晨诵课上大家都会心而笑：

水仙探出了她小小的根须 / 我的心里充满着惊喜 / 是我的歌声唤醒了你吗 / 是我的读书声唤醒了你吗 / 还是，还是你的心里也充满着好奇

水仙探出了她嫩嫩的绿芽 / 我的眼里满是惊讶 / 是我的轻声细语打动了你吗 / 是我期待的眼睛打动了你吗 / 还是，还是你想探索这个世界的奥秘

你一定是想看看我 / 看看我们这些可爱的小种子 / 看看阳光看看这美丽的天和地

你为何为何这么奇怪 / 穿着一身薄薄的黑衣 / 探着小小的脑袋 / 你为何为何这么奇怪 / 鼓着圆圆的肚子 / 胡子那么可爱

你为何为何那么奇怪 / 只喝水不吃饭 / 竟然长得这么快 / 你为何为何这么奇怪 / 那圆圆的肚子里 / 装着这么多的韭菜

老师说你是水仙 / 她说是我的想法奇怪

两星期过后的一天早晨，大家刚从宿舍来到教室，杏儿就激动地喊了起来：“老师，最小的水仙竟然结苞了！”大家哗啦一下围了过去。“最小的水仙竟然最早结苞了！”这句话像风吹波浪一样一下子扫过了每个孩子的心。

“老师，它和小种子一样，虽然最小，却开出了巨型花。”其实水仙还没有开花呢，有孩子就这样想象了。“为什么最小的却结苞最早呢？”孩子们又一次在思考这个问题。可爱的百灵在晚上的写绘中写道：

今天，我们的水仙已经种下整整两个星期了。我们盼啊盼啊，终于盼得水仙含苞待放了。你知道吗？最早结出花苞的竟然是那棵最小的蒜头。我们真是太惊讶了。为什么它那么小却最先开花呢？我想，一定是它心中藏着特别特别想早点开花的愿望，它就使劲地吸收水分，使劲地接受阳光，所以它就最早含苞待放了。

最小的水仙却最早结出了花苞，这让多少孩子惊喜，也让多少学习弱的孩子仿佛看到了光。如果说之前他们只是听我讲的小种子的故事的话，这一次，他们是真真切切地看到了小种子的故事。

“最小的水仙竟然最早结苞了，我要向它学习。”杏儿说。“我最喜欢那棵小小的水仙，它最早结苞，我也比别人小，我不能落后。”个子小小的小米说。“我虽然小，但也跑得快，和最小的水仙一样。”喜欢跑步的兰兰说。这棵最小的水仙给了孩子们莫大的鼓舞：

你相信不相信/那棵最小的水仙最早长出了花苞/早晨刚到她就仰起嫩嫩的小脸

你相信不相信/那棵最小的水仙马上就要开放/她曾经是那么小那么不起眼

这棵最小的水仙啊/怀着开花的梦想/她一个劲地生长/她使劲地吸收着水和阳光

我也是一个小不点/我也能开出我的水仙

在那个美妙的星期一的早晨，那棵大家期待已久的小小的水仙终于向大家展开了它娇羞的笑脸，虽然不是巨型花，但带给孩子们的喜悦却一点不少。孩子们说话的声音不由自主地小了很多，他们也变得轻手轻脚了很多，仿佛怕吓着了水仙，触痛了水仙。只要下课，孩子们就围着这朵水仙，轻轻地闻一闻，静静地看一会儿，对着它自言自语地说几句话。平时文质彬彬的熙闻花时更是大气都不敢出了，平时粗声粗气的小海笑声也小了很多，小翔探着脑袋看来看去，直到我给他和水仙照了合影才心满意足。

水仙开花啦/我们亲手种下的水仙开花啦/我们的心里也开花啦……

小白说：生命真是神奇/昨天还黑不隆冬的一个球儿/今天就这样亭亭玉立

小海说：大概是那天我给她浇水时的小心翼翼/让她心里甜蜜

怯怯的江柳说：大概是她看我没有朋友想告诉我一个秘密

小菊和小蓉说：说不定啊是我们的牵挂/让她不好意思

彤说：大概是她想出来看看我的写绘日记

皮皮和小文说：大概她是想看看我们做操认真的样子

……

小种子们都说了话，水仙花微笑着也开了口 / 感谢你们的雨露和阳光 / 092 班的小种子啊 / 你们也要使劲地吸收知识的营养 / 总有一天 / 你们每个人也能开出花儿美丽芳香

下雪了，我也有话和孩子们说：

难道冬爷爷嫌北风太过凛冽 / 他特意给我们送来娇柔的花 / 昨天刚刚飘过羽毛一样的雪花 / 今天水仙又娇羞一朵

难道冬爷爷知道我们的愿望 / 他特意给我们送来这美丽的花 / 雪花漫天飞舞多像我们的梦 / 水仙羞羞答答 / 多像我在陌生人前文文雅雅

养在水中的水仙一朵接一朵地开放，热热闹闹的。种在土里的水仙却迟迟不见花开，尽管孩子们每天也给它浇水。好在几星期之后，它终于姗姗开放。

“为何土里的水仙开得迟呢？”我问孩子们。

“因为水仙名字叫水仙啊，说明它喜欢水呀。”大家很聪明地回答。

“是啊，每一朵花都有它适宜的环境，得到适宜的环境，它就能长得更好。你们要长得更好，最适宜的是什么呀？”

“吃饭，吃有营养的东西。”有孩子回答。

“对的，吃有营养的东西可以让我们的身体很棒。但是要让我们的心灵很丰富那要吃什么呀？”

“书！”凯喊道。大家都笑了，凯不好意思了。

“是的，要读书，书就是我们的头脑和心灵最好的养分，就像水对于水仙一样。”

就这样，一天又一天，在水仙开放的每一个日子，孩子们都用自己的笔和图画记录着水仙的成长。不知不觉，他们的小日记写得越来越好了，三分之二的孩子都能在日记中写一段真挚美好的句子了，有些已

能写出像模像样的小文章、小诗歌了。想想几个月前，班上语文水平最好的孩子也才能写三四句短短的句子，我知道，水仙花开了，孩子们也变了。

今天是水仙种下整整三个星期。老师说今天是水仙三周生日。想想三个星期前水仙的样子，再看看水仙现在的姿态，我们不由得感叹生命的神奇啊！那么黑不溜秋的一个球儿竟然开出这么美丽的花来，谁能想得到呢？（小白）

水仙已经开了七八朵了，昨天还只有两朵呢。它怎么能开那么快呢？可真是奇妙啊！难道它们都想出来看我们？那一朵朵小花安静地站在讲台上，姿态优雅，好像在对我们点头。水仙的花瓣可真白，像月亮的颜色，花心却是黄黄的，我们同学说它有点像小姑娘穿的黄裙子呢。（荣）

而我依然用诗传达着孩子们的惊喜：

昨天夜晚在水仙花的世界里一定发生了伟大的事情 / 要不昨天还孤零零的一个花苞 / 今天早晨怎么突然就挺着四个小小的脑袋

今天中午那个伟大还在继续 / 要不我出门前数来数去的四个脑袋 / 下午怎么就有五个排成几排

是不是那个最小的花苞看到了这个世界的美好 / 是不是那个最小的花苞看到了我的可爱 / 她用水仙的声音呼朋唤友 / 大家就争先恐后地簇拥而来

水仙课程第三周的第二天，中午刚吃过饭，桑急急忙忙跑进教室：“老师，皮皮今天可威风了，把四年级学生镇住了……”

这所学校一、二年级由外来的老师接管，而三到六年级是原来的教学系统的老师在管理。但是因为在一个学校里面，一些平时爱惹是生非的孩子就会搅在一起，尽管我一再告诉孩子们不要和高年级的孩子玩耍，更不要发生纠纷，但这样的事还是时有发生。小翔和四年级一个孩子关系就特好，因为是一个村子长大的，前不久还因为拿老师的纸和笔给那个同学惹动了两个班的班主任。今天皮皮又怎么了？

“到底怎么回事？”我问。

“皮皮去上厕所，四年级那个大哥哥莫名其妙就踢了他一脚，结果却被皮皮压倒揍了一顿。”桑还没有说完，皮皮得意扬扬地回来了。

“哈，我们的‘小英雄’回来了。”我拍了两下手，“来，和水仙花合个影吧！看看你和水仙花哪个文雅。”

我把皮皮拉到水仙花前，拿起相机给皮皮和水仙花合照了一张相。

“给水仙花讲讲刚才发生的事情吧，看看它怎么说。”

“刚才四年级那个男孩踢了我一脚，我，我，我把他压倒……”不知为何，皮皮越说声音越小。

“皮皮真厉害，竟然能打过四年级的，如果你打不过的话肯定就惨了。”急性子的凯没等我说什么就接着皮皮的话说了。

“是啊，你打赢了，很高兴，如果你打不过他，怎么办呢？桑，你说呢？”我问站在边上有些激动的桑，桑不吭声了。

“大家说说，如果皮皮万一打不过，那咋办呢？或者皮皮把那个孩子打伤了又怎么办呢？大家说说吧。”我问班上的孩子们。

大家叽叽喳喳地讨论开了。

荣说：“我们要像水仙花一样文雅，不能打架。”

“是啊，压倒别人很不文雅。”

皮皮脸上的得意没有了。

“那有没有什么更好的方法呢？”我问孩子们。

“找老师。”这一点孩子们倒没有异议。

“是啊，学校有制度，在有规章制度可循的地方就要依靠规章制度来解决问题，在学校可以找老师，在外面可以找警察，暴力还击只有在最最没有办法的时候才可以，这是最最没有办法的时候的办法，是最下下策。首先，我们自己要美好，你美好了，别人见了你自然而然也会有一种敬意，就像水仙花静静地在这儿开放，我们都会被它吸引，被它折服一样。”

我又借着水仙花写了一首童诗表达孩子们的期望：

水仙水仙/你真是个文雅的娃娃/喝着清清的水长大/从不调皮捣乱弄脏衣服/哪像我天天一身泥巴/回到家总是累坏我的妈妈/是不是因为你干干净净/才在这洁白的冬天开花

水仙水仙/你真是个安静的娃娃/一声不吭地看着我们玩耍/即使跳舞也只是轻轻地晃动几下/哪像我一高兴嘴里就呜里哇啦/有几次差点吓坏我的妈妈/是不是因为你安安静静/开出的花才这么优雅

12月29日是水仙课程的告别仪式，虽然水仙还开着，但是因为第二天就要放假了，这个课程不得不结束了。我和孩子们一起回顾了水仙一点一点长大的过程，一张张照片显示在屏幕上：水仙当初那黑不溜秋的样子，孩子们种下水仙时期盼的眼睛，水仙长出根须，孩子们一天天的写作和图画中水仙的样子，水仙的开放，孩子们的喜悦……我的心里突然有一种异样的感觉。我想起自己，刚到这个学校时的慌乱焦虑，到现在越来越有的舒展从容，这一刻我觉得，站在教室中的我，仿佛也和这水仙一样，也和这些孩子们一样，正在发生着什么变化。

我给孩子讲过各种关于水仙的故事，中国的，外国的，今天我又把希腊神话中关于纳西索斯的故事带给了大家。

“你们喜欢这个故事吗？”

“太自恋了，我不喜欢。”一向自恋的凯竟然这样说。

“我喜欢，因为他本身就长得美，就应该爱自己。”马上有孩子反驳。

“你们爱自己吗？”

“当然爱了。”所有的孩子都这样回答。

“那你们有没有想过怎么爱自己呢？”

孩子们沉默了，他们还太小，除了吃穿可能还想不到更好的爱自己的方式吧。

大家简单地讨论之后，我对他们说：“珍爱自己，让自己从里到外都散发出美好；像水仙花一样吸收阳光水分，吸收对自己的成长真正有帮助的东西，你才能开出水仙一样美好的花。水仙，也有水仙的风骨。”

水仙花（节选）

［南宋］刘克庄

岁华摇落物萧然，一种清芬绝可怜。
不许淤泥侵皓素，全凭风露发幽妍。

这段旅程在这首诗中结束了，这个学期在水仙课程中结束了。晚上，有孩子在日记中写道：“马上要放假了，我们得跟水仙告别了，我真有些舍不得啊！老师说我们也像水仙一样。水仙能开花，是因为它的心里有开花的愿望，它说只要我们有开花的愿望，总有一天，我们也能开出水仙一样的花来。所以我们要像水仙一样吸收阳光和水分啊。”

“是啊，我的小种子们，只要不忘记开花的愿望，只要每天都努力，哪怕放假也要吸收阳光雨露，你们就一定能开出水仙一般美好的花来。”我心里默默地说。

烟雨任平生，归来是少年

——农历的天空下·苏轼课程分享

李爱萍

缘起·大地的漂泊者

2015 年 5 月，我收到了干国祥老师的留言：罕台要举行毕业庆典了，你来看看吧！仿佛是冥冥中的召唤，我很快订了机票，飞到罕台，观看了神往已久的毕业庆典。返回家乡后，我毫不犹豫地辞职了，而后以个人的身份正式加入南明教育集团。

现在我在温州市龙港青华学校任教，这是我加入团队 6 年里任教的第 4 所学校。无论在哪里，心中对于理想教育的爱和忠诚不曾改变。我时常想起苏轼《和子由渑池怀旧》里的那句诗：人生到处知何似，应似飞鸿踏雪泥。那只飞鸿啊，用漫长的时间飞越天空和大地，偶然落进雪地，便用指爪在雪地里留下深深浅浅的印迹。

我想，身处时间长河的小小的我，也像那只飞鸿一样，在岁月里活成了大地上的漂泊者。读苏轼的诗，也是在读自己。在诗歌中，在传记中，我跟着苏轼笑，跟着他落泪，也跟着他的思想游走，学习着去爱，去承受，去担当，也尝试着乐观、超然、旷达地看人生。

接下来，我从三个方面跟大家分享课程之旅——时间的朋友（苏轼）、时间中行走（我们）、时间的赠礼（生命）。

第一板块：时间的朋友（苏轼）

首先，让我们谈谈苏轼这位“时间的朋友”。

苏轼这个人，“我若说，一提到苏东坡，在中国总会引起人亲切敬佩的微笑”——这是林语堂先生的话语，他认为这句话最能概括苏东坡的一切了。2000年法国《世界报》评选千年英雄人物，以中国古代诗人的身份，苏东坡入选法国人心目中的英雄名单。王菲演唱的由《水调歌头·明月几时有》改编的歌曲更是风靡祖国的大江南北，一句“但愿人长久，千里共婵娟”，道尽了多少离人的相思情深啊！

所以，苏轼是我们共有的苏轼，苏轼开创的诗词文化，是我们共同的精神家园。这一点是我试图给孩子们说明白，也是想分享给大家的。

让我们回到课程框架结构。苏轼课程，从属于“农历的天空下”大课程。它是诗词课程，兼有人物传记的元素。以苏轼的生平履历为横向时间轴，我们选取了16首长长短短的诗词文赋，以及8篇或朴实或蕴藉的小品文，纵向展现苏轼在各个生命阶段的诗词文采和思想变化。我们希望带着孩子通过每一篇诗文的学习，去认识每首诗文背后“站”着的那个“元气淋漓、富有生气”的诗人、哲学家苏轼，且有所得。

1. 道家逍遥的苏轼

苏轼在黄州创作的《定风波·莫听穿林打叶声》可以视为他一生的姿态。由这首词改编的歌曲，被我们用来开启苏轼课程的每一个黎明。

定风波·莫听穿林打叶声

三月七日，沙湖道中遇雨。雨具先去，同行皆狼狈，余独不觉。已而遂晴，故作此词。

莫听穿林打叶声，何妨吟啸且徐行。竹杖芒鞋轻胜马，谁怕？一蓑烟雨任平生。

料峭春风吹酒醒，微冷，山头斜照却相迎。回首向来萧瑟处，归去，也无风雨也无晴。

非常豪迈洒脱，对吧？“若能再披一件蓑衣，便足以在这烟雨中逍遥自在地度过一生了。”——干老师对“一蓑烟雨任平生”做出了如是诗意的翻译。出于喜欢，我做了这样的改动：且让我把这倏然而至的一帘烟雨当成一件蓑衣，在风雨中逍遥行走。意译不同，但我想我们道出的是同一个道家逍遥的苏轼。

在苏轼的《南歌子》里，他梦见了庄周的蝴蝶，“梦里栩然蝴蝶、一身轻”，这只轻盈自在的蝴蝶，应该无数次出现在苏轼的梦里吧？干老师解释说：庄子的逍遥、陶渊明的自由，是他终生不能忘怀的精神家园。在《临江仙》和《永遇乐》里，苏轼也曾流露出意欲归隐田园的道家思想。他说“长恨此身非我有，何时忘却营营……小舟从此逝，江海寄余生”；他说“天涯倦客，山中归路，望断故园心眼”，走在人生旅途中的苏轼，有点累了、倦了，想家了，想念童年和在故乡的日子了。他多想乘一叶小舟，在江海中度过余生，从此回归田园生活。

2. 儒家担当的苏轼

课程推进到这里，我问孩子们：苏轼真的想归隐田园吗？孩子们各自发表了看法。我补充了苏轼 10 岁时母亲带他读《后汉书·范滂传》的故事。故事的结尾处，苏轼问：“母亲，倘若我也要做一个范滂这样为理想而献身的人，您同意吗？”母亲说：“你如果能做范滂，我怎么不能做范滂的母亲呢？”

早在童年时代的学习中，儒家知识分子致君尧舜的担当思想、为理想不惜以死相争的精神因子，已经像种子一样播撒在苏轼的生命里。当苏轼偶尔产生归隐的想法时，他不过是在困境中自我调适，积极的经世济民思想让他始终在等待机会重回朝堂，继续未完的入世事业。

早在刚入仕途时，苏轼就写下了“人生到处知何似，应似飞鸿踏雪泥”的句子。这是苏轼高远理想的表现，是他对此生功业和意义的执着追求，其间也有短暂停留之后仍然要振翅高飞的潇洒旷达。我们的苏轼在许多地方皆做过大贡献。他在密州灭蝗虫，在徐州治黄河，在杭州疏浚西湖，等等，造福一方百姓的同时，赢得了百姓的爱戴。怀着豪情逸致，苏轼写下了《密州出猎》:“老夫聊发少年狂。左牵黄，右擎苍。锦帽貂裘，千骑卷平冈。”“会挽雕弓如满月，西北望，射天狼。”豪情万丈的诗词读起来真叫人心潮澎湃，透过诗词我们感受到了苏轼的爱国情怀。

为纪念抗洪成功，苏轼在黄河边修筑了黄楼。这天，他游历了唐朝时建的燕子楼。晚上，他梦见了千年前居住于此的佳人盼盼。梦醒后想再寻她，却再也无从寻觅，于是内心感慨倏然而至:“古今如梦，何曾梦觉？”“异时对，黄楼夜景，为余浩叹。”——千年以后，不知道有没有谁站在我修建的黄楼之上慨叹我苏轼的一生啊——千年流转之后的此刻，我们通过网络追念这位伟大的诗人、政治家，这大概是当时的苏轼怎么也想不到的事情吧！

同样的浩叹出现在《念奴娇·赤壁怀古》中。这天，苏轼站在赤壁，眼前大江奔涌，想着自己活了大半辈子，此生的理想志向都还未实现，反而落狱被贬，不禁悲从中来。但很快生性豁达的他又开始自我慰藉了:遥想公瑾当年，雄姿英发，羽扇纶巾，以5万兵力轻胜曹操20万大军于赤壁，谈笑间樯橹灰飞烟灭，奠定了魏蜀吴三国鼎立的政治局势。周瑜啊周瑜，你不仅功业卓绝，还抱得江南美人归，可算是功成名就了吧？可如今，你不也被时间这条大河湮没在历史深处了吗？相比之下，我这点人生的小坎坷、小失落，又算得了什么呢？俯仰历史之间，苏轼不由得心胸开阔起来。

黄楼浩叹也好，赤壁怀古也罢，苏轼在慨叹理想的失意时，恰恰是他精神境界里意欲担当天下的反向表现。

3. 佛、道相融的苏轼

更多时候，苏轼是“佛”的，是“禅”的。他邀请张怀民一起漫步月下，写下《记承天寺夜游》，把这一晚的如水月色定格在文字里供后世享用。在《黄州快哉亭记》中，他劝慰怀民:只要心怀浩然之气，就能感受千里快哉之风;《书临皋亭》中，酒足饭饱的东坡居士倚靠在矮矮的茶几上，放眼江山，任重门洞开，林峦坌入，此时的他与天地精神独往来。在万物面前，苏轼直呼“惭愧惭愧”。一个叫道坤的孩子说:苏轼感受到万物赠予自己那么多，自己却无以为报，这是多么谦逊、高贵的心灵哪！

儒道佛三家思想，不断地作用于苏轼的精神世界。在博大的自然面前，在宏观的历史俯仰之间，苏轼的心不再拘于一得一失，而是时时刻刻生活在当下，努力活成最好的样子——“达则兼济天下，穷则独善其身”。苏轼做到了！

4. 一生的总结

人生最辉煌的时候，苏轼科考成名，获得欧阳修的激赏，名满天下，连皇上、皇太后都成为他的超级粉丝。最落魄时，苏轼被贬黄州 4 年多；60 岁前后，又一路向南被贬至蛮荒的海南儋州。但就在最艰难困苦的岁月，他写出了最伟大的文学作品。

65 岁那年，苏轼遇赦北归。在路上，苏轼写下了《自题金山画像》。

心似已灰之木，身如不系之舟。

问汝平生功业，黄州惠州儋州。

总结自己的一生时，苏轼没有说起那些辉煌的时刻，只用了三个被贬谪的地名概括了生平。这位有着卓绝才学的儒家知识分子，最终没能实现治世理想。他也像周瑜一样，在时间的洪流里逝去了，但是他把苦难变成了诗篇，把生活变成了艺术，给后人留下了最好的赠礼！叶嘉莹先生评价说：苏轼是在苦难中完成了自我的人！

人生的起起落落中，苏轼的赤子之心从未改变。他万里归来，又仿佛从未离开。千年之前，千年以后，他还是我们心中的那个少年。

第二板块：时间中行走（我们）

现在，我说说我们在课程中行走的故事。

1. 课程的概念和目标

先回到“课程”的概念本身。干老师说：“课程，就是我们穿越的这段旅程中的全部：意愿、计划、资源、行动、反思、建构下的经验。课程就是‘道’，就是被我们用脚走出来的道路。课程，就是通过这条道路，走到道路终端的那个人。他就是我们思考的这个课程。”

那么，给我一个苏轼课程，我能把孩子带向哪里？几经思考，我拟定了以下目标：

（1）诵读苏轼的诗词文，感受独特的诗言诗语，潜在地发展儿童的语言；

（2）品读诗文，感受和体会作品背后站着的不一样的诗人，促进情感和道德人格的发展。

（3）跟诗词建立联系，与生命相打通，引导孩子朝向人生榜样。

教学目标定下来，我的课程就有了方向。从语言、思维、情感三个维度出发，我开始设想如何把课程稳健、有序地推开。

我到温州还不满 100 天，没有自己的班级，但对课程有先行领会，是我最大的优势。

我去找戢桂芳老师商量借班上课的事宜，她毫不犹豫地答应了；我又去找蔡挥辉校长，他不仅答应得爽快，还给出了许多建议。

2. 课程开始

于是，我开始着手备课。赶在小雪节气，苏轼课程正式开启了。

关于小雪，干老师说：小雪，不只是一个节日，它更像一份心情，某种意境……小雪之后，天地沉寂，万物安静。有一个长长的黑夜需要大地去承受。

我对孩子们说：冬天的日子啊，冷寂而漫长。好在，我们有伟大的诗人和诗歌！——课程在小雪节气开启，我想赋予这个日子以特殊的意义。

我们从王水照先生写的充满神奇色彩的蜀中传说说起，借用了“英灵之气”这个词语，推开了苏轼课程的大门。

直到课程小结时，孩子们才终于领会到它独特的意蕴。

年仅 10 岁的铭源说：苏轼，您的“英灵之气”是什么意思呢？有人说是您的旷达，有人说是您的才气，但我觉得都不够准确。我觉得它是您身上的一道风，推动了您诗词的创作，也推动了您在国家有难时救助于天下百姓的担当精神……

真是感动！好的词语，仿佛被风鼓动的船帆，又加上林语堂先生的褒奖、王国维先生的赞扬（“三代以下诗人，无过屈子、渊明、子美、子瞻者”），苏轼课程被顺利带动起来。

以诚敬的心理，我设计了每一堂课的问题，孩子们真心喜欢上了苏轼。

课堂的生成无法呈现给大家，关于晨诵的读与写，我简单讲一讲。

3. 晨诵诵读的案例

江城子 · 乙卯正月二十日夜记梦

［北宋］苏轼

十年生死两茫茫，不思量，自难忘。千里孤坟，无处话凄凉。纵使相逢应不识，尘满面，鬓如霜。

夜来幽梦忽还乡，小轩窗，正梳妆。相顾无言，惟有泪千行。料得年年肠断处，明月夜，短松冈。

给你一首《江城子》，你会怎么指导学习？你可能会说，我按节奏的划分、平仄来教，等等。但是技法指导并不能生成对诗词的理解。

教学时，我先做了示范朗读，接着问孩子：你感受到了什么？哪句话深深打动了你？让孩子们各自凭第一感觉说说自己的见解。通过有感情地示范朗读进入诗词，可能是浪漫地感受诗词的更好方法。

我又抛出第二个问题：这个春寒料峭的月夜，到底发生了什么？我给出了几个提示，供孩子们选择性回答：这首词诞生的背景可能是什么？苏轼梦见了什么？梦境发生后，苏轼是怎样的反应？他发出了怎样的感慨？带着问题进入文本，孩子们自由地发言，思想碰撞中，我们完成了诗文的精确理解。带着理解再读诗文，效果会更不一样。

为帮助学生深层次地理解，我引用了诗人和妻子王弗的故事，通过故事再次感受这个夜晚全心全意地悲逝青春、完完全全地思念妻子的诗人苏轼。

当看到孩子们的眼睛里泛出了泪光，听到他们的声音里注入了深情，我知道，这节课我上好了！

苏轼和王弗的婚姻故事

1065年5月28日，苏轼的夫人王弗因病去世，年仅27岁，留下不满7岁的儿子苏迈。苏轼万分悲痛，回想10年来美满恩爱的婚姻生活，无法接受这惨痛的事实。他呆呆地坐在夫人的灵前，无数的往事一起涌上心头。

结婚的那年，王弗还只有16岁，满脸娇羞，楚楚动人。她勤快、孝顺，性情温柔、谨言慎行，深得全家上下的喜爱。

刚刚嫁到苏家时，她从来不曾和人说起过自己知书识字，只是每当苏轼读书，就拿着针线活静静地坐在一旁，整天不肯离开。有一天，苏轼背书，背着背着，突然卡壳了，急得抓耳挠腮，王弗悄悄抿嘴一笑，轻轻地提示了一句。这轻轻的一句话，如巨雷惊梦，令苏轼大吃一惊。于是他指着满屋子的书逐一考问，王弗都能说出个所以然来。想不到她竟然这样聪慧颖悟而又沉静自持！这一发现令苏轼惊喜异常，从此小夫妻的感情大大地跨进了一步。

后来，王弗跟随苏轼游宦凤翔。她深知丈夫性格爽直，心无城府，所以特别留意他在外面的日常行事。每天回来都要详细地询问，唯恐他有所失误，吃亏上当。她说："你离开父亲远了，凡事就没有人指点，不可不慎重啊！"并且常常引用公公的话提醒丈夫，每当有人来拜访苏轼，她就悄悄地躲在屏风后面听他们谈话，过后便以自己精明的头脑加以分析判断，帮助苏轼明辨人情是非。

苏轼自然真率，略无外饰，像他自己所说"上可陪玉皇大帝，下可以陪卑田院乞儿""眼前见天下无一个不好人"。这种性格虽然使他赢得无数朋友的喜爱，在复杂的现实生活中却也让他没有少吃苦头。

因此，他们夫妻二人在性格上形成最佳的互补。久而久之，苏轼很自然地对夫人产生了深深的依赖。如今，她竟猝然撒手而去，令苏轼在情感和理性上都有一种无依无靠的失落，内心的悲恸难以自抑。

——整理于王水照《苏轼传》

4. 晨诵写绘我这样教

再简单跟大家分享晨诵写绘的做法。

3 周的苏轼课程，我安排了 8 次写作。课程开启和课程小结时各 1 次，其他每周 2 次。或写诗评，或发表想法，总之鼓励孩子们用不同的方式表达对苏轼思想或情感的理解。

这是优扬同学在课程开启时写下的《与苏轼初相识》，内容还相对单薄。但当课程结束后，许多诗句都在她心里扎下了根，让她产生了许多关于生命的兴发感动。我觉得，这大概就是干老师所说的"课程即道路，即生命"的意思吧。

给苏轼课程画一个句号

李优扬

转眼，三个星期就过去了，是时候告别苏轼课程了。

今天我们进行了一次小结仪式，重温了苏轼的诗词，作为道别。

苏轼告诉我们：生活中的风雨，不要去害怕，"一蓑烟雨任平生"就好了；哪怕有再多的诱惑也要"拣尽寒枝不肯栖"，如果不得不做事情，一定要认真完成；只要心胸开阔、不烦躁，便能"一点浩然气，千里快哉风"；"人生如梦，一樽还酹江月"，人生就仿佛一场梦境，不知要多久才能醒来，而那些大英雄还不是被大江般的岁月给"淘去"了吗？所以，我们看事情还是得想开些。

其实，苏轼以前就想过坐着小船了却余生，过一种"小舟从此逝，江海寄余生"的生活。"何夜无月，何处无松柏？但少闲人如吾两人者耳。"只要心平静下来，到哪都是好风景。许多的事情都源自内心，而不是景物。不管到哪，只要心安定了，那就是家——这是《定风波》里"此心安处是吾乡"给我的启发。"自爱湖边沙路，免泥行"让我明白了不要因为别人而改变了道路和方向，污染了自己的本性。苏轼在妻子去世十年之后梦见妻子，却是"相顾无言，惟有泪千行"；同在密州时写下的"鬓微霜，又何妨"，让我明白了即使年纪大了，也不忘记年轻独有的"少年轻狂"；《永遇乐》中，苏轼也写道"古今如梦，何尝梦觉"，真是人生如梦，梦如人生啊！

短短十几首诗就讲完了苏轼的一生。他说自己平生的功业就是“黄州，惠州，儋州”。感谢苏轼在最困难的日子里写出了最好的诗篇。

现在是时候给苏轼课程画一个圆满的句号了。苏轼，再见！诗词，再见！

通过不断的跟进和反馈，每个孩子都在书写中获得成长。

不同于其他课程的写作，我希望通过苏轼课程的读与写，把苏轼的人格力量和崇高的入世精神楔入孩子们的生命中。因此，理解“每首诗词背后站着的不一样的苏轼”，成为每首诗词学习的核心目标。

值得一提的是，苏轼真诚的写作方法也是我想教给孩子们的。通过孩子的作品展示与反馈，同时引入苏轼关于写作的主张，孩子们的写作变得越来越自由，越来越富有灵气。

相当一部分孩子正在被课程唤醒。到课程结束时，超过一半的孩子，发起了《苏轼传》阅读的挑战。道坤、耀传、铭源、孝然、陈诺等，这些令人骄傲的名字的主人，除了完成日常写作，还主动参与了“苏轼在黄州”“苏轼被贬南方的日子”的研究性学习与写作。

苏轼课程结束了，我相信伟大诗人的精神种子已经留在孩子们的心里。

5. 先把自己感动，再感动孩子

微信后台清风明月老师问道：“做‘农历的天空下’课程，如何找到诗歌与孩子当下生命的连接点？”以我个人的教学经验，只有让自己全身心进入诗歌，为之战栗，为之欢欣流泪，先把自己感动，再把内心的感动传递给孩子，和孩子的个体经验相互对话和印证。除此，别无他法。

我相信，人与人的心灵是相通的，诗与诗的灵魂也是相通的。

第三板块：时间的赠物（生命）

苏轼课程历时一个月，终于结课了。

它陪伴种子教室的孩子们成长的同时，也赠予了前来听课的老师们以珍贵的礼物。

接下来，我分享的是“时间的赠礼”板块。

1. 重温教学目标

重温一下课程开始时，我定下的“语言、思维、情感”三个维度的目标，接下来的作品分享，我是围绕这三个维度来的。

2. 给童年的礼物

先来看许道坤的习作，在翻译《密州出猎》时，他写道：少年之狂，左牵猎犬，右托苍鹰，头戴锦帽，身穿貂袍，率千骑手，疾风似卷过山冈——短小、精练，有气势，读起来朗朗上口，对吧？

再看《水调歌头·黄州快哉亭赠张偓佺》。他这样翻译：日落绣帘卷，望湖下，远连空。为迎吾，君意修门窗。此情意起平山堂，吾曾欹枕望河山，悟师语，知精妙。

写感受时，他这样写：见子瞻，贬黄州。虽失望，不气馁。仍是心存浩然之气。同写《定风波》，气度不同，结果不同。遇雨，汝等皆抱怨，子瞻如何？独进雨幕，长啸吟诗，气度岂是常人可比？

大家发现，这个孩子的文言感觉真的令人欣喜，棒极了！下面是他的习作全文：

《密州出猎》翻译

老夫我姑且舒展一下少年之狂，左牵猎犬，右托苍鹰，头戴锦帽，身穿貂袍，率千骑手，疾风似卷过山冈。为不辜负一城百姓，随吾一道打猎、观战，我须与昔日孙郎，亲射猛虎。

出发前那番豪饮，让此时的我胸胆舒张，虽然双鬓微白，但又何妨？若有皇帝派人前来，让我解决西北边境的威胁，我必定把弓拉如满月，射向天狼！

《水调歌头·黄州快哉亭赠张偓佺》翻译

日落绣帘卷，望湖下，远连空。为迎吾，君意修门窗。此情意起平山堂，吾曾欹枕望河山，悟师语，知精妙。

平山堂与快哉亭，二者可比？只见浩瀚江面，如明镜，倒山峰。风忽起，吹舞老渔翁。笑兰台公子，不明庄生天籁，却道风雌雄。实风有何区别？别乃在人心。但若有孟先哲所说浩然之心在心，汝可感，便得千里快哉之风。

感受：见宋玉，文采虽好，却无浩然之气。因无，才吹捧楚襄王，不解天籁，以为风分雌雄。

见子瞻，贬黄州。虽失望，不气馁。仍是心存浩然之气。同写《定风波》，气度不同，结果不同。遇雨，汝等皆抱怨，子瞻如何？独进雨幕，长啸吟诗，气度岂是常人可比？

子瞻命亭为“快哉亭”，估其为强调人之胸怀、气度！

语言上敢于尝试大胆表达的，就数林耀伟了，看看他的诗评句子：一蓑烟雨任平生——真是“词皇”之语呀！有意思吧？

他还穿越时空，跨越时代，和苏轼进行诗词唱和——

跨时代和《和子由渑池怀旧》

做人需像苏东坡，不走捷径踏石泥。
人生功业重显赫，亲耕东坡家居西。
赤壁怀古赤壁赋，赤壁江水壮怀题。
冤屈被贬黄惠儋，乐天豪迈无悲嘶。

抛开严格的律诗特点，持宽容态度来看10岁孩子的这首和诗，他使用了原诗韵脚来唱和，三言两语把东坡的经历都写进去了。这种创意和勇气真是不得不服呢！

这是陈诺同学在写作时，借着诗评在表达自己的思考：

苏轼啊苏轼，你为什么“拣尽寒枝不肯栖，寂寞沙洲冷”呢？你在坚守着什么呢？

无论我们走在哪里，都要留下我们的“印记”，因为人的一生一定要做一些有意义的事情呀。

你想成为那只蝴蝶，无牵无挂，自由地飞翔……你自己的人生之路，想由自己来演绎。

每一个孩子都在表达着自己：

黄州成全了苏轼，苏轼也成全了黄州。

苏轼，你让我懂得了很多，最重要的莫过于你对我精神的启迪。你担当了儒家的精神，活出了道家的思想。

无论发生任何事情，一定要让自己保持心灵上的自由。无论在什么情况下，一定要保持乐观的心情，保持心境明朗。

苏轼课程把我的不自信赶走了。如今我读诗声音响亮了，做操大胆了，没勇气写的题目也敢再写一遍了。这真是我的一“堆”收获啊！

在铭源写给苏轼的信中，说：

从喜欢苏轼到爱上苏轼，只有十几首诗词的距离。我多想回到北宋时代，化身为有力量的大官，拯救在乌台诗案中蒙受诬陷的苏轼。

我喜欢他最后的总结：

苏轼，您的人生充满了悲伤，您却把它写成了一首充满豪情逸致的豪放词。

当一个孩子运用自己的情感，去理解、同情一个文学人物的命运时，他的情感和道德水平是持续成长的！

伴随着课程同步发展的，可不止这些！

有孩子用漫画来准确地表达对诗歌的理解。下面这幅看似简单的简笔画，一口气道出了三个故事，其中还包括两个著名的历史典故，你看出来了吗？

有孩子用从美术课上习得的技法创造性地完成诗评作业。

像飞鸿踏雪泥一样，真真正正地穿越课程，我们收获的是满满的成就感！

孩子们的写作带给我许多感动，今天也只能给大家分享一二。

3. 给老师的赠礼

苏轼课程，也把我和老师们更紧密地凝聚在一起。下面是部分老师的感想：

小雪无雪，却有苏轼！始记得，开启时，那长长的拗口的苏轼生平介绍，费了爱萍的好多口舌，也烧着种子们的脑壳儿。

时间能淘尽风流人物，也能推动成长——潇洒旷达、充满温情、洁身自好、坚守内心……已从诗句中升腾，在种子们心中立起——这些是为苏轼量身定做的。

始终感觉很幸运：我和我的种子们遇到爱萍，才能遇到这样丰满的苏轼，才能种下苏轼的气质，才可能在今后的遭遇中，慢慢淘出来，荡涤自己的内心，坚定自己的前行方向。……

苏轼，书写“一蓑烟雨任平生”；我们，当下“也无风雨也无晴”。

——戢桂芳

昨日上午享受了一节风格独特的语文课。我知道苏轼，知道他的少许作品，但并不太了解他的一生，在爱萍老师的课上，才稍做了解。种子教室的孩子们是幸运的、幸福的，有机会走进苏轼，了解苏轼，去诠释苏轼的作品、去感受苏轼的魅力，他的坚持、他的豁然、他的乐观……他身上有太多值得我们去学习、去敬佩的精神！人总会被外界的事物所影响，很多人最初的理想也会被外界所动摇。但凡所有人都能够做到坚守初心，坚持自己的理想，一直努力朝前方前行，遇到困难换种方式面对和解决，做一个打不倒的自己，我想会多很多坚守初心的人。不管今后道路会如何，会有多少曲折坎坷，守住初心，坚定前行，让自己的心灵在充实自由的同时还充满激情与渴望，那样，一路走过的便是人生中最美的风景！再加一句：昨日除了如此特别的苏轼让我意犹未尽，李老师所选的背景音乐也让我意犹未尽呀！符合作品、符合情境、符合孩子走进苏轼之后的情感表达！

——李琼

苏轼课程讲述了他的一生，不得不感叹他人生中有好多大起大落。当你落魄的时候也许并不糟糕，你看，苏轼在自己最落魄的时候竟然创作出那么多精彩诗词。希望我的孩子们在今后的成长路上能够阳光向上，遇到挫折时能够勇敢面对，学习苏轼的那份豁达与洒脱。感谢李老师，让五（2）班的种子们穿越了苏轼课程，也让我开了眼界。我深知教育这条路上还有许多要去学习，在成就孩子的同时也成就自己。我想起一句话，靠近阳光自己慢慢也会发光，也希望我能够慢慢储蓄能量，给我的孩子们带来更多的光亮。

——莉馨

我们一起听课，一起教研，一起写作，一起守护教育这一亩三分地。

莉馨老师说：成就孩子的同时也就成就了自己！如果课程是一道光，让我们带着孩子穿越其间，感受光的力量吧！

人生如梦，古今如梦。无论是古代还是现代，我们的生活都仿佛一场大梦，什么时候真正有人从混沌、茫然中清醒过来呢？

小种子诺诺说：我要做时间的主人。小种子晨曦说：做一个清醒的人，不恋于梦境之中。小种子丽艳说：人活一世，应该像飞鸿一样，在世界上留下点什么，否则千年以后，后人在黄楼上“为余浩叹”，会叹点什么呢？

感谢生命中所有的“追光者”——今天我的分享首先得益于干国祥老师和魏智渊老师在文本解读上的引领；其次，感谢青华学校蔡挥辉校长和戢老师对我工作的大力支持；最后，感谢种子教室的孩子们，正是他们的认真、坚持和努力，才有了今天的精彩纷呈！

感谢大家的倾听！我们来年再见！

穿越春天，穿越诗歌，穿越狄金森
——四年级春狄金森诗歌课程

干国祥

一、课程简介、设想

“我要的是小溪，现在就来！”

艾米莉·狄金森，美国诗歌史上一个孤独而永恒的名字。如果说惠特曼的诗是太阳的话，狄金森的诗就是夜空里硕大而孤寂的辰星，二者风格迥异，但同列不朽。

也因此，爱狄金森的，几乎忘了我们所读的只不过是汉语译作，而对她的文字，往往喜爱到了近乎偏执的地步；不喜欢狄金森的，只觉得她语言怪异，脾气怪异，认为除了《如果我能使一颗心免于哀伤》等少数诗作，大半译诗只不过是不能卒读的平庸之作。

也因此，除了初中的《没有一艘船能像一本书》，小学教材，无论课内外，都不会选录她的诗。而高中教材，面对狄金森也同样不知如何“下嘴”，似乎只是为了应景而选了几首。而这几首诗，离开了狄金森诗歌特有的大背景，单薄得有点寒碜。

新教育晨诵课程（现在的南明教育全人之美晨诵课程，后同）的推荐序列，是把狄金森的诗列在小学四五年级的。这只是一厢情愿而不可能实现的梦想，还是一株一直未被正确种植，进而未被正确理解的花？

在2009年春天的新教育海门行中，马玲等人终于准备挑战这个难题了。鲜花初放的三月，他们用三个星期的时间，准确地说是用整整十三个黎明，让诗歌、春天、狄金森陪伴老师和孩子们共舞，老师和孩子用声音吻醒沉睡已久的诗歌，诗歌用声音吻醒沉睡的大地与灵魂。而新教育晨诵项目也借此用行动证明：大地与花朵的神秘、诗歌与生命的神秘并未被“常识”所真正认识，只要你虚心认真地聆听，你将对生命和教育有一种前所未有的洞察。

在最后一天，我引用了狄金森这几句诗作为此课程的设计初衷：

大海对小溪说“来啊”——
小溪说，“等我长大”——
大海说，“那时你就成了大海——
我要的是小溪，现在就来！”

我想说的是，生命的大河由涓涓细流汇聚而成，我们往童年生命中的灌注，将决定童年生命的品质与风格。如果没有这样的经典滋润（必须是春雨般的滋润），他们永远不会自动地拥有亲近经典的岁月。

这个课程的最后一首诗，是由还在上大四的杨娟带给孩子们的。原本她选择的是：

他用手指摸索你的灵魂
像琴师抚弄琴键
然后，正式奏乐——
他使你逐渐晕眩——
使你脆弱的心灵准备好
迎接那神奇的一击——
以隐约的敲叩，由远而近——
然后，十分徐缓，容你
有时间，舒一口气——
你的头脑，泛起清凉的泡——
再发出，庄严的，一声，霹雳——
把你赤裸灵魂的外衣，剥掉——

巨风的指掌抱握住森林——
整个宇宙，一片宁静——

这真的是一首好诗啊，让我们想起泰戈尔《吉檀迦利》中的一些诗句，如：

当你命令我歌唱的时候，我的心似乎要因着骄傲而炸裂，我仰望着你的脸，眼泪涌上我的眶里。

我生命中一切的凝涩与矛盾融化成一片甜柔的谐音——我的赞颂像一只欢乐的鸟，振翼飞越海洋。

我知道你喜欢我的歌唱。我知道只因为我是个歌者，才能走到你的面前。

我用我的歌曲的远伸的翅梢，触到了你的双脚，那是我从来不敢想望触到的。

在歌唱中陶醉，我忘了自己，你本是我的主人，我却称你为朋友。

但是，也正因为如此，这首诗还并不适合此刻的孩子们。虽然与神灵之间的“我和你”的关系，是诗歌的永恒主题，也是狄金森诗歌的一大主题，但是，因为孩子们要体悟这些还需要更长的岁月，所以我们只能等待。

诗歌有两种“难”，一种是形式上的技巧制造了陌生化效果，也制造了阅读障碍，另一种，是其主题的深邃与复杂。对前一种，我们容易设法克服，对后一种，我们只能敬畏。但是，许多后一种“大诗”虽然深邃到我们不能清楚地把握，却仍然能够感知与感受，如陈子昂的《登幽州台歌》，我们仍然能够学习。但大多数这样的大诗，我们只能等青春期为孩子们开启对生命最深奥秘的探询，这样的诗是最适合那段岁月的。这样的诗，能够引导我们向着崇高与永恒，静静地俯首。

于是杨娟最后选择的是《要造就一片草原》：

要造就一片草原，
只需一株苜蓿一只蜂，
一株苜蓿，一只蜂，
再加上白日梦。
有白日梦也就足够了，
如果找不到蜂。

新教育晨诵项目开发了一些常用的技巧，其中有猜写、仿写、扩充填空。像这首诗，是极适合用这样的方式，来更广更深地理解其意旨，把握其结构的。这是马玲老师所作的杨娟上晨诵课的情景片段：

这也是一首有意思的诗，杨娟用游戏的方式进行，她先问学生：“要造就一片草原，需要什么呀？”

“草。”“太阳。”“花。”“雨。”“蜜蜂。”“蝴蝶。”“山峰。”学生说了很多。

“要造就一片草原，只需一株苜蓿一只蜂”杨娟读出了狄金森的诗句，“一片草原”和“一株苜蓿一只蜂”的反差，带给了孩子预料之外的惊喜，他们情不自禁笑了。

那一天，孩子们还创作了许多仿作。这是沈嘉成的仿作，我请他自己读——

要造就一片森林/只需一棵小树一只鸟/一棵小树，一只鸟/再加上自己的想象/有想象也就足够了/如果没有鸟

想象、白日梦、诗歌，有这些就足够了，足够我们在小小的教室里，在短短的三个星期里，自由自在地飞翔过许多国度了。

三月·自然·春天·蝴蝶

新教育晨诵课程，一直强调师生的生命与社会生活和自然节律合拍共舞。虽然以诗人为名的专题课程不必像“农历的天空下”那样严格地遵守节气，但是，利用自然节气来打通诗歌与生命的关联，重现在自然之前的诗人生命中涌现出诗歌的那一刻，我们往往会刻意地选择诗歌的温度与季节。就像这一次狄金森课程里，马玲老师安排了一个关于春天的小单元。

为了让孩子们更好地理解狄金森，理解她神秘的诗歌，马玲老师精心地把狄金森秘密日记中的一些词句编织进课程。而我就利用她选的这段话，来宣告春天的来临：

五月是会传染的，让一根树枝或一只鸟开始出现了新气象，一下子所有自然界都仿效起来了……树与草都被添上了金绿色的装饰，上头镶满了花朵，像波斯一样动人！草地可以听见大地的声音，空气里尽是天堂的回音。

因此我们沉重的精神，被大自然的礼赞所提升。

然后是孩子们，按提示分男女声朗读——

亲爱的三月，请进
我是多么高兴——
一直期待你光临——
请摘下你的帽子——
你一定是走来的——
瞧你上气不接下气——
亲爱的，别来无恙，等等，等等——
你动身时自然可好——
哦，快随我上楼——
有许多话要对你说——

你的信我已收到，而鸟
和枫树，却不知你已在途中——
直到我宣告，他们的脸涨得多红啊——
可是，请原谅，你留下
让我涂抹色彩的所有那些山山岭岭——
却没有适当的紫红可用
你都带走了，一点不剩——

是谁敲门？准是四月。
把门锁紧——
我不爱让人纠缠——
他在别处待了一年——
正当我有客，才来看我——
可是小事显得这样不足挂齿
自从你一来到这里
以至怪罪像赞美一样亲切
赞美也不过像怪罪——

孩子们读得好极了。但是，几个星期之前，这首诗对许多老师来说还是一个难解的谜，因为大家对一些诗句的语意，存在着理解上的隔阂。那一次，为了便于大家理解，我补上了一些语句使之更连贯，当然这意味着把这首诗改成了散文（而且还补上了几句诗人对“三月”说话时的潜台词）。我还要求大家读的时候，一定不要想象出“春天”，一定要想象出是诗人接待了一个名叫“三月”的远道而来的少女。而诗，就是诗人少女见到三月少女的“唠叨”：

亲爱的三月，请进。
我是多么高兴——
（因为我）一直期待你光临。
请摘下你的帽子（进屋里来吧）

你一定是走来的
——瞧你上气不接下气。
亲爱的，别来无恙？等等，等等（让我先问问你）
——你动身时自然可好？
（算了，过会再回答我或者我自己去看吧）
哦，快随我上楼
（我们分别这么久，我）有许多话要对你说——

（我有许多话要对你说——）
你的信我已收到，而鸟
和枫树，却不知你已在途中——
直到我宣告（你正在来临），他们的脸涨得多红啊

诗人以此对三月说：我是多么想你，我甚至比鸟和树更早地觉察到你要来的信息。而本来，它们应该是最先觉察到三月的信息的。因为三月惊蛰，草木萌动，鸟儿或回归或求偶。而“他们的脸涨得多红”，又暗指他们处于春天之中，树萌出新芽，鸟儿长出新羽。

（我有许多话要对你说——）

可是，请原谅，你（去年离开时）留下

让我涂抹色彩的所有那些山山岭岭

却没有适当的紫红可用

紫红，就是朱熹所说的万紫千红，即花朵。万紫千红总是春啊。三月过尽，山山岭岭依然，却没有了“紫红”。

你都带走了，一点不剩——

（现在好了，你把花朵，也就是紫红都带回来了，

我们可以尽情涂抹了）

（我们的相聚是如此令人激动，可是）

是谁敲门？准是四月。

诗人在感慨三月的短暂，“林花谢了春红，太匆匆”。虽然四月也仍是美好的。

把门锁紧——

我不爱让人纠缠。

他在别处待了一年。

正当我有客，才来看我——

看来，诗人对四月，同样是有爱意有怨恨啊。

（我可不是在暗示你也一样在别处待了一年才来看我哦——）

可是小事显得这样不足挂齿——

自从你一来到这里

以至怪罪也像赞美一样亲切

赞美也不过像怪罪——

（如果我曾怪罪你没来，这只是因为对你的喜爱和思念啊）

当时，有疑惑的老师一读，恍然了，觉得诗真是好。而在晨诵教学

时，同样如此，孩子们在经历了“读原诗有惑，读补译的诗解惑，再读纯净原诗”的过程之后，当他们再次接触这首诗时，其实已经有了一个理解的背景，每一句都是那样明晰、明朗与明快。所以，从他们的声音里你可以充分地相信，他们已经明白了这首诗的真谛。

在诗与诗之间，我穿插了一些孩子们这几个星期以来的照片。不过，照片特意处理成了泛黄色，因为我想把一个岁月的维度，暗藏于今天的仪式中，我想暗示大家，这些诗歌会在岁月泛黄之后，依然熠熠生辉。孩子们却因此而有些雀跃了，男孩子的声音又洪亮地响起来了，女孩子的声音又优美地响起来了——这自然的和声。

“自然”，是我们所见——
午后的光景，山峦——
松鼠，野蜂，阴影——
自然，甚至，是乐园——

“自然”，是我们所闻——
大海的喧嚣，雷霆——
食米鸟叫，蛩鸣——
自然，甚至，是和声——

“自然”，是我们所知——
我们却无法说明——
要道出她的淳朴——
我们的智慧无能——

这样的诗歌，原本不必解释，只需要在朗诵时，能够有足够的宁静，能够在头脑中重现这一切：所见的山峦与阴影，所见的蛩吟与鸟鸣，以及诗句也无能为力时的朴素与华美。

所以，没有解释，我同样选择了不必解释而能够感受到的狄金森的《如果我能用一朵玫瑰买通他们》的段落，用我已经沙哑的声音，作为孩子们童音的和声：

如果他们会为一只鸟鸣而留连
我的手鼓就会顿时间
在四月的丛林中敲响！
一整个漫长的夏季永不疲倦，
而当冬季把树枝摇撼，
我只会唱得更加嘹亮奔放！

我所吟诵的诗句，其实是诗人狄金森的自白，所以，正如当初马玲老师选择日记的目的，我仍然请她用狄金森自己的明晰的散文语言，来宣告自己：

我在做梦，当黎明轻轻拍着我的肩膀时，我不知该如何称呼那些羽毛般的想法。窗帘之后的灰色越来越淡，一根树枝出现了，突然早晨就闯进我的卧室里来了。愉悦充满着我，让我无法抵抗。被叫醒的灵魂不知该如何回应。这样的热切让我拿起笔来。在众人还在被窝中时，我忙着描述这个世界。

是的，我们这三周如此丰厚的礼物，全系诗人狄金森所赐，所以，请腼腆的小男孩马佳男来为我们读一读他仿写的小诗吧——

要造就一个花园 / 只需一朵花一只蝴蝶 / 一朵花，一只蝴蝶 / 再加上狄金森的诗 / 有狄金森的诗也就足够了 /——如果没有蝴蝶

一朵花，一只蝴蝶，一些狄金森的诗句……它们没有差别。正是狄金森的诗句，这些天来，引导老师和孩子们，重新聆听窗外的鸟鸣，珍惜园中青青的苜蓿，感受风吹过时的寒冷与温暖。就像这一首狄金森的小诗，这是我们大队人马进驻到这个小小的农场小学之前，马玲老师一个人带着他们学过的：

一只小鸟沿小径走来——
他不知道我在瞧——
他把一条蚯蚓啄成两段
再把这家伙生着吃掉，

然后从近旁的草叶上
吞饮下一颗露水珠——
又向墙根，侧身一跳
给一只甲虫让路——

他用受惊的珠子般
滴溜溜转的眼睛——
急促地看了看前后左右——
像个遇险人，小心

抖了抖他天鹅绒的头
我给他点面包屑
他却张开翅膀，划动着
飞了回去，轻捷

胜过在海上划桨
银光里不见缝隙——
胜过蝴蝶午时从岸边跃起
游泳，却没有浪花溅激。

蝴蝶·舞蹈·生命·诗人

那不过是一只无名的小鸟，它凭什么也能够进入这永恒的诗歌？这不是我们会摆上来讨论的问题，不过，诗句总能够适当地提醒我们注意到这些微妙的事实。连接两个主题的诗歌意象是“毛虫与蝴蝶”，我在这首诗前，引进了另一首小诗：

我是无名之辈，你是谁？
你，也是，无名之辈？
这就有了我们一对！可是别声张！
你知道，他们会大肆张扬！

我是无名之辈，是那只偶然从诗句里默默走过的小鸟，而孩子们呢？自然是同样不起眼，也许更不起眼的小小的毛茸茸的家伙。

一个毛茸茸的家伙，没有腿脚
奔走，却胜过寻常步履！
像天鹅绒的，是他的面容，
他的肤色，暗褐！

有时，他住在草丛！
有时，高在枝头，从那里
穿一身长毛绒外衣
跌落在过路行人身上！

这一切，都在夏季，
但是当凉风惊动丛林居民，
他搬进锦缎的宅邸，
摇头晃脑，引线牵丝！

然后，比贵妇人更俏丽
出现在阳春时节！
每一个肩头一片华羽，
认不出往日形迹！

有人，那些自称科学家的人，
叫他鳞翅目幼虫！
而我！一个默默无名的诗人，
我算什么，却道出蝴蝶
有趣的秘密！

这是一首关于毛毛虫变蝴蝶的叙事诗，相对而言比较容易懂。但是这并非不需要注意一些必要的技巧，以及点一点诗歌的关键处。事实上，最后两句诗原来是这样的：

有人，叫他鳞翅目幼虫！
而我！我算什么，
却道出蝴蝶
有趣的秘密！

改诗把诗人原来含而未发的原意做清晰的点明，就是为了让孩子们更好地清晰地感受到这首诗的“诗人视角”，让学生感受，但不向学生道明“诗歌视角”与“科学视角”之间的张力。

当时，这首诗的教学也是颇有意味的。这是马玲老师记录的几天前徐子晶（网名：子夜星空）上这首诗时的情景：

当孩子们用饱满的声音，充满向往地读完《有另一片天空》后，子晶幽默地说：“昨天，我们学习了一个‘有羽毛的东西’，知道了原来它是——”

“希望！”孩子们会意地笑着。

“那今天我们再来学习一个——‘毛茸茸’的家伙，”子晶故意放慢了语速，故作神秘地说，“猜猜它是谁？”

孩子们又乐出了声，更期待地看向大屏幕，要学的新诗，已经在那里了。

一个毛茸茸的家伙，没有腿脚
奔走，却胜过寻常步履！
像天鹅绒的，是他的面容，
他的肤色，暗褐！

子晶让孩子们自己先读读，然后猜猜：这个毛茸茸的家伙，会是谁呢？

孩子们兴致盎然地读着，猜着，“毛毛虫”“小鸟”很多孩子情不自禁脱口出声，也有些孩子还在琢磨着，呵呵，这些正是子晶的“预谋”啊，她让孩子们说开去，却不做评判，等孩子们想不出别的时候，她又给了一些提示："这个毛茸茸的家伙越长越大了呢，你看，它住这里呢——"同时给出诗句：

有时，他住在草丛！
有时，高在枝头，从那里
穿一身长毛绒外衣
跌落在过路行人身上！

哈，这一下又热闹了，孩子们读啊，猜啊，不亦乐乎，有的人坚持说是"毛毛虫"，有的人说"小鸟"，还有的说"蒲公英""苍耳""大雁"……同样，子晶不揭示谜底，接着出示下一节诗句，继续把学生的胃口吊得高高的："它又长了一段时间，到底是啥东西呢？"

这一切，都在夏季，
但是当凉风惊动丛林居民，
他搬进锦缎的宅邸，
摇头晃脑，引线牵丝！

哈哈，一看到"摇头晃脑，引线牵丝"，马上学生又转向了，"蚕！"十四个孩子马上脱口而出，迅即有同学又变了，"是蝉，知了！"马上大家都摇头，蝉怎么能"引线牵丝"呢？

这到底是什么东西呢？在大家期待的眼光中，子晶把第四节显示在大屏幕上：

然后，比贵妇人更俏丽
出现在阳春时节！
每一个肩头一片华羽，
认不出往日形迹！

"哦，毛毛虫！""不是，小鸟！"……

在猜诗过程中，课件上只有诗句，而当确认这是毛毛虫到蝴蝶的过程后，课件上伴随着各段诗句，出现了逐渐成长的毛虫、蛹、蝴蝶。

儿童课程有一个总名，叫"毛虫与蝴蝶"，为这五个字，现在它有了绘本《好饿的毛毛虫》、我的自传体小说《天虫》，以及狄金森的这首妙诗《一个毛茸茸的家伙》。它们和安徒生著名的童话《丑小鸭》一样，讲述的是青蛙变王子的神奇，于是，我又为孩子们选读了一首新诗。不过这首诗放在前一首诗之后，似乎只是一个注脚，理解起来并无困难：

我戴上王冠的一天
日子，一如往常——
直到加冕完成——
之后，才显得异样——
……
我成长，一切平凡——
但是当那一天降临
我和它，装扮一新
同样庄严——
……

“相信种子，相信岁月。”这八个为儿童课程所写的字，现在已经超越原来的界限，运用于教师专业发展。因为我们也同样是未雕塑完成的生命，同样是在捏塑着生命的每一天，直到它在死亡之前最后成形。而在最初的四天里，马玲老师同样把这个理念，带给了棉种场的孩子们：

我想捏塑一天
好像它是首诗
接着调整韵脚
强调我的原因
接着确定型式
琢磨它的光亮
让它会合其他同伴
群聚在爱的房间里

诗人写诗，画家画画，农人耕作，而我们在教室里同样辛劳勤奋。而我们生活的最高境界，也就是把每一天当成一首诗，将一生视为一首永恒寻求的诗中之诗。于是，我请孩子们分不同的角色，把这首诗读了两遍，而在两遍之间，插入了马玲老师当初送给他们的狄金森的秘密日记：“一旦完成一首诗，我就觉得放下了一个负担。晚上诗句常会吵醒我，韵脚在我脑中走动着，文字占领我的心。接着我就能明了世界所不知道的，那是爱的另一个名字。”

后面是一首跳跃性极大的诗——

我不会用脚尖跳舞——
没有人传授我技艺——
但是我的内心深处，时常
感到一阵欣喜：

如果我有跳芭蕾的知识——
我将到各地去应用
以绝妙的旋舞使舞剧团失色——
使杰出的女演员发疯。

纵然我没有华丽的服装——
头发上也没有小卷，
不会单足跳向观众，像小鸟
一只脚在半空虚悬，

不会让我在绒球中被举起——
在雪白的轮中转动
直到从舞台上消失，满堂轰鸣
要求再来一次的喝彩声——

也没有任何人知道我懂得
我说得轻松的这门技艺——
也没有一张海报对我吹捧——
仍会像歌剧院，座无虚席。

对于成年人，要理解这首诗并不困难，但是如何向孩子们呈现这首诗呢？在这时候，解释往往是无力的，因为已经懂得的那部分其实无须解释，而困难的那些部分，又极难解释。

于是，和《亲爱的三月》一样，我们仍然采取了加注法，不过，这次注加得更多，并略有改动：

我不会用脚尖跳舞——
没有人传授我这门技艺——
但是我的内心深处，时常
感到一阵欣喜：

（像是我站在内心的舞台，
上演着同样精彩的一幕。）

如果我有跳芭蕾的知识——
我将到各地去应用
以绝妙的旋舞使舞剧团（黯然）失色——
使杰出的女演员（嫉妒得）发疯。

（但是此刻）
纵然我没有华丽的服装——
头发上也没有小卷，
（纵然我）不会单足跳向观众，
像小鸟（那样轻盈）
（轻盈得用）一只脚在半空虚悬，

（或者让自己旋转如绒球
在旋转中被舞伴轻轻举起——）
（就这样）在雪白的轮中转动
直到（我的身影）从舞台上消失，
（只剩下观众）满堂轰鸣
（响起）要求再来一次的喝彩声——

（但是此刻
我难道不是身着词语的华裳丽服，
让诗句单足跳动，像小鸟那样轻盈
让意象旋转出靡丽的色彩
让节奏明快如舞蹈
押着奇特的韵脚
直到最后一句戛然而止

只剩下我的读者和听众
在诗句的余音中静静地响起共鸣——)

(只是现在)
(还)没有任何人知道我懂得
我说得轻松的这门技艺——
也没有一张海报对我吹捧——
(但我仍然坚信，总有一天，
诗歌的殿堂里会上演我的演出)
(到那时，就像是在)歌剧院，座无虚席。

在原诗中，只有芭蕾舞演员的意象在舞动，但它如何成为写诗的比喻与象征？所以这一段全系加注上去的语句，我们可以说，是比较传神地传达了狄金森创作好诗时那一刻的内心情感的：

但是此刻/我难道不是身着词语的华裳丽服/让诗句单足跳动，像小鸟那样轻盈/让意象旋转出靡丽的色彩/让节奏明快如舞蹈/押着奇特的韵脚/直到最后一句戛然而止/只剩下我的读者和听众/在诗句的余音中静静地响起共鸣——

并且在最后，我们替她道出自己对诗的信心：

(还)没有任何人知道我懂得/我说得轻松的这门技艺——/也没有一张海报对我吹捧——/(但我仍然坚信，总有一天/诗歌的殿堂里会上演我的演出)/(到那时，就像是在)歌剧院，座无虚席

这样加注后的效果如何？在为每一页添加上美丽的芭蕾舞剧照之后，当马玲老师读完加注版诗歌：

真的无法言说这种感觉，整个教室里静悄悄的，连窗外的春天也仿佛屏住了呼吸，听我就这样，将一座诗歌殿堂里上演的“绝妙旋舞”缓缓送出。安静，有如神在。

少顷，教室里响起了掌声。我深吸一口气，转过目光，是他——刘豪，他的眼睛里，正和我的内心一样，流淌着同样的感动。我们，在诗句的余音中静静地共鸣。

接着，我又请全班同学把解释过的诗句，再一起读一遍，加深理解。孩子们读得真好。

然后，让我们带着刚才的理解，再回到原诗吧，再轻轻地自己读一读、品一品吧，而你，将会发现有更多的可意会却无法言传的东西……

加注法能够帮助我们从文本细处理解诗歌，而补充背景法则能够帮助我们从宏观上把握诗歌。这次我画蛇添足，又添上了几句他们未读过的狄金森的诗句：

这是诗人，就是他 / 从平凡的词意中 / 提炼神奇的思想——/ 从门边寻常落英 // 提炼精纯的 / 玫瑰油上品——

可惜，我没有来得及向孩子们解释什么是落英，什么是玫瑰油，但相信孩子们大体上还是能够理解的吧。

希望·歌唱·母语

四年级的孩子们，对“希望”这样的词语其实还并不能真正地理解。但是，他们会由衷地喜欢这样的词语的明亮的光泽与明艳的色彩。《“希望”是个有羽毛的东西》这首诗是我在上一周教给孩子们的，这首诗，并不容易理解：

“希望”是个有羽毛的东西——
它栖息在灵魂里——
唱没有歌词的歌曲——
永远，不会停息——

在暴风中，听来，最美——
令人痛心的是这样的风暴——

它甚至能窘困那温暖着
多少人的小鸟——

我曾在最陌生的海上——
在最寒冷的陆地，听到——
它却从不向我索取——
些微的，面包。

当时我让学生自读之后，大家至少明白，这里诗人把希望比作了小鸟，栖息在灵魂里。但是，另外的含义，就只能朦朦胧胧地感受，不太能够把握。于是，我出示了添补后的诗歌：

“希望”是个有羽毛的东西——
它（就像小鸟，）栖息在灵魂里——
（它）唱着没有歌词的歌曲——
（它的歌唱）永远，不会停息——

（希望的歌声）在（生活的）暴风中，听来，最美——
令人痛心的是这样的（生活的）风暴——
它甚至能窘困（希望——）那温暖着
多少人的小鸟——
（因为风暴太残忍，让希望落空，化成绝望）

我曾在最陌生的海上——
在最寒冷的陆地，听到（希望小鸟为我而歌唱）
（而希望的鸟儿，）它却从不向我索取——
些微的，面包。

但是，这虽然把所有诗句的困难都“化解”了，却仍然缺乏足够的“形象”。于是，我又把他们在前一天学习的描写残疾人的课文《番茄太阳》编织了进去：

老师：令人痛心的是这样的风暴——/它甚至能窘困那温暖着/多少人的小鸟——

学生：那年，我来到了这座城市，临时租住在一栋灰色的旧楼房里，生活很艰难，心情灰暗无比。

老师："希望"是个有羽毛的东西——/它栖息在灵魂里——/唱没有歌词的歌曲——/永远，不会停息——//在暴风中，听来，最美——

学生：那女孩5岁左右，是个盲童。

女孩安静地坐着，说话声音细细柔柔，特别爱笑。

小女孩一面用手摸，一面咯咯地笑，妈妈也在旁边笑。

明明咯咯的笑声银铃样清脆，一串一串地追着人走。

"阿姨，妈妈说我的眼睛是好心人给我的。等我好了，等我长大了，我把我的腿给你，好不好？"

老师：我曾在最陌生的海上——/在最寒冷的陆地，听到——/它却从不向我索取——/些微的，面包。

学生：那个正午我坐在窗口，看满街的车来车往，眼前总浮现出明明天使般的笑脸。红红的"番茄太阳"一直挂在我的心中，温暖着我的心。

上面学生所读的，正是课文中的相关语句。当师生的声音相互交织的时候，孩子们惊讶地发现，原来课文与晨诵，也实现了相互编织。同时理解这两个事物，比理解单个事物更容易，也理解得更丰富，更深邃。

而好的诗歌，好的文学作品就是这样，能够给人的灵魂以某种深刻的鼓舞与激励。于是，我又补充了几句新诗，作为上面这首诗的余音：

殉理想的诗人，不曾说话——
把精神的剧痛在音节中浇铸——
当他们人间的姓名已僵化——
他们在人间的命运会给某些人以鼓舞——

是的，我们每一个人都是知更鸟，都是毛毛虫，都是书写自己诗歌的诗人——都可以是。但是，你若希望自己是，那么，你就得“捏塑每一天”“不停地歌唱”：

我要不停地歌唱！
鸟儿会超越过我
向更黄的气候飞行——
每一只都有知更鸟的抱负——
我，有我的红胸脯——
我有我的音韵——

晚了，要在夏季占一席位置——
但是，我会唱出更丰满的曲调，
黄昏星的歌比晨曲更美，先生——
早晨，不过是中午的幼苗——

这首诗当时是由张颖老师带给孩子们的，用的也是添补法：

我要不停地歌唱！
（虽然其他）鸟儿会超越过我
（我要）向更黄（更成熟的）气候飞行——
（诗人就像是知更鸟，）每一只都有知更鸟的抱负——
（拥有漂亮的羽毛，唱出美妙的歌声）
我，（也）有我的红胸脯——
我（也）有我的音韵——

（我来）晚了，（若）要在夏季占一席位置——
（这个夏季属于其他的鸟儿，它们已唱出动听的词句。）
但是，我会唱出更丰满的曲调，
黄昏星的歌比晨曲更美，先生——
早晨，不过是中午的幼苗——

要单纯地理解这首诗并不容易，但如果我们把《我想捏塑一天》和《我不会用脚尖跳舞》作为这首诗的注脚，把所有已经理解了的狄金森的诗歌作为它的背景，那么这里的每一句，对孩子们来说都非常亲切。当然，我们还可以补充一些背景，于是马玲老师又为孩子们读了一段秘密日记中的语句：

在我还是一个小女孩的时候。诗就像是一绺金色的线穿过我的心，带领我往梦中出现过的地方前进。我知道我的生命可以用来织这条线，它会变成一匹够亮的布，充满乐趣，也强韧到能抗拒焦虑。许多人都将生命托付给神，我却将我的生命托付给诗。

现在，我们回到课程最初的一首诗，三个星期的主题之一"有另一片天空"：

有另一片天空
永远平静而明朗
有另一种阳光
即使是在黑夜

不要介意森林的消逝
不要介意田野的寂静
这里有座小树林
林中树叶常青

有更明丽的花园
从没有霜冻严寒
在它不谢的花丛中
我听见蜜蜂欢快的嗡鸣

我的兄弟
请造访我的花园

这首诗曾经困住一些读者，不知道狄金森"另一片天空"意指的是什么。现在放在整个课程背景下，它是如此清晰、明了与单纯，这另一片天空，就是诗的天空，诗的花园。在课程中，我只做了一次修改，把原译诗"不要介意田野的寂静"改为"不要介意寂静的田野"，同时在教学时，补一下开头或者结尾：成长中的孩子／请你就这样一次次地造访诗的花园。

作为对狄金森这另一片天空、另一个花园的报答，我又吟诵了狄金森赞美诗人的诗句，这同样是没有教学过的新诗，我只是用语音，把意思做了较准确的传达。确实，我读这一段时，不像是在读诗，而仿佛是在一出戏剧之中，替国王向他王国的人民做一个宣告——

诗人，照我算计——
该列第一，然后，太阳——
然后，夏季，然后，上帝的天堂——
这就是全部名单——

但是，再看一遍，第一
似已包括全体——
其余，都不必出现——
所以我写，诗人，一切——

而紧跟着，同学们用美妙的声音，演绎出美妙的和弦，他们用同样的诗人的诗句，表达出对诗人的赞美：

英语有许多词组——
我只听见一句——
轻柔，有如蟋蟀的笑声，
洪亮，有如雷霆——

以优美动听的拼音
闯入我单纯的梦境——
轰鸣着它的希冀——
直到我惊醒，哭泣——

低沉，有如古老里海的合唱，
当晚潮开始催眠——
用一种新的变音说出——
有如一只夜航的鹰——

不是由于使我苦恼——
是由于强大的欢欣——
请再说一遍，撒克逊！
嘘！只对我一人！

注："撒克逊"在这里有"古老的英语"之意。因撒克逊人是英格兰人最早的祖先。

孩子们读这首诗很有感觉。但如果不是因为晨诵，谁能够对这样赞美英语的诗歌释然、欣然？

在晨诵这首诗的第一天，这首诗在原诗朗读后被神奇地呈现为：

汉语有许多词组——
我只听见一句——
轻柔，有如蟋蟀的笑声，
洪亮，有如雷霆——

低沉，有如古老河流的合唱，
当晚潮开始催眠——
用一种新的变音说出——
有如一只夜航的鹰——

以优美动听的声音
闯入我单纯的梦境——
轰鸣着它的希冀——
直到我惊醒，哭泣——

不是由于使我苦恼——
是由于强大的欢欣——
请再说一遍，亲爱的汉语！
嘘！只对我一人！

而在第二天复习的时候，我再一次修改这首诗，并用我的声音告诉孩子们：

汉语有许多神奇的词句——
我只听见一句——
轻柔，有如蟋蟀的笑声，

好雨知时节，当春乃发生。
随风潜入夜，润物细无声。

洪亮，有如雷霆——

君不见黄河之水天上来，
奔流到海不复回，
君不见高堂明镜悲白发，
朝如青丝暮成雪。

低沉，有如古老河流的合唱，

月落乌啼霜满天，
江枫渔火对愁眠。
姑苏城外寒山寺，
夜半钟声到客船。

当晚潮开始催眠——
用一种新的变音说出——
有如一只夜航的鹰——

应怜屐齿印苍苔，
小扣柴扉久不开。
春色满园关不住，

一枝红杏出墙来。

以优美动听的声音
闯入诗人单纯的梦境——
轰鸣着它的希冀——
它在诗人的梦境里要求诗人，
它命令诗人能够说出它的神秘
说出它的神奇……
直到诗人惊醒，哭泣——
不是由于使诗人苦恼——
是由于强大的欢欣——
于是一代代的诗人渴望着
对这神秘的声音请求
“请再说一遍，
 亲爱的汉语！
 嘘！
 只对我一人！”

只有这首诗，这首改写后的诗，作为复习的内容让学生温故。而其他改写后的诗歌，一般不会再做复习之用，因为改写只是拐杖，孩子们理解了原诗之后，就应该及时把这拐杖丢弃。不过，这首诗不一样，因为汉语是如此不同于英语，我们同样可以用狄金森的格式，来赞美我们自己的母语与诗歌。

然后，我再次朗读《殉理想的诗人》一节，让这段文字在同学们的心灵上再刻印一次：

殉理想的诗人，不曾说话——/ 把精神的剧痛在音节中浇铸——/ 当他们人间的姓名已僵化——/ 他们在人间的命运会给某些人以鼓舞——

阅读·饮食·文字

接近尾声，全班同学一起朗读了《没有一艘船能像一本书》，原诗是：

没有一艘船能像一本书
也没有一匹骏马能像
一页跳跃着的诗行那样——
把人带往远方。

这渠道最穷的人也能走
不必为通行税伤神——
这是何等节俭的车——
承载着人的灵魂。

这是新教育儿童课程（现在的南明教育儿童课程）在几年前，最乐意传播的一首诗，也是最适合开启阅读活动的诗歌，在传播中，我们会做小小的改变，以利于孩子们更好地理解它：

没有一艘船
能像一本书那样
把人带往远方
也没有一匹骏马
能像一页跳跃着的诗行那样
把人带往远方

读书这条路
最穷的人也能走
不必为通行税伤神
书籍啊，
这是何等节俭的车
承载着人的灵魂

把我们

带往远方

而我，在孩子们天真的声音之后，再次念起开始时的诗句：

大海对小溪说“来啊”——

小溪说，“等我长大”——

大海说，“那时你就成了大海——

我要的是小溪，现在就来！”

我习惯于在吟诵时，随意地改变一些语句，让它更贴近当时的语境，更能让眼前的听众所理解。而这些语句是未定的，它随时涌现又消失。

在三周中，作为原班主任和语文老师的陆老师，也带给自己朝夕相处几年的孩子们一首狄金森的诗：

他饮食珍贵的文字

他的精神变得强壮。

他再不觉得贫困，

他再不感到沮丧。

他跳着舞过黯淡的日子

使他飞翔的只是一本书，

能有多么大的自由——

精神摆脱了束缚！

不过，如果仅仅是这样读，这首诗也就失去了神秘与魅力，陆老师是这样读的：

亲爱的孩子们啊/这些天来，我看着/你饮食珍贵的文字/你的精神变得强壮/你再不觉得贫困/你再不感到沮丧/你跳着舞过不再黯淡的日子/使你飞翔的是一本叫《黄书包》的书/使你心灵舞蹈着的/是一首首狄

金森的诗 / 我真不敢相信 / 它们真的让你 / 精神摆脱了束缚 / 能有这么大的自由

而孩子们则同样用这首诗，应和着陆老师的声音：

这些年来 / 我饮食着珍贵的文字 / 我的精神变得强壮 / 我再不觉得贫困 / 我再不感到沮丧 / 我跳着舞过并不黯淡的日子 / 使我飞翔的是您——所有亲爱的老师们 /——是您多年来的微笑 / 使我心灵舞蹈着的 /——是所有您教给我们的知识 / 您应该相信 / 它们真的让我 / 精神摆脱了束缚 / 拥有这么大的自由

而今天，同样是在这样的应和吟唱中，近半个小时的晨诵仪式要结束了。我修改了狄金森的诗句，来定格这一时刻：

诗人们只把那些灯点亮——
他们自己，退场——
他们激励那些灯芯——
把自己的每个日子——
用诗照亮——

然后，歌声响起，是孩子们习唱了三个星期的《隐形的翅膀》。两个星期前，孩子们唱起它时还磕磕绊绊，现在，他们的声音清晰、洪亮、饱满，充满了信心与希望，只是已经有孩子，在眼角，在心底，开始泛起离别的泪花。

我一个人在房里，看着自己的诗越来越多。要将诗句串在一起，是个创造的努力。就像上帝一样，我们得造就自己的样子。一年我抄了一百多首诗，许多从少女时代就开始，只为了感受这创造的重量。

现在我将它们放在石膏房间。信仰告诉我们，人类相同的行为只是短暂的；不朽则是他的目标。这些生命的代表该不该旅行到那里呢？今天世界将黄金当成垃圾，但时间只会让它更珍贵。

——摘自狄金森日记（1868 年 4 月 8 日，星期三）

我再一次用上帝的早晨写作，当其他人正在教堂寻求他的存在。或许我的灵魂迷失了，因为我不在那向他致敬。或者上帝，其实就像世界一样，只会对我微笑。我们两个总是不合，但是当他创造的太阳划过天际，照耀我的书桌时，我的内心充满了大胆的假设。他会不会偏偏选择我，虽然我不肯向他致敬？接着我觉得好像“神恩被倒进我的口中”，而我写得太过神圣而不可诉说。这不是教条的神圣，而是天赋的。接受是责任也是救赎。

——摘自狄金森日记（1868 年 3 月 29 日，星期日）

我除了诗人之外无职业，这是个最超越的头衔。

——摘自狄金森日记（1868 年 3 月 12 日，星期四）

我的花是大自然的使者，伴随着我的笔点头，一知道我的心，它们动得更快了。

——摘自狄金森日记（1868 年 2 月 9 日，星期四）

我正在重读老师在《太平洋月刊》里的文章。它指导我却也使我困惑。他鼓励诗人要努力，通过修改而达到简洁。他说第一颗果实必须被当成肥料。很清楚地，他认为奇怪的园丁种不出好果实。从他文字的镜子看来，他是在说我吗？我再次怀疑他究竟把我当成什么。

我不能严格地遵循他的规定。我掌握许多诗句，可是其他的就像风的旋律那般，谁能驯服这种旋律呢？这是内在而非雕琢。这是他不能了解的魔术，我怕他永远都不会。

——摘自狄金森日记（1868 年 1 月 6 日，星期一）

晚餐后我躲进诗里，它是苦闷时刻的救赎。一旦完成一首诗，我觉得放下了一个负担。晚上诗句常会吵醒我，韵脚在我脑中走动着，文字占领我的心。接着我就能明了世界所不知道的，那是爱的另一个名字。

——摘自狄金森日记（1867 年 12 月 13 日，星期五）

现在是晚上十点，除了那些在夏日鸣叫的生物，四下如此安静。

这是我心灵自由漫游的时刻，因为我能将自己完全奉献给诗，其他人觉得我只是拼拼贴贴罢了，可是没有人知道，我真正付出了多少努力。我怀疑他们从未真正问我，现在在做些什么。当我烤完派与缝好所有衣服之后，这样的苍白别人看得见吗？当我感到有股体内的冲动，这个世界就会突然离我很远。于是我不能片刻稍停，我必须努力完成我的诗，要不然我就会一点一点慢慢消失。我付出了绝大的努力，以赢取诗的精粹。这样的付出让我孤寂，但它的回报却超出想象。

——摘自狄金森日记（1867 年 7 月 29 日，星期一）

我的诗是我最珍贵的天赋，因为它们带着超越日常语言的爱。我很小心不让语言的流畅，当成我唯一的价值。但是我是不是太过自以为是？读者会不会微微一笑，就将我的诗置之不理？我的评论很少，除非我去寻求特别的咨询，比如说希金森先生或是苏。不过我还是撒出我枯萎的花朵，从不知道它们在其他人眼中是如何。它们的光彩我很喜欢，或许我也有点自恋吧！

——摘自狄金森日记（1867 年 7 月 1 日，星期一）

鸟叫声在黎明前唤醒了我，这一整天势必充满了对歌声的渴望。我的幻想如天马行空，但却不能写出一行诗。于是我开始做早餐，好给幻想一点时间酝酿。稍晚，在我烤完面包之后，我再度打开一张纸，可是心里依然出现障碍。接着我马上感受到这种熟悉的恐惧，它就像刀一样刺着我的心，可是我却没有字句可以将它描写出来。一股更大的恐惧随之而来，即使是在诗完成之后，我的思想仍可能麻木不仁。当疑问出现时，它就像恶魔一样想把我整个阻断，完全掌控我的生命。如果这样，我就会向希金森先生求助，因为我相信他可以指点我真理的道路。我不能衡量自己，但我又很害怕他人的标准不能忖度我。如果我的目标这么稀薄，那我为什么还要坚持？一个人没有目标要怎么活下去？

希金森先生很良善地鼓励我继续写下去，虽然他通常会批评我，但他也会赞美我的作品。如果这个社会不理会我的诗，甚至不屑于我的诗，我还是很高兴继续努力下去。有一个真心的听众存在着，让我找到方向，那就够了。沉默导致死亡，而他救了我一命。

——摘自狄金森日记（1867 年 4 月 10 日，星期一）

无论如何，特别的是，至少这日记可以表现出从日常生活中，狄金森诗化过程的秘密。在独居的平淡生活中，她如何想象，在想象中如何编织诗的金线："诗就像一绺金色的线穿过我的心，带领我向梦中才出现的地方前进。"是啊！女诗人曾在《信简》中说："除非里头有一条金色的线，否则就是全盘皆输。"但如何织出金线，则是诗人的不传之秘。缪斯呼唤诗人时，诗人常也不甚了了。

读狄金森的日记是读她丰盛的生活，她孤独的生活对她是一场盛宴："有一天夏日正盛 / 且单单为我——/ 我本以为这是圣人专有 / 那复活的时刻到临。"每一天的生活，都像这夏日正盛的复活时刻，如此丰盈，且充满神圣。狄金森如此坚信："我的诗是探讨生命的本质。"在她的日记中，许多字句都像金线，闪现着光痕……

有一年，艾米莉·狄金森从《大西洋月刊》杂志上读到希金森的一篇文章，在文中他阐述了"发掘天才是编辑的天职"等观点，并教导青年作家"将生命的热情注入写作风格……赘言务去……让多年的热情融入一个词中，把半辈子的生活积蓄写在一个句子里"。

她在一封信中曾这样写道："如果有一部书能使我读过之后浑身发冷，而且没有任何火能把我暖和过来时，我知道那一定是诗。如果我有一种天灵盖被人拿掉的感觉，我知道那一定是诗。这是我对诗的唯一理解，除此之外，还会有其他的理解吗？"

二、生命的孤独与丰盈——狄金森诗歌晨诵之旅

时　　间：2009.3.10—2009.3.27

班　　级：四年级

参与教师：干国祥　马　玲　徐子晶

　　　　　张　颖　陆海艳　杨　娟

学　　校：江苏海门棉种场小学

整理记录：马　玲

艾米莉·狄金森简介

艾米莉·狄金森（1830—1886），19世纪美国女诗人，出生于律师家庭。青少年时代生活单调而平静，受正规宗教教育。从25岁开始弃绝社交，女尼似的闭门不出，在孤独中埋头写诗30年，留下诗稿1700余首；生前只发表过7首，其余的都在她死后出版，并被世人所知，名气极大。

狄金森的诗主要写生活情趣，自然、生命、信仰、友谊、爱情。诗风凝练婉约，意象清新，描绘真切、精微，思想深沉、凝聚力强，极富独创性。她被视为20世纪现代主义诗歌的先驱之一。她与惠特曼是美国最著名的诗人。

美国人献给狄金森的铭文是："啊，杰出的艾米莉·狄金森！"

非常感谢茅校长和其他老师的妥帖照顾，被晒过的崭新被褥和春天田野的气息，让我一晚好睡。

醒来时已闻鸟啼声声，早到的学生，也已经在楼下花圃开始晨读课文了。乒乓球爱好者，则一放下书包便挥开拍子大战起来。

晨诵安排在7：50到8：10，相比有些地方不到7点，孩子就已经

开始在教室里上课，真是幸福。

有另一片天空

——狄金森诗歌主题晨诵之旅（1）

1

把笔记本电脑和教室里的背投连上后，便开始播放歌曲《向着明亮那方》，让清新、明亮的歌声，带来同样清新、明亮的一天吧！

屏幕上，出现了我很喜欢的那张图片，一根刚刚从黑色的土壤里萌发出两片子叶的小芽，嫩绿嫩绿的，生意盎然，阳光也好像被这生命的新绿染绿了，空气中流淌着一股安静的气息，但这安静中，你却又感受到一种生命勃发的巨大张力。

“晨诵，与黎明共舞，用美妙的词语，开启生命中一个个重要的日子。”

以前，曾经跟一个“毛虫”谈过，他说新教育的晨诵课程（现在的南明教育全人之美的晨诵课程）真是好，语言都充满了诗意。我说，如果仅是觉得诗意，那么晨诵也将会变成另外一种华美的装饰了，惠特曼说得好啊，一个孩子向前走去，他看到什么东西，他就变成那东西，那东西就成了他的一部分……而一首又一首诗歌，就是我们在孩子向前走去的时候，种在路边的紫丁香、高大的橡树、幽香的兰花、热烈的向日葵……在孩子最重要的童年时代，让这些或清新明亮，或睿智深刻，充满灵性的诗歌，随着晨诵课程，自然而然地成为学生生命中的重要部分，让他们的心灵也因此而澄澈明亮。

你想让孩子的生命开出花来，那么，你就要让他先被具体的花打动。

于是，面对孩子们感到新鲜的表情，我只是先说：“生命中的每一天对于我们来说，都是重要的日子。”至于“美妙的词语”，这是要用一首又一首的诗，慢慢“驯养”才能感觉到的。

2

我请学生先闭上眼睛，听我来读全诗，并在眼前，做一个有意思的转换，将老师朗诵的诗句，努力变成可见的画面，像拉克尔（童书《黄书包》中的主人公）编故事一样。

有另一片天空

［美］狄金森

有另一片天空
永远平静而明朗
有另一种阳光
即使是在黑夜

不要介意森林的消逝
不要介意田野的寂静
这里有座小树林
林中树叶常青

有更明丽的花园
从没有霜冻严寒
在它不谢的花丛中
我听见蜜蜂欢快的嗡鸣

我的兄弟
请你造访我的花园

我不知道在学生的眼前，他们究竟有没有看到什么。

学生很少的教室，再加上又有来听课的好几个语文老师，就连我都有些不太适应，觉得声音有些空旷，飘忽了。更别说学生了。

静默了一会儿后，一个男生起来说："听这首诗，让人感觉到很安静。"

这真是很好的一种感觉，看没有其他同学想再发表意见，我便让大家拿出打印好的诗句，自由练习朗读。孩子们很用心，刚才我的示范起到了很明显的作用。

然后全班一起来读，我即时做着朗读上的指导：

"有另一片天空，永远平静而明朗。你见过这样的天空吗？是的，秋天的天空就给人这样一种感觉，高远、辽阔。在这样的天空下，你的心情自然也明朗、平静了，你好像也变成了一朵云，悠悠然自在飘荡，那感觉真是美好适意啊。你体验到这种感觉了？那么，就试着用声音来表现出来吧。

“有另一种阳光，即使是在黑夜。这就更神奇了，想想黑漆漆的夜给你什么感觉，黑暗、恐怖、寒冷。突然有一束阳光照耀在你身上，那随之而来的又是什么感觉呢？光明、安全、温暖，你的心马上会欢唱啊！体验到了，把这种感觉也试着用声音来表现吧。

“不要介意森林的消逝，不要介意田野的寂静，当你因为森林的消逝而忧伤，因为田野的寂静也生出寂寞孤独之感的时候，不要介意啊，因为还有一座小树林，那里，枝叶一年四季常青啊！

“而且，还有一座更加明丽的花园，里面鲜花开放永远不败，蜜蜂嗡鸣着欢乐的协奏曲……”

通过简单的指导，让学生尽力从凝练的诗句中，复活那些形象，感受到诗中所描摹的“另一片天空、另一种阳光、常青的小树林、明丽的花园”的美好，使其油然而生一种向往之心。

“我的兄弟，你想造访我的花园吗？”呵呵，逗学生一乐。

然后再让学生自己练读一遍。接着请一个男生和一个女生分别来读，再加以鼓励指导。

全班又一起读了一遍后，我故作神秘地问：“这么美好的地方，到底在哪里啊？”

学生的注意全都被吸引在了大屏幕上：

成长中的孩子 / 请你就这样 / 一次次地造访诗的花园

孩子们都笑了，说：“就在诗里啊。”

“那么，你平常读诗的时候有这种感觉吗？永远平静明朗的天空，永远盛开不败的花园？”

大家纷纷摇头。

“嗯，那么诗中是不是真的像狄金森所说的一样美好呢？等我们再学一些诗后，你再来回答吧。成长中的孩子啊，请你就这样，一次次地造访诗的花园吧。”

晨诵就这样在学生的齐诵中结束了。

我想捏塑一天

——狄金森诗歌主题晨诵之旅（2）

1

我们的教室转移到了音乐教室。平房，安静，空间更加宽敞，让人有一展歌喉的欲望。

什么时候真的要请马佳男为我们高歌一曲的。但是他这会儿，正全心投入地朗读：“有另一片天空，永远平静而明朗……”全班这十四个孩子情不自禁跟着应和起来：“有另一种阳光，即使是在黑夜——”

晨光，铺泻下来。三月的春风，还透着阵阵寒意。

门前矮小的黄杨，不知何时已长出了绿色的芽苞，胀鼓鼓的，随时都有可能绽裂开来；水边的小柳树，更是迫不及待，着一身新绿，款款地在春风中摇摆了。鸟儿们的歌喉，在早春的清冽空气中更显清脆，啁啁啾啾，增添许多生趣。

“晨诵，与黎明共舞，用美妙的词语，开启生命中一个个重要的日子。”当这句话再次出现在屏幕上时，全体学生不约而同念诵起来。这声音长了羽翼，飞出窗外，汇入更浩荡的生命洪流。

2

今天是我们走入狄金森诗歌的第二天。

“随风潜入夜，润物细无声。”要让四年级的孩子去触摸一个孤独却又无比丰盈、清澈的灵魂，就要引导他们，把心灵向着这些伟大的诗句完全敞开。

昨天的晨诵，我没有去讲跟狄金森有关的任何事情，只是把这首诗呈现给学生，让学生通过诵读，去想象去体验诗人所描绘的那“另一片天空”的美妙，从而心向往之。下午结合《黄书包》的共读，在布置故事续编的作业时，为了启发学生的想象，开阔他们的思维，我稍微点了一下狄金森的生活背景。

当我问孩子们，你感觉会是怎样的诗人，才能写下这么“悠远、开阔、安静、恬淡”的诗句时，他们纷纷用“快乐、幸福”来形容。我告诉他们，诗人的内心的确时时充满着“快乐和幸福”，可是那不是现实生活带给她的。她一生几乎都没有离开过家，也一生未曾结婚，因为她的母亲体弱多病，而她的父亲最喜欢吃她烤的面包，所以她的一生几乎就是作为家庭主妇度过的，每天围着炉台、面包烤炉打转。孩子们真是惊讶了。我又告诉他们，虽然狄金森生活范围很窄，可是写诗，却让她的心灵自由飞翔于那个无比博大的天空。这样，他们再读起《有另一片天空》的时候，意蕴仿佛也更加深远了。

从今天开始，晨诵的时候，我就要把狄金森的诗句和她的生命，以及我们的生命，一点点编织在一起，像织一张精美的壁毯一样。

3

“我的兄弟，请你造访我的花园。”

孩子们全体起立，用明亮的声音，深情诵读完《有另一片天空》后，我接着他们重复了这最后一句，同时，课件上呈现出学生昨天课堂上的照片。诗句和照片，构成了一种幽默的默契，孩子们会意地微笑着坐下，眼睛亮亮的。

“昨天，我们已经知道了狄金森的生活背景，简单得不能再简单了，一生离群索居，在外人看来是非常孤独寂寞的，可是她的生命因为有了诗，所以一切都不一样了，连整天待着的厨房，也充满着诗的气息。”接着，在大屏幕上我展示了一段狄金森的日记摘抄片段：

> 我们家友善的厨房，让我可以好好观察自然。最有趣的部分，是捏出鸟类可爱的样子。当我的手工作的时候，我的心正朝向更宽广的所在。如果我在心中发现宝贵的意象，我就会将它们用手捏出来。
>
> ——摘自狄金森日记（1867年3月18日）

学生情不自禁跟着我念出来，那个一边揉搓着面团，一边却在脑海中浮现着无数意象的狄金森，与他们的心很贴近了，哪个孩子没有白日梦呢？狄金森却把这些宝贵的诗句“捏”了出来，写在了随手可得的小纸片上，甚至食谱的背面。她是怎样来捏塑自己的一天呢？孩子们，请听一听吧：

我想捏塑一天

［美］狄金森

我想捏塑一天
好像它是首诗
接着调整韵脚
强调我的原因
接着确定型式
琢磨它的光亮
让它会合其他同伴
群聚在爱的房间里

范读过后，这十几个孩子非常安静，只轻轻地点着头。我们彼此会意地静默着，让这诗句在我们的心中再流转一会儿。

然后我请同学们自己把这首诗再读一读，去捕捉更多的感觉。孩子们的声音响起来了，今天，女生也更加放得开了，大家真正地投入了诗中，忘了自己。

马佳男有些激动，他说：“我感觉这首诗比《有另一片天空》还要好，我喜欢它，可是我说不出来。”是的，刚才自由读的时候，他的声音明显和别人不同，尤其最后两句，听上去格外清明。

吴振北也说，他好像感受到了作者的心情，她在做一块面包的时候，脑子里却在想着“韵脚”啊、“型式”啊，用一首诗把她的想法说出来。

而张璐易则提出了一个疑问，“爱的房间”是什么意思。我让他们连起来读最后一句“让它会合其他同伴 / 群聚在爱的房间里”。孩子们已经知道了“它”就是指“诗”，狄金森为每天的生命写下的诗，而“其他同伴”则是很多很多这样的“一天”、这样的“诗”，当这么多的“诗”聚在一起的时候，聚在“我”生命里的时候，那么任何地方，都充满了诗意，都是“爱的房间”。

“诗的花园。”沈嘉诚说。

“对啊，狄金森爱诗，她的生命就是为诗而存在的，因此，像拉克尔热爱写作一样，她也收集各种名字，为她喜欢的诗命名。‘爱的房间’就是‘诗的花园’，就是‘另一片天空’‘另一种阳光’。”

我又请马佳男单独读了一遍这首诗，他读得真好！

4

虽然身在方寸之间，可是周围的一切事物，在她的眼中却都是诗。这样，世界也变得奇妙起来。

屏幕上出现了一只可爱的鸟的照片，我问学生：“这是什么？”

孩子们说：“一只小鸟。”

“错，它是一首诗。”孩子们都乐了。

又是一张可爱的小鸟照片，我又问学生：“这是什么？”

“一首诗。”孩子们齐声说，声音中透出调皮与狡黠。这种师生间的默契真是一种莫大的幸福。

我又播放了一张小鸟的照片，利用晨诵，将美好的事物尽可能地也编织进来吧，然后屏幕上出现了这样一段文字：

虽然狄金森的家庭生活阴郁刻板，但丝毫压抑不了她对大自然的喜爱和对生命的追求。她享受着大自然无穷无尽的财富，把它们都变成了诗。路上见到一块小石头，她会写下《快活的小石头》。飘落的雪花、鸟鸣、麻雀、松鼠、野蜂都成了她诗歌中的主角。

接着又是一张叼着小虫的小鸟的照片，我问学生：“你在路上的时候，如果看见这样一只小鸟，你怎么确定韵脚，调整型式，琢磨光亮，把它写成一首诗呢？”

呵呵，这很有趣，但是我只给了他们思考的时间，不让他们现在就说出来。然后，我出示了今天要学习的第二首诗《一只小鸟沿小径走来》，也是为了配合《我想捏塑一天》的学习。

一只小鸟沿小径走来

[美] 狄金森

一只小鸟沿小径走来——
他不知道我在瞧——
他把一条蚯蚓啄成两段
再把这家伙生着吃掉，

然后从近旁的草叶上
吞饮下一颗露水珠——
又向墙根，侧身一跳
给一只甲虫让路——

他用受惊的珠子般
滴溜溜转的眼睛——
急促地看了看前后左右——
像个遇险人，小心

抖了抖他天鹅绒的头
我给他点面包屑
他却张开翅膀，划动着
飞了回去，轻捷

胜过在海上划桨
银光里不见缝隙——
胜过蝴蝶午时从岸边跃起
游泳，却没有浪花溅激。

孩子们读得真是好啊！把这只小鸟吃虫、喝露水时的悠闲自在，和被一只甲虫吓一跳时的紧张惊恐，还有对“我”发现并用面包屑讨好它的举动置之不理的高傲态度，全都惟妙惟肖地读了出来。尤其最后一节，那感觉——轻捷！

5

“我想捏塑一天，好像它是首诗。”

我们又回到了这首诗。孩子们再次齐读后，我说：“你看，当生命有了诗，你看待周围事物的眼光发生变化的时候，一切都是那么美好、有趣啊！”

“自然”，是我们所见

——狄金森诗歌主题晨诵之旅（3）

1

对于狄金森来说，她的生命就是为诗而存在的。

三天的晨诵，从《有另一片天空》的奇妙幻想，到《我想捏塑一天》的直抒胸臆，再到《一只小鸟沿小径走来》的细腻灵动，孩子们已经喜欢上了狄金森。翟超在晨诵本上，情不自禁地涂抹下这样的句子：

太阳是马老师/种子是我未开花的种子/黄黄的土地是马老师的心血

孩子是那么敏感地用上了“种子”的比喻，我不知道他的心里是否已经被植入一粒诗性的种子，但是我知道，他的气息已经有所不同，他每天的作业都令我眼睛发亮，正如马佳男忍不住向我描述的：“以前早上我总不想起来，可是这几天我总是早早就到学校了。”

路老师也跟我说，每天跟着学生一起听晨诵，听整本书共读，中午休息的时候听歌唱歌，也学到了很多东西，感觉真是幸福。

是啊，生命是要不断地注入美好，才能保持恒久的清澈与丰盈啊，恰如狄金森与诗。

因此，在晨诵开启黎明诗的时候，我选了《我想捏塑一天》，并配上我们这几天来课堂认真学习的照片和优秀作业的照片。然后，让学生带着这样的思考去读：我的今天，我的独一无二的今天，会是什么？会是一首诗，还是一段平常或是精彩的故事？

2

今天是 3 月 12 日，植树节。

春雨绵绵，把这个酷似油麻地小学的棉种场小学清洗得格外清新，惊蛰刚过，春天还在路上，但是你完全可以想象，这场春雨过后，马上就会绿意葱茏，繁花似锦。大自然又将处于生命最勃发的季节。

那么，就再来读一些狄金森描述大自然的诗句吧，让我们一起用吟诵宣告春天的来临。

我们先读了摘选的狄金森日记中的一段话，狄金森对于大自然的感情，从中可见一些端倪：

五月是会传染的，让一根树枝或一只鸟开始出现了新气象，一下子所有自然界都仿效起来了……树与草都被添上了金绿色的装饰，上头镶满了花朵，像波斯一样动人！草地可以听见大地的声音，空气里尽是天堂的回音。

因此我们沉重的精神，被大自然的礼赞所提升。

结合学生的生活，我简单讲了一下“沉重的精神，被大自然的礼赞所提升”，是啊，当我们孤独、寂寞的时候，当我们内心陷入困惑、精神沉重的时候，大自然既是我们最好的治疗所，也是我们生命的力量之源。不信你听，鸟儿的歌声正响彻在这清明的早晨，那声音中透着生命热切的渴望。

接着，我问学生，如果要你为大自然写一首诗，你会怎么写呢？这只是启发他们思考，要他们也试着时时拥有一颗敏感的“诗人之心”，并不要他们回答。

学生的大脑中正在收集着词语，少顷，我出示了狄金森的诗句，说：“让我们看看狄金森怎样描写她无比热爱的自然吧！”

诗共三节，我们逐节练习，今天加强了个人朗读，人少，就充分给每个人机会。

“自然”，是我们所见

［美］狄金森

“自然”，是我们所见——
午后的光景，山峦——
松鼠，野蜂，阴影——
自然，甚至，是乐园——

“自然”，是我们所闻——
大海的喧嚣，雷霆——
食米鸟叫，蛩鸣——
自然，甚至，是和声——

"自然"，是我们所知——　　要道出她的淳朴——
我们却无法说明——　　我们的智慧无能——

狄金森的洞察力真是深刻，她富有创造力的运用词语的天赋，使这首描写人与自然的小诗，读起来格外深邃。诗人先从所见、所闻两方面，选取了两组迥异的意象。一组象征着自然的崇高、伟大，视觉如午后的光景、山峦，听觉如大海的喧嚣、雷霆；一组则是象征着优美、细小的意象，松鼠、野蜂，食米鸟叫，蛩鸣。而这些却无比和谐地构成了"乐园"的自然、"和声"的自然。一、二这两节还是给人以感官上的印象，第三节将"自然"与"知识"联系起来，我们"知"却又"无能""道出"，则真正体现了狄金森思维的深刻。人与自然，真正是要和谐共生的，而人，则始终是要对自然存有敬畏之心的。

当然，我没有把这些讲给学生，只是带着他们去读，去品。就让眼前真的出现午后的光景吧，出现连绵起伏的山峦吧，再慢慢慢慢地收缩到一棵树上，你看，枝梢间有一只松鼠，正在自在地跳跃，仿佛在荡着秋千；似锦的繁花丛中，成群的野蜂正欢快地嗡鸣……

就让耳中真的充满大海的喧嚣吧，想象一下暴风雨夜，雷霆万钧，那股要把天撕裂的气势，那种大地都在震颤的感觉；然后，风停雨住，再听吧，有食米鸟的声声娇啼，还有从墙角、草丛传来的声声虫鸣……

自然啊，多么神奇，多么伟大！我们已经知道它了吗，我们好像知道了，但是又无法言说，要想道出它所有的奥秘，我们——真的无能为力。

3

接着，我们又读了狄金森另一首描写自然的诗——《亲爱的三月，请进》。方法参考了干老师对这首诗的解读，不过在孩子们第一遍读的时候，他们自然而然就已经听出来了，三月这迷人的少女带着春天，向我们匆匆走来。

这感觉，真的很妙！

英语有许多词组

——狄金森诗歌主题晨诵之旅（4）

1

如狄金森所说，在春天，草地可以听见大地的声音，空气里尽是天堂的回音。

才仅仅两天啊，残冬带来的近一个月的连绵冷雨，便化作了声声鸟啼，越发催着花啊、树啊，赶紧汇入这浩荡的自然的礼赞。

昨天请杨娟老师把校园里的花花草草，还有新发的树木嫩芽，都用相机拍下来，今天早上去教学楼前水池洗漱的时候，却又看见，茅校长曾经介绍过的那片马蹄莲花的嫩芽也不知什么时候钻出地面了，看着叶尖上还顶着泥土的幼苗，想象着再过几个月后，便能看到那优雅高贵的雪白大花，而因了这样的期待，生活便也芬芳起来。

这些照片，在晨诵之前的几分钟里，都播放给了孩子们看。本来是想和他们一起在校园里多活动的，我们在读狄金森，读那些狄金森表达着对自然热爱的诗句，怎么又能只让它们停留在语词和声音中呢？又加上本身就有这么令城市孩子羡慕的自然环境，如果不把它们编织进我们的生活，真是太可惜了！但是培训任务很紧张，所以就只有用这种方式弥补了。

孩子们的眼睛真的为之发亮了。是啊，被大屏幕放大了的这些花草，美丽得有些陌生，不过亲爱的孩子们啊，你们一定要记得，真正的美是开在大地上的啊。即使一朵小小的蒲公英，你都可以触摸到它整个的真切：颜色、质地和那种属于自然的芬芳。

中午和干老师谈到晨诵的时候，他提议可以把日本俳句的文学形式引入，让四五年级的孩子，用俳句的形式，描写春天，描写自然。这真是一个好主意。被拦腰截断的句子，就是诗嘛！我先写一个吧：

黄昏暮色中 / 抬头看河边楝树 / 有清淡花香

2

今天早晨我们的三首诗是这样安排的。

一首开启黎明的诗《没有一艘船能像一本书》+ 一首复习诗《我想捏塑一天》+ 一首新学的诗《英语有许多词组》。

这三首诗有内在的关联，以《我想捏塑一天》为核心，“我想捏塑一天”使其成为诗，而“我”要用什么捏塑呢？“英语有许多词组”，就是说“我”是用“语言”来捏塑的。

这首诗是这样的：

英语有许多词组

［美］狄金森

英语有许多词组——
我只听见一句——
轻柔，有如蟋蟀的笑声，
洪亮，有如雷霆——

低沉，有如古老里海的合唱，
当晚潮开始催眠——
用一种新的变音说出——
有如一只夜航的鹰——

以优美动听的拼音
闯入我单纯的梦境——
轰鸣着它的希冀——
直到我惊醒，哭泣——

不是由于使我苦恼——
是由于强大的欢欣——
请再说一遍，撒克逊！
嘘！只对我一人！

读这首诗，真是感动啊！

语言之于人类，是多么重要啊！人类创造了语言，那些诗歌、戏剧、小说，不管在哪个时代哪个国家哪个民族，都是人类的灵魂、精神所在。“关关雎鸠，在河之洲”，我们祖先发出的最早的生命吟唱，直到今天，不是还穿越千年岁月，清晰地回荡在我们的耳边吗？

人类又被语言所刻写。就像现在，我们读狄金森的诗，感悟着一个生命虽孤独却又无比丰盈的灵魂。我们读金子美铃，读泰戈尔，读纪伯伦，读唐诗宋词，读《论语》，读《道德经》，我们的生命将被这些伟大的诗句、文字一次又一次打上烙印，以至于决定我们人生的方向。

狄金森真是天才，虽然我们读的是被翻译过来的诗句，但是所有的语言都是一样的。狄金森撷取了“轻柔的”“洪亮的”“低沉的”，还有先是舒缓（如催眠）继而又雄壮奋发的，以各种妙喻，向我们形象地描述了各种形态的“语言”，接着又以她独有的生命感受写出了当诗人被这种神秘、神奇的声音召唤，而惊醒，而欢欣无比乃至哭泣，而请求再次降临的时候，她真的是写出了那种灵魂被诗歌照亮的刹那。

不过对于学生来说，理解“英语有许多词组”还是有障碍的，但是也不妨事，只需做一个小小的改动就可以了。

汉语有许多词组

汉语有许多词组——
我只听见一句——
轻柔，有如蟋蟀的笑声，
洪亮，有如雷霆——

低沉，有如古老河流的合唱，
当晚潮开始催眠——
用一种新的变音说出——
有如一只夜航的鹰——

以优美动听的声音
闯入我单纯的梦境——
轰鸣着它的希冀——
直到我惊醒，哭泣——

不是由于使我苦恼——
是由于强大的欢欣——
请再说一遍，亲爱的汉语！
嘘！只对我一人！

课堂上，学生对原诗有了一定的熟悉之后，我把这首改动过的诗投放在屏幕上，然后充满深情地诵出。等念完后，我补充了这样的一个小故事：“‘嘘！只对我一人！’在一千多年前的中国，也有一个人发出了这样的呼唤。那也是一个春天的晚上，树木静静地生长着，桂花轻轻地飘落下来，春天的山林真是安静啊，你仿佛能听到桂花飘落坠地的细微之声。一轮圆圆的明月渐渐升起来了，把皎洁的月光铺满了大地、山林，这静静的月光倾泻下来，居然把熟睡的山鸟惊醒了，它们叫着飞翔起来，可是，这啼鸣却又显得整座春山更加空旷宁静了。这月光啊，这声音啊，也闯入了一个人的梦境，让他无法抑制内心的欢欣，于是就写下了这样一首诗——”

就这样，在背景图片的衬托下，在我徐徐的讲述中，让学生去感受王维写《鸟鸣涧》时的虚空宁静，也正是这样，他们才很自然地就轻轻地、轻轻地，诵起了这首诗：

人闲桂花落，夜静春山空。
月出惊山鸟，时鸣春涧中。

这样，学生对于《汉语有许多词组》就有了更深一层的领会，随后，再回到狄金森的诗句，让学生再读。学生读的感觉真是不一样了。

最后，我又补充了一段有关狄金森对文字的看法的日记片段：

文字是我最真的朋友，我总是向它们寻求慰藉。它们并不害怕心智呼唤它们。虽然我们会挣扎，而且我也惧怕它们不听我的指挥，但是它们总会服从我的安排，这比任何工作都强而有力。

它们的力量真是令人惊讶！任意使用它们将是一种罪行。文字会给思想生命，文字就是生命。我们利用文字塑造世界。

——摘自狄金森日记（1867 年 5 月 21 日）

最后，带着你新的感受，再来读一遍《英语有许多词组》吧。

“希望”是个有羽毛的东西

——狄金森诗歌主题晨诵之旅（5）

1

今天的晨诵，由干老师带领孩子们继续造访狄金森的诗的花园。

晨诵内容为：开启黎明的诗《有另一片天空》+ 复习诗《英语有许多词组》+ 新学诗《“希望”是个有羽毛的东西》。

因为这个狄金森诗歌晨诵小课程的主题，就是感受诗人生命的诗性存在，所以选择了充满梦幻向往的《有另一片天空》和更为坚实有力的《我想捏塑一天》，分别作为这段时间的开启诗，通过反复诵读，让学生不断加深对诗歌在狄金森生命中重要性的感受和理解，继而在自己的生命深处，刻写下这些美妙的词语。其他的诗则通过内在的一种巧妙关联，不再是一首首单独的分离的诗，而使整个晨诵旅程浑然一体，从而诗人、诗与我们自己的生命，就这样在另一片天空交融在一起。

一个星期的晨诵下来，孩子们读诗的感觉越来越好了，读《有另一片天空》，已经能让人听出那种悠远、宁静、安详、快乐、欢欣的感觉了。

2

在课件上打出的引领语提示下，孩子们流畅地从一首诗诵读到另一首诗。这是一种基本的操作技巧，能够用最经济的时间，让晨诵流程井然有序。时间对于我们来说，真是太宝贵了！

孩子们先把《英语有许多词组》读了一遍，看着他们的眼睛，听着他们那发自内心的质朴的声音，内心真是欢喜啊。

接着，为了让孩子们加深对这首诗的理解，干老师也把这首诗读了一遍，但是其中做了这样的处理：首先把题目改为“汉语有许多神奇的词句”。接着，干老师开始了深情的朗诵：

汉语有许多神奇的词句——/我只听见一句——/轻柔，有如蟋蟀的笑声

不同的是，在以轻柔、舒缓的声音读完这句后，屏幕上缓缓地出现了几句诗，干老师用同样轻柔、舒缓的声音读出来：

好雨知时节，当春乃发生。
随风潜入夜，润物细无声。

这熟悉的诗句，在这样的诗中插入，有着一种难以言说的美妙，孩子们和下面的老师也都被感染了，整个教室里静悄悄的，只听到这声音轻柔，有如蟋蟀的笑声。

接着，又回到了狄金森的诗句：

洪亮，有如雷霆——

随着干老师浑厚的声音，几句诗句仿佛挟雷霆万钧之势，穿透岁月浩荡而来：

君不见黄河之水天上来，奔流到海不复回。
君不见高堂明镜悲白发，朝如青丝暮成雪。

接着，气势渐渐平缓，如万川合流，汇入大海。“低沉，有如古老河流的合唱”，而同样，有这样的诗来表达这样的声音：

月落乌啼霜满天，江枫渔火对愁眠。
姑苏城外寒山寺，夜半钟声到客船。

那千年后仍在敲响的钟声啊，此刻，就这样被遥远异国的另一位伟大诗人的诗句唤醒，再一次在我们的心头荡起悠远的回响。

当晚潮开始催眠——/用一种新的变音说出——/有如一只夜航的鹰——

宁静悠远的旋律中，却仍然有激昂跃起，振翅飞翔。这次，干老师选用的是：

应怜屐齿印苍苔，小扣柴扉久不开。
春色满园关不住，一枝红杏出墙来。

这些孩子们都非常熟悉的诗，此时与狄金森的诗句，形成了一种美妙的共振。而这些声音，这些美妙的诗句，就在那刻被苦苦寻觅的诗人们获得，他们的生命，也在那一刻被照得光亮。

以优美动听的声音/闯入诗人单纯的梦境——/轰鸣着它的希冀——

读完这几行诗后，干老师又用诗一样的语言补充道：

它在诗人的梦境里要求诗人/它命令诗人能够说出它的神秘/说出它的神奇……

直到诗人惊醒，哭泣，不是由于使诗人苦恼，是由于强大的欢欣——

于是一代代的诗人渴望着/对这神秘的声音请求/请再说一遍/亲爱的汉语/嘘/只对我一人

这样处理过的诗句，再加上干老师深情的诵读，仿佛重现了这些美妙词句涌现的那刻，不但照亮了诗人，也同样在此刻照亮着孩子的精神。孩子们情不自禁鼓起掌来。

“同学们，汉语那些神奇的词句，就在田野上，在河流上，在操场上，操场上那些楝树啊，芍药啊，甘蓝啊，你叫得出叫不出的那些花花草草啊，那里面都有神奇的词语，它等待着向大家说出它最神奇的声音。”干老师又把这些神奇的词语，送入了孩子们的生活。

3

学习新诗《“希望”是个有羽毛的东西》时，干老师先让学生自己试着读一读，然后问大家有没有不懂的问题，通过对话使学生知道了“有羽毛的东西”，就是小鸟，用来比喻“希望”。然后让学生在此基础上再读全诗。

“希望”是个有羽毛的东西

［美］狄金森

“希望”是个有羽毛的东西——
它栖息在灵魂里——
唱没有歌词的歌曲——
永远，不会停息——

在暴风中，听来，最美——
令人痛心的是这样的风暴——
它甚至能窘困那温暖着
多少人的小鸟——

我曾在最陌生的海上——
在最寒冷的陆地，听到——
它却从不向我索取——
些微的，面包。

孩子们又读了一遍，但是因为他们太喜欢老师和诗歌了，所以读得太充满希望了。干老师提醒他们要轻轻地来读，并且在此时把添补解释过的诗句展现出来，这样，学生就能明白诗歌要表达的主题了，有些句子是要有希望，而有些句子则是生活的风暴太厉害了，简直要把希望扼杀。

“希望”是个有羽毛的东西——
它（就像小鸟，）栖息在灵魂里——
（它）唱（着）没有歌词的歌曲——
（它的歌唱）永远，不会停息——

（希望的歌声）在（生活的）暴风中，听来，最美——
令人痛心的是这样的（生活的）风暴——
它甚至能窘困（希望——）那温暖着
多少人的小鸟——
（因为风暴太残忍，让希望落空，化成绝望）

我曾在最陌生的海上——
在最寒冷的陆地，听到——（希望小鸟为我而歌唱）
（而希望的鸟儿，）它却从不向我索取——
些微的，面包。

这样，学生对这首诗的理解更进一层了，而这时，干老师又为全体孩子范读了一遍原诗，孩子们带着刚刚领悟的对诗的更深的理解，再听老师高水准的朗读，又回归于原诗词句的精练、传神，孩子们的感受又深了一分。

读完后，干老师又就有些句子的一些朗读做了引导，让孩子们根据诗句要表达的意思，用更加合适的声音表现出来，然后让学生分男、女生又读了一遍。就在这样一层进一层的理解、朗读中，这一遍果然更读得有味道了。

4

没想到，干老师在晨诵的最后，令在场的老师和学生都惊讶了一下。原来，他把这两天研讨的课文《番茄太阳》和这首描写“希望”的诗编织在了一起。从“这首诗，能让你想起什么”这个问题开始，老师把孩子们带入了“番茄太阳”这明媚温暖的“希望”中。而诗句的诵读也做了更加大胆更有创造性的处理：

干老师：令人痛心的是这样的风暴——/它甚至能窘困那温暖着/多少人的小鸟——

学生：那年，我来到了这座城市，临时租住在一栋灰色的旧楼房里，生活很艰难，心情灰暗无比。

干老师：“希望”是个有羽毛的东西——/它栖息在灵魂里——/唱没有歌词的歌曲——/永远，不会停息——/在暴风中，听来，最美——

学生：那女孩5岁左右，是个盲童。

女孩安静地坐着，说话声音细细柔柔，特别爱笑。

小女孩一面用手摸，一面咯咯地笑，妈妈也在旁边笑。

明明咯咯的笑声银铃样清脆，一串一串地追着人走。

“阿姨，妈妈说我的眼睛是好心人给我的。等我好了，等我长大了，我把我的腿给你，好不好？”

干老师：我曾在最陌生的海上——/在最寒冷的陆地，听到——/它却从不向我索取——/些微的，面包

学生：那个正午我坐在窗口，看满街的车来车往，眼前总浮现出明明天使般的笑脸。红红的“番茄太阳”一直挂在我的心中，温暖着我的心。

晨诵课程的浪漫，语文课堂精确分析过的感悟，就这样被和谐地统一在一起。

在学生轻轻的、坚定的声音中，“希望”这首诗和狄金森的名字一起，飞出了教室，飞向更广大的天地。这声音永远不会停息——

一个毛茸茸的家伙

——狄金森诗歌主题晨诵之旅（6）

1

今天的晨诵之旅，由海门的徐子晶老师带孩子们继续造访狄金森诗的花园。

本次培训，令我特别感到亲切的是有三位优秀的大毛虫参加。

笑颜星空，拥有这个美丽网名的其实是两位老师。一位就是徐子晶老师，网名子夜星空；另一位叫张颖，网名笑颜如花。她俩与儿童课程的相遇，是在三年前我们第一次到海门介绍“毛虫与蝴蝶”儿童阶梯阅读的时候，一直也在追索着理想教育的她们深受触动，“尺码相同”的我们，便走到了一起。三年来，她们一直坚持做儿童课程，虽然身在不同的学校，但却带着同一个年级，于是，从一年级开始，两位可爱的“毛虫”便共建一个帖子，相互鼓励，在毛虫与蝴蝶论坛，共同向着未来书写一个传奇的故事。

教二年级的紫藤物语（海门镇中心小学倪颖娟老师）也是因了她俩才进入毛虫与蝴蝶论坛，从上学期到现在，已经有大半年了，对于儿童课程很有感触。就培训这些天，晚上我们在 QQ 上交流的时候，她还深有感触地说：“读写绘本身真让有的孩子发生了翻天覆地的变化。每次批阅他们的写绘作业时，心情是最愉悦的了，很多孩子都能带给我意想不到的异样的精彩。今天还有其他学校的老师问我，你做这个帖子累不累，我说我不是光为了做这个帖子而在做，重要的是我在班上和孩子们共同编织，用诗歌、用绘本。因为我和孩子们从中感受到了以前课堂享受不到的那种快乐，所以，在我自己心里，我倒觉得，这应该算是我所有工作中，最不累人的一件事儿了。我现在想的，不是要不要接着做，而是我该怎样更好地做好它，让我和孩子们享受到更多的快乐，生命质量得到更大的提升。所以，我现在明白自己要做的更重要的事情，就是加速自己的专业发展，让我的教学工作因有效率而能挤出更多的时间，用于儿童阅读课程。”

当我邀请参加培训的老师“下水”晨诵课的时候，也特别告诉了她们三人，因为都在实践着，所以我们可以给老师们提供更高水准的研讨。她们都愉快地答应了，不过因为时间有限，只有两次晨诵机会，而我下周要到紫藤的学校去，便由笑颜和子夜两人上课了。

2

清脆的鸟鸣声中，又一个黎明到来。

面对这些四年级的孩子，子晶没有丝毫陌生之感，如她所说：“这几天来虽然一直在后面听课，却仿佛和你们一起晨诵，上语文课，共读《黄书包》，今天忍不住，也想和大家一起去造访诗的花园。”孩子们同样对子晶回以热切的眼神。

今天的晨诵就在这样的新鲜与熟悉中开始了。

子晶仍然用《有另一片天空》作为今天的开启诗，把昨天干老师刚教给大家的《“希望”是个有羽毛的东西》作为复习诗，然后巧妙地借这首诗的内容，关联起另一首诗《一个毛茸茸的家伙》，作为新学诗。

当孩子们用饱满的声音，充满向往地读完《有另一片天空》后，子晶幽默地说：“昨天，我们学习了一个‘有羽毛的东西’，知道了原来它是——”

“希望！”孩子们会意地笑着。

“那今天我们再来学习一个——毛茸茸的家伙，”子晶故意放慢了语速，故作神秘地说，“猜猜它是谁？”

孩子们又乐出了声，更期待地看向大屏幕，要学的新诗，已经在那里了。

一个毛茸茸的家伙，没有腿脚
奔走，却胜过寻常步履！
像天鹅绒的，是他的面容，
他的肤色，暗褐！

子晶让孩子们自己先读读，然后猜猜：这个毛茸茸的家伙，会是谁呢？

孩子们兴致盎然地读着，猜着，“毛毛虫”“小鸟”很多孩子情不自禁脱口而出，也有些孩子还在琢磨着，呵呵，这些正是子晶的“预谋”啊，她让孩子们说开去，却不做评判，等孩子们想不出别的东西的时候，她又给了一些提示：“这个毛茸茸的家伙越长越大了呢，你看，它住这里呢——”同时给出诗句：

有时，他住在草丛！
有时，高在枝头，从那里
穿一身长毛绒外衣
跌落在过路行人身上！

哈，这一下又热闹了，孩子们读啊，猜啊，不亦乐乎，有的人坚持说是“毛毛虫”，有的人说“小鸟”，还有的说“蒲公英”“苍耳”“大雁”……同样，子晶不揭示谜底，接着出示下一节诗句，继续把学生的胃口吊得高高的：“它又长了一段时间，到底是啥东西呢？”

这一切，都在夏季，
但是当凉风惊动丛林居民，
他搬进锦缎的宅邸，
摇头晃脑，引线牵丝！

哈哈，一看到“摇头晃脑，引线牵丝”，马上学生又转向了，“蚕！”十四个孩子马上脱口而出，迅即有同学又变了：“是蝉，知了！”马上大家都摇头，蝉怎么能“引线牵丝”呢？

这到底是什么东西呢？在大家期待的眼光中，子晶把第四节显示在大屏幕上：

然后，比贵妇人更俏丽
出现在阳春时节！
每一个肩头一片华羽

认不出往日形迹！

“哦，毛毛虫！”

“不是，小鸟！”

“是毛毛虫，我有证据！”汪进站起来，坚定地说，“只有毛毛虫才能在春天变成蝴蝶！”

这一节读完后，课堂出现了这样有趣的景象。“那到底是什么呢？”到这时，子晶仍不做评判，只把诗的最后一节出示出来：

有人，叫他鳞翅目幼虫！

“什么东西？”学生真是可爱，听了老师读出这一句后，情不自禁议论纷纷：“什么是鳞翅目幼虫？”

在孩子们探索的眼光中，子晶徐徐读出最后两句：

而我！我算什么，
却道出蝴蝶
有趣的秘密！

“蝴蝶！”大家一阵惊喜！

“这毛茸茸的家伙是啥？”

“毛毛虫！”

“它后来变成了什么？”

“蝴蝶！”

是啊，多么有趣，“毛毛虫变蝴蝶”是幼儿园孩子就知道的事情，但是用这样有趣的方式写出来，却是这些四年级的孩子所想不到的。如《一只小鸟沿小径走来》《亲爱的三月，请进》这些清新、细腻、灵动的诗歌一样，这首诗也处处洋溢着机智与幽默。

3

很自然地，这么好玩的诗，咱们再读一遍吧！

一个毛茸茸的家伙

［美］狄金森

一个毛茸茸的家伙，没有腿脚
奔走，却胜过寻常步履！
像天鹅绒的，是他的面容，
他的肤色，暗褐！

有时，他住在草丛！
有时，高在枝头，从那里
穿一身长毛绒外衣
跌落在过路行人身上！

这一切，都在夏季，
但是当凉风惊动丛林居民，
他搬进锦缎的宅邸，
摇头晃脑，引线牵丝！

然后，比贵妇人更俏丽
出现在阳春时节！
每一个肩头一片华羽
认不出往日形迹！

有人，叫他鳞翅目幼虫！
而我！我算什么，
却道出蝴蝶
有趣的秘密！

孩子们已经对全诗有了整体上的理解，所以这次的齐读，就和刚才不一样了，把毛毛虫到蝴蝶的变化过程清晰、生动地读出来了，可是，最后一小节，他们还是不能理解。这次读完后，子晶采用了下面这样的方式。

当孩子读完“有人，叫他鳞翅目幼虫”一句时，子晶插了一问：“鳞翅目幼虫，我们已经知道，就是毛毛虫啊，可是是谁叫毛毛虫鳞翅目幼虫呢？”而这其实是不要学生回答的，只是通过老师的问，提起学生的注意，当学生也随之对这个问题感兴趣时，老师再在屏幕上打出一行文字，添补诗中没有明确说出的意思，告诉学生：

有人，叫他鳞翅目幼虫！
（那些被称作科学家的人，叫他鳞翅目幼虫！）

接着，同样以添补的方式，老师沉思着读出：

而我！我算什么，

（而我，一个默默无名的诗人）
却道出蝴蝶
有趣的秘密！

这一节也是全诗最体现狄金森深邃思想的地方。她热爱自然，自然界的花草山树、鸟声虫鸣，都被她用神奇的词句捏塑成“诗”。但是她又绝不肤浅，孤独赋予了她深邃的思想，仅这首小诗，就表达出她对“理性”与“非理性”的思考和观点，这是哲学家们一直在争执并没有获得解决的终极哲学思考。关于科学，关于心灵，关于进步、发展、强大，关于诗性、宁静、家园，这些跟每个人的存在息息相关的问题的思考，就通过这样简单朴素的词语，在孩子们的心田埋下一粒种子，也就有了未来某一朵花开放的可能。

这样，学生对这首诗的理解又进了一层，于是子晶让学生再来练习，分角色再读全诗。

4

最后，子晶仍然设计了一个小游戏，让孩子们继续品味这首诗：给这首有趣的诗一个合适的命名吧！

“一个毛茸茸的家伙。”

“变成蝴蝶的家伙。”

“毛茸茸的东西。”

孩子们真是聪明，是啊，子晶本来就是要通过命名让他们知道，在题目中是不能出现“毛毛虫”与“蝴蝶”的，否则，这首诗读来味道就全没有了，知道了谜底，谜面怎么会吸引人呢？有异曲同工之妙的是狄金森的另一首诗，也是她在世时发表的七首诗中的一首，也像这首诗一样，是首谜语诗，非常好玩：

一个瘦长的家伙在草地
有时奔驰——
你也许见过，也许没有——
他的通报常突然而至——

草丛被切开，像用梳子——
一支斑斓的箭杆出现——
随即在你的脚边封闭——
分开处又继续向前——

他喜爱沼泽，那过分阴冷
不宜稼穑的泥土——
当我还是孩子，赤着脚——
不止一次，在中午

相遇，曾以为是鞭梢
散落在阳光里——
我弯下腰去拾取，
它却扭曲着，离去——

不少自然的居民我都熟识，
他们对我，也不认生——
我常为他们感受到一种
亲切的喜悦激情——

却从不曾见到这家伙时
不论有伴或是独自一人
不是呼吸发紧
骨头里感觉到零——

这首诗是有人在狄金森不知道的情况下，偷偷拿去，然后以《蛇》为名发表的，狄金森看到后非常生气。换作谁，都会很生气的！（狄金森在一则日记中就这首诗这样写道：今天结束了《共和国报》的阅读。那里有许多诗，可是没有一首感动我。去年我的诗《狭窄的朋友》逃到这几页上，而它的创造者并不知情，也不知它被改头换面。我的诗一定得亮着自己的光芒，无须其他人的擦拭。要不然，我会藏起来直到适合的光出现。为盲者阅读是懒惰的行为。伟大才是耐心。——摘自狄金森1885年12月20日的日记）不过这个细节没有出现在这堂晨诵课上，因为好东西要慢慢欣赏啊！下一次这首诗也可以作为一次晨诵内容出现的。

在反复感受了这首诗的趣味，并对诗意有了一层进一层的理解后，子晶请全体同学起立，大家分男女生，一起把这首诗又读了一遍。在孩子们快乐的声音中，这次晨诵结束了。

我看看时间，只用了11分钟，就有了这么一个愉快丰盈的黎明。

感谢狄金森！感谢徐子晶！

我要不停地歌唱

——狄金森诗歌主题晨诵之旅（7）

1

张颖（网名笑颜如花）选定的新学诗是《我要不停地歌唱》，在QQ上研讨的时候，她告诉我，她对这首诗特别有感觉。我理解她的感受。她毕业之后，在海门一个叫海永的小岛上工作了八年。在那的八年，她一方面被先行的卓越师长们留下的优秀传统所深深感染（李庆明老师曾经带着他的学生们，在海永小岛一待就是四年，让身处偏僻小岛的孩子也能享受到城里孩子才能有的优质教育。他和学生们在那里留下了许多故事，至今还在影响着后来的人，张颖就是其中的一个），并身体力行，在教育的田野上一直努力追寻探索；但另一方面，毕竟孤岛岁月给生活带来很多不便，尤其后来她结婚生子，却因为工作的关系，不得不将孩子托付给父母照管，由此带来孩子成长的诸多问题，一直困扰着她。学生和孩子，她哪一个都舍不得放下啊！这八年，对于她来说，真是孤独的，又是充实丰盈的，也是一直伴随矛盾挣扎的，《我要不停地歌唱》真的就是她内心一直盘旋的歌声啊！

我们不是诗人，但是我们真应该感谢诗人，是他们为我们提供了那么多伟大的作品，让我们也可以拥有歌唱的喉咙。而这也是进行晨诵非常重要的一点，老师选取晨诵诗歌的时候，一定是要自己先被诗歌引发深深的兴发感动的。

今天又是五天田野研究的最后一天，作为临别前的最后一次晨诵，不管对学生还是对所有的老师，晨诵诗都是要被赋予更深的意义的。这首诗，真是非常合适！

2

张颖的晨诵，是用《我想捏塑一天》开启的。让“我”把每一天都“捏塑成诗”，以这样平静、从容的开头，到最后充满激情、坚定地《我要不停地歌唱》，真是绝妙的搭配。再加上前几天，都是用《有另一片天空》开启，也要换换，让学生重新感受一下这首诗了。

孩子们读得真好啊，男生的声音有力，女生的声音轻柔，和分配读的诗句非常和谐，最后两句，大家齐声读出，充满希望、昂扬。

接着，张颖带着学生温习了昨天子晶教过的《一个毛茸茸的家伙》，通过课件，她给了学生简明、有效的提示：请轻轻地、有趣地读，读出毛虫到蝴蝶的有趣变化。

孩子们的声音响起来，听课的老师们再一次感受到了昨天晨诵时的快乐。

3

“今天，我们再新学狄金森的一首诗，《我要不停地歌唱》。先请同学们自由地朗读一下。”新诗出现在了屏幕上，孩子们开始朗诵起来。（在这里有一个小小的建议：因为前两首诗都是学生朗读的，因此，从课堂的节奏及师生角色考虑，这里，可由老师先富有感情地把诗朗读一遍，然后再让学生自由朗读。这样，一方面老师的朗读可帮助他们建立更深一些的对诗的整体感受，另一方面也为学生“张”后提供了“弛”的一段心理放松。当然，这个建议是对课堂更加细微的分析了。）

学生七嘴八舌地读着，从声音上可以听出，对于“歌唱”“抱负”“我有我的”“更丰满的曲调”等词句所表达的情感，他们是完全能感受到的，所以，他们的声音激昂、奋进。因此，后面老师的指导就要帮助学生更加细微地去感受理解了。

张颖先请全班同学齐读了一遍：

我要不停地歌唱！
鸟儿会超越过我
向更黄的气候飞行——
每一只都有知更鸟的抱负——
我，有我的红胸脯——
我有我的音韵——

晚了，要在夏季占一席位置——
但是，我会唱出更丰满的曲调，
黄昏星的歌比晨曲更美，先生——
早晨，不过是中午的幼苗——

果然，从孩子们的声音中可以听出，除了“晚了，要在夏季占一席位置”这句，其他的他们都读得很好，能听出他们是有一定理解的。

孩子们读后，张颖又用她富有感染力的声音朗读了一遍。不过这次，有些小小的变化，这也是晨诵时帮助学生理解那些难理解的诗的一个重要方法，我们来看一看吧。

我要不停地歌唱！
（虽然其他）鸟儿会超越过我
（我要）向更黄（更成熟的）气候飞行——
（诗人就像是知更鸟，）每一只都有知更鸟的抱负——
（拥有漂亮的羽毛，唱出美妙的歌声）
我，（也）有我的红胸脯——
我（也）有我的音韵——

（我来）晚了，（若）要在夏季占一席位置——
（这个夏季属于其他的鸟儿，它们已唱出动听的词句。）
但是，我会唱出更丰满的曲调，
黄昏星的歌比晨曲更美，先生——
早晨，不过是中午的幼苗——

你看，就是这样，用“添补”的方法，很多成年人都很难理解的诗的深意，这些四年级的孩子却都能有一定的理解了。再看这时候孩子们的眼睛、神情，这歌声，这知更鸟的歌声，正也在他们的心里响着呢！当张颖读完后，孩子们的掌声自发地响起来了，谁说他们不能读懂这些诗呢？

经过这样又一层的加深理解，张颖让大家再读读这首诗，然后分男女生，一起把这首诗又读了一遍。

就是这样，晨诵的时候，没有更多的琐碎的讲解，只是读，一遍又一遍地读，一次又一次地加深理解，从孩子们最初的模糊的感受，到慢慢地清楚了诗意，再到更深层次的朗读表达，一首诗就这样被孩子们的心灵吸收。孩子们自然而然地更加灵动而诗意了。

4

“读这首诗的时候，我总是想到我自己，这些天，我们一直处在美好事物的中心，我们一起晨诵，我们读狄金森，我们一起共读，读《黄书包》，我们一起上课，我们一直在歌唱。今天，我们就要告别了，亲爱的孩子们，用你们天真纯净的声音，把这些神奇的词句，在即将离别的时刻，送给在场所有的老师们——请轻轻地、坚定地朗读这首诗。”

张颖老师描述着她这几天的感受，同时屏幕上出现了孩子们上晨诵课时的照片，是啊，我们每一个都应该是一只有抱负的知更鸟啊，我们也有自己的羽毛，也有自己的音韵，我们也要向着更黄更成熟的气候飞行啊，哪怕晚了，哪怕别的鸟儿已经唱出美妙的歌声，我们也要相信，我们能唱出更丰满的曲调，只要我们永远不停止歌唱！

孩子们的声音响起来了，这歌声，这曾经在一百多年前由一个孤独的伟大生命唱响的歌声，这曾经响彻天空的歌声，现在，又一次在一间小小的教室里唱响了。

这歌声，这生命的歌声，也将被这些亲爱的老师们，带去更多小小的教室，带给更多小小的知更鸟。

我不会用脚尖跳舞

——狄金森诗歌主题晨诵之旅（8）

1

早晨来到教室，已经完成了班级常务的孩子们都在自己的座位上，用我昨天送给他们的油画棒重新装饰着晨诵本。

张璐易是个很聪明的孩子，语言描述的功底很好，但是对于彩铅的把握运用，就比文字逊色多了。也因此，他对装饰晨诵本并不是很感兴趣，每次也都草草了事。我拿过他的本子，随便翻到一页，他不好意思地看看我，说："我画得不好看。"

我告诉他，其实只需要做一点小小的改动，就会很不一样了。说着，我拿出绿色的油画棒，为他用水彩笔画出的小草涂出葱绿的背景，马上整个画面就鲜亮多了，也因有了根基显得更加宁静辽远了。接着，我又把他上面画的太阳做了一些改动，先用朱红色的油画棒重重地描了太阳的轮廓，然后又用金黄色的油画棒在朱红色外面再勾勒一下，朱红和金黄交接的地方，显出了另一种美丽的颜色，太阳也一下子更加丰富明亮了……而此时的张璐易，则几乎是把我手中的油画棒一下夺走的："马老师，这些我来涂！"

旁边，张豪仡和其他同学也正在把我们全班共同完成的《褡扣的故事》小心地裁下来，再粘贴在本子上。马佳男和翟超则因为一下子把所有的故事贴在了一面而无法再添加图画惋惜着，我又拿起油画棒，在他们认为无计可施的那页，随手画了大大小小几颗金黄的星星，他们便马上又绽放笑颜了。

这些天因为培训，所以我没有再收晨诵本了，可是吴振北依然在上面给我写着悄悄话，其实也是写给他自己的啊："马老师，我想对你说，在你和我们在一起的这些日子里，我学到了很多很多的道理，比如，每一天对于我的生命都是非常重要的，等等。"

就是这样啊，这个小小的本子已经成为我们的"黄书包"，我们的美好记忆、我们的愿望理想，都将被小心妥帖地安放在这里。

每一本都是独一无二的—— 一个你！

2

连着三天没有晨诵了。在今天的晨诵中我就多加了一首复习诗，这样早上的晨诵流程就由四首诗组成：开启黎明的诗《有另一片天空》+ 两首复习诗《英语有许多词组》《“希望”是个有羽毛的东西》+新学诗《我不会用脚尖跳舞》。

两个星期晨诵下来，学生对于诗的感觉也如春草一般，渐生渐长，我便开始加强朗读技巧的指导了。我提醒孩子们，以诗歌表达的意义、情感来控制我们的声音、节奏，越是打动我们的诗歌，就越能在再次读起的时候，让你的心灵获得新的发现，而因此“无比欢欣”，你也会感受到狄金森所说的那种“天灵盖被打开”的通达与敞亮。

今天早上，在课件上提示的引导下，孩子们的晨诵就像这明媚的阳光一样清新自然，声音上，也更因有了克制，而透出一股深沉、内敛的气质来。

不仅仅是为了复习，更重要的是在诗的内在关联上，今天晨诵的这几首诗也是做了精心编选的。狄金森诗歌最重要的主题，就是生命是诗，生命写诗，诗是她一生的存在方式。可是写诗，她却是不被理解的，哪怕是自己的亲人，所以她开始一直是秘密地把诗句写在随手可得的小纸片上、信封上、收据上，甚至包装纸上，积得多了，便用针线缝在一起，收存起来。而后来当人们发现了她的才华，建议她把诗拿去发表的时候，她却断然拒绝，因为“鸟儿的工作就是歌唱”，而“发表，是拍卖心灵”。

不被家人理解，尤其是自己的诗句不被尊敬的师友理解，给狄金森带来了很多苦恼，但是并不止于这些。作为一个诗人，作为一个深度思考生命的诗人，她的内心也经常处于矛盾，甚至怀疑之中，怀疑自己是否真的能表达诗，生命因渴求神圣而痛苦，而欢饮，而“狂乱的战栗”。

今天的一组诗歌，就是围绕新学诗《我不会用脚尖跳舞》，把学过的《英语有许多词组》和《“希望”是个有羽毛的东西》编织在一起，隐隐呼应。《英语有许多词组》中，狄金森用了众多美妙的意象表达出——“诗”涌现在诗人面前时那刹那的强大欢欣，那真是美妙的高峰体验！而《“希望”是个有羽毛的东西》则暗含着诗人的内心虽然会有巨大的生活风暴，那风暴甚至残忍到能窘困“希望”的小鸟，可是希望的小鸟却仍然会为“我”而歌唱。

3

学生分角色读完两首复习诗后，进入了新诗的学习。

先由我把新学诗《我不会用脚尖跳舞》范读一遍。这两周晨诵，不仅学生，我也在成长着啊，对诗歌的理解越来越深入精微，这样也更加理解了狄金森的生命；而对于《孤独是迷人的——艾米莉·狄金森的秘密日记》的研读又促进了对诗歌的理解，因此，当这些被投放在屏幕上的朴素的诗句，被我用声音传递给学生的时候，便同时传递着我对诗句，对一个伟大生命的兴发感动。

学生感受到了，他们朗读的欲望也随之升起。那么，就请大家自由地读一读吧，注意把自己不懂的地方多读几遍。

我不会用脚尖跳舞——
没有人传授我技艺——
但是我的内心深处，时常
感到一阵欣喜：

如果我有跳芭蕾的知识——
我将到各地去应用
以绝妙的旋舞使舞剧团失色——
使杰出的女演员发疯。

纵然我没有华丽的服装——
头发上也没有小卷，
不会单足跳向观众，像小鸟
一只脚在半空虚悬，

不会让我在绒球中被举起——
在雪白的轮中转动
直到从舞台上消失，满堂轰鸣
要求再来一次的喝彩声——

也没有任何人知道我懂得
我说得轻松的这门技艺——
也没有一张海报对我吹捧——
仍会像歌剧院，座无虚席。

这首诗读起来很美，但是理解起来难度却很大，跳跃性实在太强，在学生自由读后，我又让学生齐读了一遍，孩子们就读得比较熟练了。

接着，我又做了一次范读，不过，这次呈现的是添改过的诗句，用来帮助学生理解诗意。

我不会用脚尖跳舞——
没有人传授我（这门）技艺——

但是我的内心深处，时常
感到一阵欣喜：
（像是我站在内心的舞台，
上演着同样精彩的一幕。）

如果我有跳芭蕾的知识——
我将到各地去应用
以绝妙的旋舞使舞剧团（黯然）失色——
使杰出的女演员（嫉妒得）发疯。

（但是此刻）
纵然我没有华丽的服装——
头发上也没有小卷，
（纵然我）不会单足跳向观众，
像小鸟（那样轻盈）
（轻盈得用）一只脚在半空虚悬，

（或者让自己旋转如绒球
在旋转中被舞伴轻轻举起——）
（就这样）在雪白的轮中转动
直到（我的身影）从舞台上消失，
（只剩下观众）满堂轰鸣
（响起）要求再来一次的喝彩声——

（但是此刻
我难道不是身着词语的华裳丽服，
让诗句单足跳动，像小鸟那样轻盈
让意象旋转出靡丽的色彩
让节奏明快如舞蹈

押着奇特的韵脚
直到最后一句戛然而止
只剩下我的读者和听众
在诗句的余音中静静地响起共鸣——）

注：这一小节的添补，就补出了“跳舞”这个意象代表的“诗歌在心灵之舞”的关系。

（只是现在）
（还）没有任何人知道我懂得
我说得轻松的这门技艺——
也没有一张海报对我吹捧——
（但我仍然坚信，总有一天，
诗歌的殿堂里会上演我的演出）
（到那时，就像是在）歌剧院，座无虚席。

真的无法言说这种感觉，整个教室里静悄悄的，连窗外的春天也仿佛屏住了呼吸，听我就这样，将一座诗歌殿堂里上演的“绝妙旋舞”缓缓送出。安静，有如神在。

少顷，教室里响起了掌声。我深吸一口气，转过目光，是他——刘豪，他的眼睛里，正和我的内心一样，流淌着同样的感动。我们，在诗句的余音中静静地共鸣。

接着，我又请全班同学把解释过的诗句，再一起读一遍，加深理解。孩子们读得真好。

然后，让我们带着刚才的理解，再回到原诗吧，再轻轻地自己读一读、品一品吧，而你，将会发现更多的可意会却无法言传的东西。

最后，请全体同学起立，我们再一起合作，把这首诗读一遍吧。不过与前面不同的是，随着每一节诗句的出现，我配上了绝美的芭蕾舞图片，就让这美好的诗句，这美好的舞蹈，这孤独深邃却又美好纯粹的心灵，与我们的童年一路相伴！

他饮食珍贵的文字

——狄金森诗歌主题晨诵之旅（9）

1

雀儿喳喳叫，天气多么好！

和雀儿一样动听叫着的还有棉种场小学的孩子们。仿佛仪式，每天早来的一些同学便坐在教室门前的台阶上，拿出语文、英语书开始晨读，后来的同学又陆续加入其中，渐渐地就排成了十来人的一行，明媚的晨光洒下，一切都更加明亮了。

相对于很多地方很早就开始上正课的学生来说，棉种场的孩子们真是太幸福了。上午 7：50 开始晨诵课，然后是早操，8：40 开始上第一节课……下午 4：30，孩子们就陆陆续续离开学校回家了。一天中有许多时间，可供他们自由地、从容地度过。而无比美好的校园啊，有太多太丰富的空间可以让你们飞翔，成为彼得·潘的“永无乡”了啊！

四年级的这十四个孩子也是这样，住在学校的江捷每天仍然 7 点就到教学楼了，因为每天早上打乒乓球是他和伙伴的游戏；其他学生也都按部就班地做着各自的事情，打扫卫生，整理学习用具。不过今天早上，他们很激动地喧闹了一阵子，因为昨天他们刚刚从学校的鸽棚里认养了一只雪白的鸽子，大家给它起名叫“雪儿”，今天孩子们过来后都要先去看看它，回来后又热烈地聊着它。

这些，不都可以画到、写到我们的写绘本上吗？在我们的故事里，又多了一个新的小小的角色，又会带来哪些令人笑、令人哭、令人沮丧、令人兴奋的故事呢？

2

今天的狄金森诗歌之旅，是由班主任陆老师做导游，带大家一起继续旅程的。

当像妈妈一样的陆老师，面向大家说“我们一起继续狄金森晨诵之旅”的时候，我注意到了学生的眼神，真的透出了一种孩子般的依恋与热切啊！怎能不依恋呢？从一年级到四年级，从十个同学到十四个同学，一直都是陆老师陪伴着他们啊，一直被陆老师母亲般的爱“驯养”着啊！而热切则不仅仅是因为新奇，他们更期待着自己热爱的老师，能够带领他们，在今天，以及未来更多的日子，用这些神奇的词句开启生命中一个个重要的日子啊！

而也像是一种仪式、一个象征，我们和陆老师一起为今天特别选定了一首新学诗《他饮食珍贵的文字》。

他饮食珍贵的文字
他的精神变得强壮。
他再不觉得贫困，
他再不感到沮丧。

他跳着舞过黯淡的日子
使他飞翔的只是一本书，
能有多么大的自由——
精神摆脱了束缚！

并同时选了与此诗意义上相关联的另外几首诗，作为开启黎明的诗和复习诗。

3

修改过的《汉语有许多神奇的词句》，将作为今天开启黎明的诗出现。之所以要选择修改过的诗句，是因为这样更能兴发孩子心中对于“汉语”的感觉，这是我们的母语啊。另外再加上那几首古诗在句中的巧妙对应，整首诗与孩子生命的融合更是自然无痕。

晨诵的流程已经很熟练了，循着课件上提示的引导，孩子们分男女生，充满热爱地读着。

接着，又复习了昨天刚刚学过的《我不会用脚尖跳舞》，在一个新的黎明，又看到这首诗，但是感觉是不一样的，生命就这样，一天天被美妙的词语所浇注，直到它们融进我们的血液、骨髓，直到我们的心灵，也同样在如此曼妙地起舞。

4

接着，就出现了今天要学的新诗。陆老师先为大家范读了一遍，她读得非常好，诗句就这样透过声音，抵达每一个心灵的深处，在那里犹如一根羽毛，轻轻地拂动着你最柔软的部分。

这首诗的意思比较直白，学生一听就能感受得到，是讲读书对一个人很重要。但是怎么能更加润泽、更加自然地和学生的生命相关联呢？陆老师先请全班同学自由地把这首诗好好读一读，然后全班一起读一读。在大家都能读得很流畅的情况下，陆老师又说："请大家再听我读一遍。"

孩子们的眼睛又亮了，因为陆老师是在借用诗句表达自己对他们的心声啊：

这些天来，我看着/你饮食珍贵的文字/你的精神变得强壮/你再不觉得贫困/你再不感到沮丧/你跳着舞过不再黯淡的日子/使你飞翔的是一本叫《黄书包》的书/使你心灵舞蹈着的是一首首/狄金森的诗/我真不敢相信/它们真的让你/精神摆脱了束缚/能有这么大的自由

我看着你长大，看着你强壮，看着你快乐，看着你自由地生长……老师的幸福，不就蕴藏在这深情的"目光"之中吗？学生都被打动了，他们情不自禁地鼓掌，为老师，也是为自己，为这些在一起的欢笑的日子。

还没有结束呢！陆老师又请全体同学起立，再读一遍，而这一遍，则是借学生之口，表达了对于老师的热爱与敬意，联结师生生命的最重要的纽带就是"微笑"与"知识"啊。这天真纯净的声音，深深打动着在场的每一位老师。

这些年来/我饮食着珍贵的文字/我的精神变得强壮/我再不觉得贫困/我再不感到沮丧/我跳着舞过并不黯淡的日子/使我飞翔的是您——所

有亲爱的老师们 /——是您多年来的微笑 / 使我心灵舞蹈着的 /——是所有您教给我们的知识 / 您应该相信 / 它们真的让我 / 精神摆脱了束缚 / 拥有这么大的自由

这样，通过改动，分别把这首诗以“老师送学生”和“学生送老师”的方式进行，学生就深深理解了“使他飞翔的只是一本书 / 能有多么大的自由——/ 精神摆脱了束缚”这一句的深意。

这时，陆老师又带领学生复习了以前学过的狄金森的另一首诗《没有一艘船能像一本书》。一个人的阅读史就是一个人的心灵发育史。两首讲述阅读对人心灵作用的诗，就这样交织在一起，同前面两首复习诗一起，共同拨动了学生的心弦。

在这样的余音中，让我们所有的人，一起再来读一遍《他饮食珍贵的文字》吧。

要造就一片草原

——狄金森诗歌主题晨诵之旅（10）

1

确定周四上晨诵课后，杨娟就开始忙碌起来。她的时间大部分花费在选诗上，因为对于她来说，只是上这一次晨诵，便总想把最好的诗带给学生。昨天晚上，她终于把选定的诗告诉了我们，是这样的一首——

他用手指摸索你的灵魂
像琴师抚弄琴键
然后，正式奏乐——
他使你逐渐晕眩——
使你脆弱的心灵准备好
迎接那神奇的一击——
以隐约的敲叩，由远而近——
然后，十分徐缓，容你

有时间，舒一口气——
你的头脑，泛起清凉的泡——
再发出，庄严的，一声，霹雳——
把你赤裸灵魂的外衣，剥掉——

巨风的指掌抱握住森林——
整个宇宙，一片宁静——

但难题也随之而来，这首诗有着无法言说的美妙，狄金森用“琴师创造音乐”描绘出自己创造诗歌时的高峰体验。而理解的难点在于“琴师是谁”，若生命是一把琴，那么又是谁弹奏它？

在古希腊神话中，音乐就有着巨大的力量。俄耳普斯有一手绝世超伦的竖琴技艺，他弹奏的音乐，令草木起舞，野兽驯服，山川动容。为救被蛇咬死的爱妻欧律狄刻，他只身进入冥界，一路行走，一路弹唱，歌声悠悠，琴声荡荡，飘扬在林间，回响于山谷，歌声中的悲思与惆怅，引来无数亡灵，如影随形，步步紧跟，如蝶恋花，步步陶醉。摆渡的船夫、守卫的猛犬、死亡的判官，一概懈怠职守，纷纷为他开路放行。悬挂于树的坦塔罗斯忘却饥渴，推石上山的西西弗斯驻足聆听。最终，冷酷无情的冥王哈得斯和冥后普西芬尼也被感动，软了心肠，破了戒律，允诺欧律狄刻复活再生。这，就是音乐的力量。

而俄耳普斯的音乐天赋，则来自他的双亲——父亲阿波罗，阿波罗除了象征“光明、灿烂”，被称为“真理之神”，还是众神之中最多才多艺的神，很擅长弹奏七弦琴，弹出的美妙旋律有如天籁；母亲卡利俄珀，则是九缪斯之一，主管史诗。

神制作了乐器，神创造了音乐，神掌握着音乐的力量，启人心智。

狄金森就沿用了西方文化的传统，将创作时灵感迸发诗歌涌现的那刻生命敞亮，借“琴师创造音乐”的过程描述出来，而塑造了我生命这把琴的“琴师”又是谁呢？只能是“神”，我们心灵中的神性。这样这首诗在教学的时候就有两个难点：一是对于音乐产生过程的体验，二是拥有写作的高峰体验。音乐产生过程的体验，还比较好解决，可以通过读诗句，让学生感觉到，干国祥老师就将这首诗歌这样进行区分，仿体字就显示了琴师弹奏音乐的过程：抚弄—敲叩—高潮—宁静（澄明），而楷体字则是在这个过程中心灵经历的体验：

他用手指摸索你的灵魂
像琴师抚弄琴键
然后，正式奏乐——
他使你逐渐晕眩——
使你脆弱的心灵准备好
迎接那神奇的一击——
以隐约的敲叩，由远而近——
然后，十分徐缓，容你
有时间，舒一口气——
你的头脑，泛起清凉的泡——
再发出，庄严的，一声，霹雳——
把你赤裸灵魂的外衣，剥掉——

巨风的指掌抱握住森林——
整个宇宙，一片宁静——

但是，要达到第二点就很难了，一定要内心经历过这种感受，否则无法产生共鸣。从这个星期干老师收上来的学生习作来看，学生能写出自己的真情实感都很困难，因此这首诗，就不适合在这个时候出现。

这也提醒我们，在晨诵选诗的时候，尤其对那些有难度的伟大诗人的作品，除了老师自己要能直接产生一种兴发之感，还要考虑到学生的经验中有没有类似的积淀。

2

杨娟接受了建议，今天就另换了一首《要造就一片草原》。

这也是一首有意思的诗，杨娟用游戏的方式进行，她先问学生："要造就一片草原，需要什么呀？"

"草。""太阳。""花。""雨。""蜜蜂。""蝴蝶。""山峰。"学生说了很多。

"要造就一片草原/只需一株苜蓿一只蜂"杨娟读出了狄金森的诗句，"一片草原"和"一株苜蓿一只蜂"的反差，带给了孩子预料之外的惊喜，他们情不自禁地笑了。

而这株小小的苜蓿啊，此刻就盈盈握于杨娟的手中，棉种场小学的校园中长满了这些绿生生的苜蓿，平时却因为太过于熟视而不被看见。而此时，看着它小小的绿叶，读着狄金森的诗句，一种别样的感觉便泛在心头了。诗，给予我们另一双看世界的眼睛。

不过，对于那些已经刻板了的人来说，"一株苜蓿，一只蜂，怎么就能造就一片草原呢"？还是让狄金森告诉你吧，还有非常非常重要的——"再加上白日梦"。"白日梦"——小孩子多么擅长的创造游戏，天马行空，各种观念可以纷至沓来，组成一个光怪陆离的别人永远无法涉足的美妙世界，除非他也做过"白日梦"。

要造就一片草原

要造就一片草原，
只需一株苜蓿一只蜂，
一株苜蓿，一只蜂，
再加上白日梦。
有白日梦也就足够了，
如果找不到蜂。

这首诗非常简单，所以同学们一读就很喜欢。而这首诗被用于今天的晨诵，则还有一个用途，就是让学生仿写——这是多么好的一个仿写材料啊，"草原"可以被替换为其他众多的词语，而表达上也给了孩子们很大的空间，听听孩子们都是怎么说的吧。

沈嘉成说：

要造就一片森林 / 只需一棵小树一只鸟 / 一棵小树，一只鸟 / 再加上自己的想象 / 有想象也就足够了 / 如果没有鸟

吴振北说：

要造就一个天堂 / 只需一朵白云一个太阳 / 一朵白云，一个太阳 / 再加上想象 / 有想象也就足够了 / 如果没有太阳

马佳男说得多妙啊：

要造就一个花园 / 只需一朵花一只蝴蝶 / 一朵花，一只蝴蝶 / 再加上狄金森的诗 / 有狄金森的诗也就足够了 / 如果没有蝴蝶

而当崔凯杰说出"要造就一座乐园 / 只需一些机器一群孩子 / 一些机器，一群孩子 / 再加上创造 / 有创造也就足够了 / 如果没有孩子"时，张璐易马上便反应过来："只能没有机器，不能没有孩子。"这是多么好的悟性啊。是啊，我们不但要知道"鳞翅目幼虫"，我们还要做一个"默默无名的诗人"啊！

3

而在今天的帖子上，我看到了参加培训的刘飞虎老师在描述了这个星期和孩子们共读《黄书包》和晨诵狄金森的故事后，他写下了这样一段心路历程：

教育源于成长而感动，生命因为深刻而幸福。因为原该班语文老师生病请假，所以这个学期学校决定改由我上这个班的语文课（原来我教的是二年级），说实话，我心里很不愿意，因为这个班的纪律是学校公认的乱，活跃分子特别多，成绩不好，尤其有三个"特别大的皮蛋"。我心里是抱定顺其自然，用干老师的话讲就是"道法自然"，可是经过这次培训后，我的想法彻底改变了。

在中午的业务学习上，一开始我就对在座的语文老师说："我最大的收获就是心态变了，以前老是盯着成绩、差生，搞得自己苦不堪言。现在

我的心态是就算学生成绩差一点，奖金少拿点（其实也没多少，主要是面子问题。不管班级的客观情况，哪怕我的合格率比你高1%，也是比你好；就算相同，我班上考100分的学生比你多一个也是好的；同规四个班你考第一，你就是英雄，评优评先优先考虑，第二名过得去，三、四名……目前这种心态普遍存在），我也要和学生一起共同经历这段人生，这样我才感到教育生活的幸福，这样也才有回忆，不然，教这样的班级带给我的只能是伤痛和疲劳。”我发现好多语文老师静了下来，有的放下了手头的笔。接着我有声有色地介绍了在棉种场培训的所有活动情况。并告诉他们网上都有每天活动的资料，有兴趣的可以去浏览一下。许多老师急切地询问网页地址，看来有些人被我说得心动了。我在黑板上写下了“种一棵三叶草——新教育实践海门行”。现在知道，说错了一个词，应该是“实验”，其实说实践也没错。

由此我想到：一个教师从“心”改变了，幸福的可就是一个班的孩子，那么两个老师、两百个老师、两千个老师……那不知要幸福多少个孩子啊！写到这里忽然想到了一则寓言：海水退了，沙滩上一个小男孩正在把一条条小鱼从一个个水洼沙坑里费力地扔回大海，旁边的大人笑他：“这么多小鱼，扔得完吗？有谁在乎这些小鱼呢。”男孩子头也不抬，一边扔一边自言自语：“这条小鱼在乎，这条小鱼在乎！”

小鱼在乎不在乎我不知道，可三天来班里学生脸上堆满的幸福感告诉我，他们比我还在乎！

于是，我也忍不住仿一下：

要想拥有完美的教育
需要一套完美的教材
需要一套精确的大纲
需要一个雄才大略的局长
需要一个优秀卓越的校长
需要一群积极配合的家长
需要一所现代化的校园

需要一间高科技装备的教室

可是如果找不到这些
只需要一个老师一群学生
一个老师一群学生也就足够了
就像海门刘飞虎老师现在对孩子们做的那样

三、诗人只把那些灯点亮——狄金森课程告别仪式

1

仿佛知道今天是离别的日子，昨天还在丽日煦风中摇曳舒展的杂花暖树，今早却在如丝的细雨中迷离扑朔起来，不由引人浮想联翩，“自然”真比我们还要敏感，知道我们今天要和孩子们再见，要和孩子们一起与一个伟大的灵魂说再见，所以特别为狄金森，也为我们精心准备了这样的日子，这样的心情。

此时的教室，摆设一如往常，那块被用来做屏幕的白布仍然静静地悬挂在黑板上，以最朴素的姿态，为我们呈现一个伟大生命的深邃与丰富。那陪伴了我们三个星期的画面啊，又一次深深打动着我们的心房；那普通的房屋砖墙、幽静的树林小径，一被诗歌照亮，便庄严华美如圣殿一样。

教室里安静得有些异样。是孩子们，他们知道要离别了，此刻都静默着，却用眼神透出热烈的不舍。

我的眼光从一个个孩子的脸上拂过，云影变幻着的，是这三个星期相处的吉光片羽，这些狄金森的诗，那本《黄书包》，与这段日子的韶光、鸟啼、雨声，都一起被我们编织进这段生命，成为我们共同的记忆。可是此刻，看着你们一张张真切的脸，我却突然恍惚起来，觉得仿佛才刚刚开始，又回到了第一天我们晨诵《有另一片天空》的时刻，霎时间，一股无法言说的情绪激荡着我的胸膛……

干老师站在讲台一边，一向沉稳睿智的他也显得有些激动，为了今

天的告别，为了今天——让狄金森，在孩子们生命的此刻留下一个更饱满更明亮更深邃的身影，让这些诗句在更长久的日子里明亮他们的眼睛，也为了能在更为久远的以后，再次与狄金森相逢时生命会刹那涌起的巨大感动，干老师从昨天下午开始，就阅读着狄金森精粹诗选《暴风雨夜，暴风雨夜》，然后精心挑选了一些诗篇，补充进我们学过的这十三首诗中，并精心制作了课件，在今天这个晨诵时刻，用孩子的天真，用我们的热忱，用这些神奇的词句，表达对生命的礼赞！

2

晨诵开始了。

屏幕上，出现了一张照片，张璐易略显腼腆，而干老师陪伴在他身旁，仿佛在给他鼓励与期待。

此时，干老师低沉浑厚的声音响了起来，他借狄金森的这首诗，向在场的所有孩子发出同样的召唤：

大海对小溪说“来啊”——
小溪说，“等我长大”——
大海说，“那时你就成了大海——
我要的是小溪，现在就来！”

随后，孩子们自然地按照课件上字体颜色的指引，分角色来诵读学过的诗句。女孩子细细的声音响起来了，男孩子洪亮的声音响起来了——他们知道呢：小溪啊小溪，在你还是小溪的时候，就拥有一个足够大的如大海一样的梦想吧！

要造就一片草原，
只需一株苜蓿一只蜂，
一株苜蓿，一只蜂，
再加上白日梦。
有白日梦也就足够了，
如果找不到蜂。

又换了新的一页课件，看着上面的诗歌，同学们微笑了，他们催促着："沈嘉成！沈嘉成！"可沈嘉成还有些犯迷糊呢！原来，干老师把他昨天晨诵课堂上仿写的一首小诗，也编织到今天的晨诵里了。沈嘉成不好意思地吐吐舌头，然后站起来，却仿佛换成另一个人似的，举止间居然有了一种说不出的优雅。他轻声地读出自己写下的词句——

要造就一片森林/只需一棵小树一只鸟/一棵小树，一只鸟/再加上自己的想象/有想象也就足够了/如果没有鸟

接着他的小树、森林，还有鸟，我读了选自狄金森秘密日记中的这样一段话：

五月是会传染的，让一根树枝或一只鸟开始出现了新气象，一下子所有自然界都仿效起来了……树与草都被添上了金绿色的装饰，上头镶满了花朵，像波斯一样动人！草地可以听见大地的声音，空气里尽是天堂的回音。

因此我们沉重的精神，被大自然的礼赞所提升。

在这样的礼赞中，春天，有如活泼热烈的少女，向着诗人走来，向着我们走来。女同学们以她们柔美的声音，再现了女诗人欢迎招呼着"三月"的情景——

亲爱的三月，请进
我是多么高兴——
一直期待你光临——
请摘下你的帽子——
你一定是走来的——
瞧你上气不接下气——
亲爱的，别来无恙，等等，等等——
你动身时自然可好——
哦，快随我上楼——

有许多话要对你说——

你的信我已收到，而鸟
和枫树，却不知你已在途中——
直到我宣告，他们的脸涨得多红啊——
可是，请原谅，你留下
让我涂抹色彩的所有那些山山岭岭——
却没有适当的紫红可用
你都带走了，一点不剩——

是谁敲门？准是四月。
把门锁紧——
我不爱让人纠缠——
他在别处待了一年——
正当我有客，才来看我——
可是小事显得这样不足挂齿
自从你一来到这里
以至怪罪像赞美一样亲切
赞美也不过像怪罪——

听着女孩子的声音，再把这班级仅有的四个女生一一看过，我的心，也如同这用碎碎絮语表达着欢饮愉悦的女诗人一般了：啸啸啊，你朗诵时的声音和你的歌声一样动听呢；范金艳，你还不知道在你小小的心里蕴藏着多么巨大的能量呢，可是我，却像嗅到三月的气息一样，嗅出来了，还有曹钰、崔婧琰，你们也开始把眼光放到更广大的地方，而不再为父母不理解你们而苦恼了，崔婧琰在“黄书包”里装进的小纸片多好啊：诗是生命的象征，我热爱诗，热爱大自然。啊，这一切都多么好！

孩子们又有些雀跃了，他们在屏幕上又看到了自己的笑颜，是啊，时光会逝去，照片会褪去颜色，可是，这曾经的笑容却一如既往地灿烂。

男孩子的声音又洪亮地响起来了，女孩子的声音又优美地响起来了——这自然的和声。

“自然”，是我们所见——
午后的光景，山峦——
松鼠，野蜂，阴影——
自然，甚至，是乐园——

“自然”，是我们所闻——
大海的喧嚣，雷霆——
食米鸟叫，蛩鸣——
自然，甚至，是和声——

“自然”，是我们所知——
我们却无法说明——
要道出她的淳朴——
我们的智慧无能——

3

可是孩子们啊，并不是所有的人都能懂得“要道出自然的淳朴——我们的智慧无能”，他们以为凭着先进的技术、精确的分析，就可以一切在握了。他们能把世界上的鸟儿分成什么纲、什么目、什么属、什么种，能准确地说出这些鸟儿住在什么地方、吃什么食物、什么时候换羽、什么时候育雏，他们却独独听不出“一声鸟鸣”深藏的秘密。啊，如果他们会为一声鸟鸣而留连，那么，就让我把手鼓敲响，放声歌唱吧！哪怕从漫长的夏季一直唱到严寒的冬天，我的歌声也将毫不疲倦。

干老师用他富有穿透力的声音，将狄金森的这首《如果我能用一朵玫瑰买通他们》节选部分的深意演绎得淋漓尽致。

如果他们会为一只鸟鸣而留连
我的手鼓就会顿时间
在四月的丛林中敲响！
一整个漫长的夏季永不疲倦，
而当冬季把树枝摇撼，
我只会唱得更加嘹亮奔放！

而接着，我又读了一段摘选自狄金森的日记中的句子，在这段话中，狄金森生动、细腻地描绘出被缪斯之神召唤，灵魂充满神性的刹那。这种高峰体验啊，我亲爱的孩子们，我真希望你们也能在某一天，拥有这样的美妙时刻。

我在做梦，当黎明轻轻拍着我的肩膀时，我不知该如何称呼那些羽毛般的想法。窗帘之后的灰色越来越淡，一根树枝出现了，突然早晨就闯进我的卧室里来了。愉悦充满着我，让我无法抵抗。被叫醒的灵魂不知该如何回应。这样的热切让我拿起笔来。在众人还在被窝中时，我忙着描述这个世界。

不过，孩子们啊，就在我们这些天来诵读这些诗句的时候，我们已经开始嗅到这种奇异的呼吸了。从最初你们热诚的但是过于直白的声音，到现在的更多渗入了自己思想体悟后再表达出的声音；从最初的对诗句的懵然无知到现在对诗句的一种敏感，都在不断改变着你，改变着你的思想，改变着你的语言，正如沈嘉成所说：“诗的世界，我们在飞翔——”

下面，就请马佳男来为我们读一首他仿写的小诗吧——

要造就一个花园 / 只需一朵花一只蝴蝶 / 一朵花，一只蝴蝶 / 再加上狄金森的诗 / 有狄金森的诗也就足够了 / 如果没有蝴蝶

对于诗人敏感的心来说，一切充满生命的东西，都是“诗”。而我们，在品读着这些美妙词句的时候，仿佛置身于那一刻，同时感受着诗人发现的欣喜——那也是我们的欣喜。

一只小鸟沿小径走来——
他不知道我在瞧——
他把一条蚯蚓啄成两段
再把这家伙生着吃掉，

然后从近旁的草叶上
吞饮下一颗露水珠——
又向墙根，侧身一跳
给一只甲虫让路——

他用受惊的珠子般
滴溜溜转的眼睛——
急促地看了看前后左右——
像个遇险人，小心

抖了抖他天鹅绒的头
我给他点面包屑
他却张开翅膀，划动着
飞了回去，轻捷

胜过在海上划桨　　　　　　胜过蝴蝶午时从岸边跃起
银光里不见缝隙——　　　　游泳，却没有浪花溅激。

4

如同连绵的山峦、大海的波浪，晨诵，也起伏有致地继续进行着。

干老师又用幽默、机智又略有些夸张的语调，读了狄金森另一种风格的诗：

我是无名之辈，你是谁？
你，也是，无名之辈？
这就有了我们一对！可是别声张！
你知道，他们会大肆张扬！

我看到孩子们脸上浮起微笑，如草地上金黄的蒲公英花。是啊，这两周读下来，他们对于“这无名之辈”已经有了一定的默会能力，他们知道，诗人非常谦逊，在诗句中这样描述自己“而我，我算什么”，把自己称为“默默无名的诗人”，但其实，诗人却有着卓尔不凡的心，当那些“聒噪”如同青蛙一样的“显要人物”“张扬”“招摇”时，诗人这“无名之辈”却正默默享受着发现一个有趣的秘密所带来的无限乐趣。

一个毛茸茸的家伙，没有腿脚
奔走，却胜过寻常步履！
像天鹅绒的，是他的面容，
他的肤色，暗褐！

有时，他住在草丛！
有时，高在枝头，从那里
穿一身长毛绒外衣
跌落在过路行人身上！

这一切，都在夏季，

但是当凉风惊动丛林居民，
他搬进锦缎的宅邸，
摇头晃脑，引线牵丝！

然后，比贵妇人更俏丽
出现在阳春时节！
每一个肩头一片华羽，
认不出往日形迹！

有人，那些自称科学家的人，
叫他鳞翅目幼虫！
而我！一个默默无名的诗人，
我算什么，却道出蝴蝶
有趣的秘密！

亲爱的孩子们，你们跟随诗人发现了“蝴蝶有趣的秘密”，且让干老师再把“诗人为王”的秘密道给你听，这个秘密跟“蝴蝶的秘密”有些类似，可是却需要你用更长的时间、更深的生命体验才能理解。

我戴上王冠的一天
日子，一如往常——
直到加冕完成——
之后，才显得异样——
……
我成长，一切平凡——
但是当那一天降临
我和它，装扮一新
同样庄严
……
我想捏塑一天

好像它是首诗
接着调整韵脚
强调我的原因
接着确定型式
琢磨它的光亮
让它会合其他同伴
群聚在爱的房间里

而“一旦完成一首诗，我觉得放下了一个负担。晚上诗句常会吵醒我，韵脚在我脑中走动着，文字占领我的心。接着我就能明了世界所不知道的，那是爱的另一个名字”。亲爱的孩子们啊，让我们再读一遍这首诗吧。

孩子们的声音又响了起来，声音中透出生命的热切，也隐隐有更多的思索。我们的一天，会是怎样的一天，会是怎样的一首诗，又会是怎样的一个故事？

多么美妙的声音，此刻，我们诵读着这些诗句，心灵是如此安静、充实。

诗歌继续一首又一首地进行着，如三月的风，自然流荡——

我不会用脚尖跳舞——
没有人传授我技艺——
但是我的内心深处，时常
感到一阵欣喜：

如果我有跳芭蕾的知识——
我将到各地去应用
以绝妙的旋舞使舞剧团失色——
使杰出的女演员发疯。

纵然我没有华丽的服装——

头发上也没有小卷，
不会单足跳向观众，像小鸟
一只脚在半空虚悬，

不会让我在绒球中被举起——
在雪白的轮中转动
直到从舞台上消失，满堂轰鸣
要求再来一次的喝彩声——

也没有任何人知道我懂得
我说得轻松的这门技艺——
也没有一张海报对我吹捧——
仍会像歌剧院，座无虚席。

狄金森曾说过这样的话：“我除了诗人之外无职业，这是个最超越的头衔。”可是诗人是什么，诗人对于这个世界的意义又是什么？诗人对于我们四年级的孩子又有何意义？刚才的这几首诗都是诗人对于自己的“诗人之心”，从不同角度进行描摹，在学习的时候就已经直觉地打动着同学们，此时汇聚到一起朗读，更有一种说不出的感觉。而这时，干老师又走向孩子们，仿佛在做着一个确定的见证，他缓缓地、深情地面对孩子们说道——

这是诗人，就是他/从平凡的词意中/提炼神奇的思想——/从门边寻常落英//提炼精纯的/玫瑰油上品——

5

学生的情绪越来越饱满了，他们很喜欢读这首诗。这就是诗歌的力量啊，即使是在人生最黑暗的时刻，那些伟大的诗歌，仍然能够把心灵照亮！

“希望”是个有羽毛的东西——　　它栖息在灵魂里——

唱没有歌词的歌曲——
永远，不会停息——

在暴风中，听来，最美——
令人痛心的是这样的风暴——
它甚至能窘困那温暖着
多少人的小鸟——

我曾在最陌生的海上——
在最寒冷的陆地，听到——
它却从不向我索取——
些微的，面包。

干老师又接着读了蕴含着同样道理，但比较深奥的一段：

殉理想的诗人，不曾说话——
把精神的剧痛在音节中浇铸——
当他们人间的姓名已僵化——
他们在人间的命运会给某些人以鼓舞

亲爱的孩子们，让我们随着诗人，不停地歌唱吧！让我们生命的鸟儿，也向着更黄更成熟的气候飞行，赶上那个夏季，唱出美妙的歌声。

我要不停地歌唱！
鸟儿会超越过我
向更黄的气候飞行——
每一只都有知更鸟的抱负——
我，有我的红胸脯——
我有我的音韵——

晚了，要在夏季占一席位置——
但是，我会唱出更丰满的曲调，
黄昏星的歌比晨曲更美，先生——
早晨，不过是中午的幼苗——

可是我们现在还只是小男孩、小女孩啊，那么，我们的生命要吸纳进什么才能使它更丰富、丰盈呢？

亲爱的孩子，去接触那些美好的事物。在大自然里，在诗歌里，在故事里，在一本又一本的书里，亲爱的孩子啊，那时，你也会有狄金森这样的感觉了啊！你也会有另一片平静而明朗的天空了啊！

在我还是一个小女孩的时候。诗就像是一绺金色的线穿过我的心，带领我往梦中出现过的地方前进。我知道我的生命可以用来织这条线，它会变成一匹够亮的布，充满乐趣，也强韧到能抗拒焦虑。许多人都将生命托付给神，我却将我的生命托付给诗。

有另一片天空
永远平静而明朗
有另一种阳光
即使是在黑夜

不要介意森林的消逝
不要介意田野的寂静
这里有座小树林
林中树叶常青

有更明丽的花园
从没有霜冻严寒
在它不谢的花丛中
我听见蜜蜂欢快的嗡鸣

我的兄弟
请造访我的花园

接下来，就是在这明丽的诗的花园中的一场欢宴，干老师首先出场，他以非凡的自信与豪放大声地朗读着诗人的宣言——

那时，你将会发现，

诗人，照我算计——
该列第一，然后，太阳——
然后，夏季，然后，上帝的天堂——
这就是全部名单——

但是，再看一遍，第一
似已包括全体——
其余，都不必出现——
所以我写，诗人，一切——

而同学们呢，则用美妙的声音，演绎出美妙的和弦。

英语有许多词组——
我只听见一句——
轻柔，有如蟋蟀的笑声，
洪亮，有如雷霆——

低沉，有如古老里海的合唱，
当晚潮开始催眠——
用一种新的变音说出——
有如一只夜航的鹰——

以优美动听的拼音
闯入我单纯的梦境——
轰鸣着它的希冀——
直到我惊醒，哭泣——

不是由于使我苦恼——
是由于强大的欢欣——
请再说一遍，撒克逊！
嘘！只对我一人！

此时，干老师再次朗读《殉理想的诗人》一节，让这段文字深深地在同学们的心灵上再刻印一次吧。

殉理想的诗人，不曾说话——/把精神的剧痛在音节中浇铸——/当他们人间的姓名已僵化——/他们在人间的命运会给某些人以鼓舞

6

最后，全班同学一起朗读《没有一艘船能像一本书》。

对于狄金森来说，她没有见过荒原，她没有见过海洋，可是她却知

道石楠的形态，知道波浪的模样。

张璐易在微笑了，是啊，读完《黄书包》，在他的那个“黄书包”上给我留下了一个要破译的密码，原来他要告诉我的是：读第一遍书，只是明白一个朋友的姓名和年龄，要明白他的心理，必须琢磨书的光亮。

是啊，去琢磨，去读往书的更深处，你会发现更多的惊喜在等待着你，而那时，你忽然发现，你也被琢磨得光亮。

没有一艘船／能像一本书那样／把人带往远方／也没有一匹骏马能像／一页跳跃着的诗行那样／把人带往远方∥读书这条路／最穷的人也能走／不必为通行税伤神／书籍啊／这是何等节俭的车／承载着人的灵魂／把我们／带往远方

而当干老师再读起开启晨诵的这几句时，其中的深意，孩子们，你们知道了吗？小溪要来，现在就来，带上愿望而来，带上诗歌而来，带上书籍而来，带上一切美好的事物而来，奔向大海——

大海对小溪说“来啊”——
小溪说，“等我长大”——
大海说，“那时你就成了大海——
我要的是小溪，现在就来！”

哦，你们还不太清楚呢，那么，就让我们再来回顾一下这段刚刚过去的时光，看看我们在这个早春，都留下了什么吧——

亲爱的孩子们啊／这些天来，我看着／你饮食珍贵的文字／你的精神变得强壮／你再不觉得贫困／你再不感到沮丧／你跳着舞过不再黯淡的日子／使你飞翔的是一本叫《黄书包》的书／使你心灵舞蹈着的／是一首首狄金森的诗／我真不敢相信／它们真的让你／精神摆脱了束缚／能有这么大的自由

是的，你们感觉到了，这段时间以来，虽然天空还是那个天空，教室还是那个教室，可是却的的确确有些什么，在我们的身体里生长着，让我们觉得每一天都与众不同了。

吴振北这样说：“我觉得我生命的每一天都很重要！”

沈嘉成这样说：“只要每时每刻都做该做的，生命就永远是无限的。”

而刘豪却这样说：“要造就一个学校，只需要一群学生一个图书馆，再加上一个愿望，有一个愿望也就足够了，如果没有图书馆。”

就连春天，在你们的眼中也不同了，你们说：“春天是说不出来的，只有一个个幼小的心灵，才能看到春天的来临。”

张豪仡则更加深沉地开始思考生命：“即使我贫困，即使我过着黯淡的日子，但我要有勇敢面对生活的精神，才能重现胜利美好的阳光，因为我要向世界各地，释放我的光芒。”

这些年来／我饮食着珍贵的文字／我的精神变得强壮／我再不觉得贫困／我再不感到沮丧／我跳着舞过并不黯淡的日子／使我飞翔的是您——所有亲爱的老师们／是您多年来的微笑／使我心灵舞蹈着的／是所有您教给我们的知识／／应该相信／它们真的让我／精神摆脱了束缚／拥有这么大的自由

7

而诗人，诗人又是什么？

也许你现在已经会说——诗人是无名之辈，诗人是道出自然秘密的人，诗人是世界的王，诗人是从不放弃希望的歌唱的鸟儿，诗人是永远在心灵的舞台上飞旋的舞者……

可是，我要说：

诗人们只把那些灯点亮——／他们自己，退场——／他们激励那些灯芯——／把自己的每个日子——／用诗照亮——

亲爱的孩子们，在离别的此刻，请你们一定要记住：

把自己的每个日子——／用诗照亮——

诗歌，是我们的存在方式
——新月教室童诗之旅

丁红瑞

不知道什么叫童诗，只知道要好好生活

刚刚带二年级的时候，我几乎是个没什么经验的新老师，每天要面对 40 多个孩子，和对我来说庞大的、生疏的、深厚的全人之美课程，我的内心充满了紧张。

每天最惊恐的时刻是孩子们进校门前的那十分钟，在那十分钟里，空气都是不安的，每每生出一种如临大敌的感受，必须拿出几句“泰山崩于前而色不变”之类的格言安慰自己，强装镇定。孩子的躁乱和我的不成熟让每个日子都过得鸡飞狗跳。身体是疲惫的，心灵更是疲惫的，生活对于那个时候的我来说，每天都是被动地应对各种状况，又机械又无聊。

这样大概过了一个多月吧，在深秋的一个早晨，因为星期一，我的心情格外不好。马上要去上课，一推开门，迎面是非常大的风，天气也十分阴郁，我的心情就更郁闷了。在门前足足愣了一分钟，情绪也在这一分钟里，差到极点。

可是就在一分钟零一秒的时候，我突然一个转念，为什么我不能把讨厌的风转化为有趣的风呢？我决定带着孩子们去风中找诗，给凛冽的生活加入一点浪漫。

明明是个坏日子，可我一到班，却故意兴高采烈地对孩子们说，今天是个好日子，写诗的好日子，我们下楼一起去找风，风找到了，诗也

就写成了。孩子们特别兴奋，像一阵风般满校园地跑，大声嚷嚷：风在花里！风在树上！

那时我们学校刚刚建校两个月，很多地方还没修好，生态实在是单一，就连毫不知情，恰好从窗户往下看的佩佩校长都嘀咕，新月教室的孩子在校园里抓什么？有什么可抓的？

可孩子们的眼睛却厉害得很！不一会儿，开始有孩子告诉我："风在我的头发上！""风在你的衣兜里！""风在我红红的鼻尖上！"

"孩子们，风在哪里？快去找一找！我看谁找得最特别！记住，找到之后，不要说出来，以免别人偷了去，找到之后赶紧上楼，写出来给我看！"我刚说完，就有孩子满脸兴奋地捂上嘴，跑上楼开始创作了！

后来，这一天的时间里，课间，放学路上，家里，我们都在观察风，写风。于是，诞生了孩子们写下的第一首诗歌。这是琳写的：

风在干什么／风当然在让不会飞的东西学会飞翔

孩子们当时写了很多，可大部分诗句现在读来都平平无奇了，只有琳的这首，却依然闪闪发光。是啊，是这阵风，让我们如石头一般沉重的生活，也能够自由和轻盈起来，体会到"飞翔"之乐。

文博是我们班最独特的孩子，性格无拘无束得让我头疼，字写得一塌糊涂……如果不是这次诗歌创作，他很有可能被诊断为"问题学生"。可因为这几首诗，他一下子在学习上有了成就感，在班级中亮了起来。

我跟妈妈说／风是美发师／他给所有人吹了不同的造型

我对蒲公英打了一个喷嚏／风把蒲公英吹走／蒲公英把喷嚏传染给全国／全国一起打了一个喷嚏／引起了更大的风

我戴着诗人的帽子／走遍全国／风一吹，我的帽子掉了／我再走遍全国／全国都笑我

趁着这股劲，后来我们又读了绘本《风喜欢和我玩》，读完之后，孩子们随口说，我迅速记了下来。

我先变小，站在自己叠的纸飞机上，风一吹，我就飞向蓝天。——

嘉钰

我先变小，站在春天柔软的柳条上，风一吹，我就荡秋千。——文博

我先变小，驾着我的纸风车，风一吹，就像在坐摩天轮。——雨琳

我先变大，风把我吹出地球，我就把地球当球踢。——宋宋

我先变小，风就找不到我了；我再变大，风吹，我一动不动。——文博

音乐老师后来看到了我们的这首诗，就把它谱成了曲，于是，就有了我们班的第一首原创歌曲。

以这样一个方式开启童诗，让“童诗”对于我来说，已经不单单是一个要去完成的课程了。我甚至觉得，它是我生命的一种救赎，是把我从平庸的生活中解救出来的良药。

童诗，不仅仅是诗歌，而是一种看待世界的新眼光，你能不能从这个陈旧的、乏味的世界中，看见一些不一样的东西，从而让生活永葆青春，永远拥有新鲜感和活力呢？

《风之诗》开启之后，阴雨连绵，我们又写了《雨之诗》。这是路名扬同学写的：

下雨的时候 / 窗外的高楼像 100 千米的海草 / 学校像贝壳 / 花朵像海胆 / 人像小鱼，垃圾桶是小鱼的家 / 雨水像小鱼吐的泡泡

孩子这首小诗写得不错，教室对面的墙刚好需要装饰，于是就让他和其他几个孩子一起在墙上涂鸦。我们是新月教室，他们就画了一个海洋学校，里面住着一个七彩的月亮。

天气特别好的时候，我们去操场享受阳光，写下《如果我和阳光做游戏》。

如果我和阳光做游戏

新月教室

如果我和阳光做游戏，
我要跑到操场上踢球，
让阳光做裁判。

如果我和阳光做游戏，
我要采集金丝和银线，
织一件阳光衣。

如果我和阳光做游戏，
我要白云做浴缸，
洗一个阳光澡。

如果我和阳光做游戏，
我要阳光当妈妈，
抱着我睡一个阳光觉。

如果我和阳光做游戏，
我要白云做米饭，
吃一顿阳光饭。

如果我和阳光做游戏，
我要让阳光把星星炸成爆米花，
吃一次星星零食。

如果我和阳光做游戏，
我要后羿射下的太阳做种子，
种一朵阳光花。

放学的时候，刚好夕阳西下，我们到操场上看夕阳。

太阳想洗个澡

太阳从东边跑到了西边，
出了一身的大汗。
于是又跑到了海边，
扑通！
太阳跳到了海里。
没有了太阳，
天空一片黑暗。
太阳出来了，
身上变成了白色，
于是太阳变成了月亮。
可是太阳把大海变热了，
小鱼都在海里吐圈圈呢。

远大前程

子浩

林子里有几棵蜘蛛树，
他们打算织出一张树网，
但是缝隙太大了，
虫子都走了，
他们捉到了一颗太阳。

冬天的日头刚好在我们放学的时候落下，于是我们立下宏愿：看 44 次日落。不过很多次，计划都破产了。这天放学早，太阳还亮得很，思彤作了一首诗：

太阳太亮了，
亮得谁都挡不住。
只有丁丁老师能挡住！
因为丁丁老师收集太阳的诗太多了，
她把诗一张张送给太阳，
把太阳光挡住了！

小沙粒班送我们的风信子在冬日里不知不觉开了花，花太盛了，突然在一节暮省课上它倒下了，于是我们又有了新诗。

风信子的心事

新月教室

春天慢慢来了，
阳光流成金子，
坐在教室最后的风信子同学
享受着金子阳光，
低下头睡着了。
它一睡，
就从白头睡到花头。

放学前的最后一节课，
打瞌睡的风信子同学
一歪脖，摔倒了。

是因为她想和阳光跳一段舞，不小心滑倒了？
是因为她偷偷喝了一壶酒，在风中沉醉了？
是因为新月教室的小朋友太热情了，她发烧了？

是因为英语单词听不懂，她头大了？
是因为听数学课度日如年，她很快就老了？

是因为太老，胡须太长，所以绊倒了？

此刻，
被我们议论纷纷的风信子太害羞了，
又一次摔倒了。

（数学老师、英语老师替我背锅了，我不准孩子写语文课太无聊……）

上面的几首长诗，都是课堂上孩子们你一言我一语说出来，我再加以组合的。

有时候，孩子会有惊人之语，但相当多的时候，孩子的诗作是平凡的，这时候，我经常会给孩子的诗歌修改一两句，然后再告诉他：看，你写得多棒！这样，孩子的信心会越来越足，个个认为自己是大诗人，会兴致勃勃地写下去。事实不重要，重要的是，他们是怎么看自己的。

就这样，我们不断地读诗，写诗，然后创造诗歌一样的生活。很难说是写诗改善了我们的生活，还是我们越来越诗意的生活在创造诗歌。

我和孩子们的关系由对峙的“敌人”转化为亲密的“战友”，离不开诗歌，这个看似最无用的奢侈品。我们的教室越来越润泽，我和孩子的关系也越来越融洽。

最重要的是，诗歌让我们的心灵越来越敏锐，越来越愿意去留心那些庸常生活中奇妙的、可爱的一面，虽然，“奇妙、可爱”的事从来不是生活的主角，但我们可以通过手中的笔，让它们成为生活的主角，只有这样，我们的生活才更值得一过。

童诗不是灵感，是诚挚地生活

我曾经听一个作家谈怎么获得灵感。她说，灵感这东西嘛，招之即来，挥之即去。

这令我羡慕不已。我常常把课程中的一些好的想法归功于灵感。所以，我也很怕灵感不再眷顾我。但我的朋友说：你不要怕，灵感不过是认真生活。我十分赞同，不要被“名利”“欲望”之心牵引，诚挚地生活，认真地生活，关于生活的灵感可能俯拾皆是吧。就像佛陀品尝每一粒米粒中的阳光和雨露一般虔诚地去生活，那我们的生活怎么可能不属于诗呢？

前面分享的是二年级上学期的一段时光，那个时候，我们学校几乎没有一棵树、一朵花。我们在钢筋水泥的环境中，努力地过着一种诗意的生活。

二年级下学期的春天，校园终于开始了风风火火的绿化，这是我们期盼已久的事啊！尽管刚种上的树还没有走出上一年冬天的灰暗，一点都不精神，但在我们眼中，它们是那么可爱、灵动、特别。

怎能不让人动心，再为它们写几首小诗呢？《红楼梦》里的少年们经常结诗社，为某朵花写诗，我们也开始兴高采烈地为“为每一棵树起一个温暖的名字，写一首诗”。

这个时期，孩子们在读金子美铃的作品，因此他们写的童诗的风格也是金子美铃式的柔软细腻。

校园里最先开的是梨花。我们给它起名叫《春之雪》。

春之雪

新月教室

梨花，梨花，
开在天空下，
好像冬天白白的雪花。
可是，近闻你有香，
太阳出来也不怕。
小鸟落枝头，
碰掉一堆雪，
哎呀哎呀快来看，这棵小树落雪啦！

这首诗，大部分是老师的语言，是老师听到孩子们在树下的议论后写下的，虽然并不太好，但多少能给孩子一点示范。

《春之雪》后来被我们的音乐老师谱成了曲，于是我们又有了自己的原创歌曲。在小桥音乐会上，在梨花树下，我们用口风琴吹奏它。

一树梨花沐浴在春日的阳光下，张伊浩随口来了一首《阳光花》。

阳光花

伊浩

春风，把阳光吹碎到梨树上，
梨树，就开了花。

校园里樱花盛开，是龙美小学最为盛大的一场春事。花开时节，云霞一样的樱花布满整条樱花小路的天空，而那么多的花又会因为日子一过，瞬时飘落。安琪为它起名为“时间花”。

时间花

安琪

你在盛开的时候落下，
就像时间，
到来的时候溜走。

远筱指着樱花的小花苞说：好想躺在上面睡一觉啊！后来她写了一首《樱花树下的梦想》。

樱花树下的梦想

远筱

站在樱花树下，
看层层叠叠的花，
真想在上面跳支舞啊，
跳累了，就在花心里睡一觉，
梦里把自己变成一朵小小的花。

对于桂树，我们新月教室有一种独特的感情，觉得它属于我们，属于我们新月。

月中香

浩冉

谁是夜晚最美的花？

当然是你啊，
月亮中那朵最香甜的桂花。

赵梓彤说：银杏是一棵秋天开花的树。

秋天开花的树

梓彤

银杏叶，
先发芽，再长大，
到了秋天再落下，
落时像朵小黄花。

晚霞也是花。

晚霞花

嘉钰

晚霞晚霞真调皮，
爱在树上做游戏。
担心别人找到它，
就在树上变成花。

那段时间，我们每天写诗，恒宾有一天跑来跟我说了这样一句话：站在教室的门口，能听到怦怦怦的心跳声，因为每个小新月都在写诗。

孩子们一边写诗，一边在美术课上为这些植物作画，最后我们决定，要继续写，一直写，直到做出一本《龙美小学植物志》。现在上五年级了，孩子们在“农历的天空下”课程中，为校园的花花草草写下了许多文字，多少是完成了我们那个春天的心愿。

我们相信，给植物们起一个名字，作一首诗，是对植物们，对春天，对生命的最高礼赞。

当孩子们开始给万物命名，他们才开始更深刻地认识这个世界；参与创造这个世界，他们才会对世界万物饱含深情，而不是作为一个高高在上的主人，呵斥它，凌驾于它之上，粗暴地占有它。

我们的孩子提起自己的校园时总是满满的热爱、满心的欢喜，因为在这个校园里，考试、分数不是唯一有价值的事情，我们真正地在诗意地栖居，在过一种完整幸福的教育生活。

当然不是花花草草才能入诗。我们读了谢尔大叔的诗，他的诗让人爆笑，让人尖叫，让人目瞪口呆、瞠目结舌！甚至让我们这些过于正常的人类总忍不住感叹：这真是个神经病啊！不过是好玩的“神经病”！对于生活，不就是得有些谢尔大叔的游戏精神嘛！读谢尔的诗给人一种启发：不仅花草树木可以入诗，生活中的“狗屁”小事也都可入诗呢！而且，对于孩子来说，“狗屁”小事，真是俯拾皆是啊！到处都是素材。

比如，跆拳道课纪律有点乱。

跆拳道

安琪

老师喊哈，
同学们也纷纷喊哈，
一个个哈声你推我攘，满教室跑，
哈声飞过城市，
哈声飞过大山，
哈声飞过大海，
课代表大声抱怨：别喊了！
“抱怨”飞过天涯海角，也没把哈声追上。

再比如，葫芦丝吹得嗷嗷叫。

葫芦丝

名扬

葫芦丝里的小精灵都怕热！
当我们为它们吹进凉风时，
它们就快乐地唱歌！

但如果，我们的力气太大，
就会一不小心把它们全家吹散，
葫芦丝里就是一阵哀号！

或者如果吹气的时候，
有太多的唾沫，
小精灵们就要陷入迷雾之中，
分不清东西南北和哆来咪发。

比如，美术课地上到处是狂野的小墨点。

美术课

思彤

美术课，是小墨点最喜欢的地方，
他们一个个玩击鼓传花，
传到画纸上，桌子上，小围裙上，地面上，
突然一只大脚踩过来，
小墨点变成大花点，
大到我们教室都装不下！

再比如，语文老师罚抄写生字。

语文课的风暴

浩冉　子晴

今天语文课上来听写，
黑笔副队长来排队：
你在这，你在那……
咦，"芙蓉"两字在哪里？
红笔正队长过来批：
"芙蓉"两字溜号，
"芙蓉"全家来罚站！
于是大大小小，
歪歪扭扭的"芙蓉"站在了田字格里。

再比如，体育课跑不动。

跑不动的体育课

子昊

在体育课上，
同学们的跑步声
越来越小，
越来越小，
原来是跑步声逃了出去！
力气满操场地去追，
可是跑步声藏了起来，
藏在了
大家的喘气声里，
你听，
喘气声越来越紧张了！

再比如，排队太乱。

排　队

伊浩

到了最后一节课，
我们手忙脚乱地弄书包，
老师叫我们走，
我们就像大爷大妈
去打折的地方抢东西一样，
疯狂地跑出去抢第一！
此时的第一
就像打折的商品一样便宜！

其实上面的一些事是真正让人头疼的鸡零狗碎。可我们拿出些游戏精神，把它们拿来进行创作，写成诗，就可以是好玩的！写完这些诗，不得不感叹：幸亏我们的课还都不完美，否则哪有裂缝让灵感跑出来！越来越觉得，诗歌不是诗歌，是生活方式，是生命灵性的涌现。

刻意练习

雪野老师要来进行童诗教研，我们年级要承担一节童诗课，这让我们不得不思索，如何上一节正儿八经的童诗课呢？在这之前，我们几乎没有刻意为之，只是让孩子看，感受，然后写。

着力最多的就是修改。有时候孩子的意思很好，但是诗句过于破碎；有时候，孩子写的句子需要追问，让他不仅写看到的，也要写想到的。

怎么专业地指导孩子写童诗呢？怎么上一节示范课呢？我甚至压根抵触这件事，我觉得“训练”会破坏这件事本身的美感。但是我还是设计了一堂课。

当时是十月份，满地都是落叶，于是，定了题目“每一片叶子都是一首诗”。课堂上，我拿出了各种各样的叶子，让孩子去观察，看看每片叶子像什么，然后问他们，为什么每片叶子的形状不一样呢？

然后，我给孩子看了阳光下的树叶的图片，让孩子感受，阳光和树叶在干什么？让孩子去看风中的树叶，去感受，去联想。接着是思考水珠和树叶的关系。

在课堂中，我也拿出别人写的小诗给孩子们看。

太阳的早餐

邓锐

荷叶像盘子
露珠像豆子
太阳公公出来了
一口气
把盘子舔了个
干干净净

其实，我是特别没谱地上这节课的，但是没想到，孩子的思维出乎意料地活跃！他们在课堂上都说了许许多多有趣的东西，课下很自然地就写了下来！

给太阳剪头发

景秋

太阳公公的光芒太长啦，
就请求树叶剪刀帮它剪下，
树叶剪刀剪啊剪，
剪了一地的碎影在树下。

聪明的树

嘉钰

风给大树出了道难题，
大树低着头算啊算，
算了一个秋季，
把自己的树叶头发全算光了。
大树对风说：
聪明的脑袋不长毛！

送门票的树

梦凡

树叶是一张张通往冬天的门票，
大树把门票送给小动物们，
小麻雀收到了，
小刺猬收到了，
小松鼠也收到了，
慢悠悠的大雁没有收到，
它一生气，
就飞到了南方。

风儿是个旅行家

子昊

风儿是个旅行家，
从沙漠到平原，
从平原到森林。
风儿累了，
想在一棵树上歇歇脚。
可是树叶太多了，
风儿挤啊挤，挤掉了一大堆树叶。

几乎一大半的孩子都写出了不错的诗，以前，每次的题目，可能只有三五个孩子写得好，而且还总是要修改。刻意练习的结果是，我们好像可以"生产"诗歌。以前写诗，我们观察到的可能只是一个时刻的景物，可是借助课件，我们一下可以观察许多的场景。

可是，刻意写出来的诗歌，总感觉有些缺乏生命力，更多的是诉诸有趣的联想，不是兴发感动。但是也有启发，提前花功夫设计，会让课堂的有效性提高。

之前，从没有和孩子探讨过写诗，因为他们的感受、思想没有被束缚，天生就是新鲜的、不俗气的。可是，孩子越来越大后，难免就会越来越像我们，感受、思想越来越统一化，用越来越多约定俗成的语言，距离诗歌越来越远。三年级下学期的时候，碰上新冠肺炎疫情，就让孩子提笔写一些"抗疫"诗，可是，几乎最有灵气的孩子也只是写：病毒病毒真可怕……我们一起共战病毒！于是，我就觉得应该和孩子探讨一下什么是好诗。

诗歌是最高级的语言形式，是庸俗的反义词。我们平常写的叫作一段话，而不叫作诗。

诗歌要么是在想象力上让人惊奇，比如说，“冰是水的眼镜”“太阳是玩木头人的高手”“小鱼驾着波浪火车来偷听我们写诗”。要么就是在意思上让人品味无穷，引人思考，比如说，“冬天是未来，冬天也是过去”。要么在感受上细腻生动，引起人的类似的体验，比如说，“多想在小花苞上睡一觉”。

我拿孩子们之前写的诗句给孩子举了例子。其实关于什么是诗，什么是好诗，我也不太懂，只是有朦胧的感觉。

讨论完什么是好诗，我又给孩子们上了一节关于“疫情”的童诗课。上课前，我想了几个有意思的问题。比如，病毒一来，我们的城市好像被冻住了，但什么没有被冻住呢？课堂上，孩子们尽情地讨论。以下，是他们课下的部分创作。

蝙蝠会生病吗

景秋

蝙蝠身上有病毒吗？
如果它生病了，
谁又来给它治呢？
可能它只有自己洗个热水澡，
然后再用树叶给自己做个口罩吧！

病　毒

伊浩

病毒是个调皮的孩子，
它还以为我们的肺是个蹦蹦床，
就在上面蹦来蹦去，
把我们的肺都给蹦破了。

可它只是一个调皮的孩子，
不知道我们的肺不是蹦蹦床。

关不住春天的病毒

名扬

病毒关住了我们，
却关不住春天，
看，
我们家阳台上的绿萝，
已经把枝叶伸出窗外
和春姑娘握手了！

英雄口罩

琳

我们害怕病毒，
就让口罩保护自己。

可口罩也很害怕病毒啊，
口罩染上病毒就活不了，
垃圾箱里装的都是牺牲掉的口罩。

这次疫情，
谁来为口罩颁发一张“英雄的奖状”？

被病毒冷冻的城市

梦凡　雨琳　嘉钰　佳音
心语　琳　嘉毅　皓辰　峻森

城市的声音被冻住了，
于是没有了聚会，没有了鸣笛，没有了轰隆
城市的鼻子被冻住了，
于是，我们闻不到花香了。
城市的血管被冻住了，

于是没有了人流和来来往往的车辆。
城市的脾气也被冻住了，
于是，到处是一片沉闷的气氛。
城市的屁股也被冻住了，
于是，城市里干净了很多，连垃圾都少了。
但城市的毛发没有被冻住，看，小草在发芽！
城市的心脏没有被冻住，因为我们战胜病毒的渴望和决心在沸腾！
城市的想象力也没有被冻住，因为前几天，我还为一朵梅花写了诗。

我们班一个非常可爱的家长，经常参与我们的教学活动，课后，也赋诗一首，我认真听了听，写得非常大气，朗读得也很有激情。怪不得家长经常评价自己孩子的写绘没有激情……我想让家长把文字版发过来。家长很直率地说：撕了（liǎo）了。这气魄，很诗人了！记得《红楼梦》里有一个片段，黛玉写了一首《秋窗风雨夕》，在宝玉正叹为佳作时，她却灯上一烧。看来，我们这家长的才情和个性，颇有些林黛玉的洒脱和傲娇。

后来，我就尝试自己去观察，然后提出几个能够引发孩子进一步观察、联想的问题，让他们先在课堂上讨论，然后课下去观察，去创作。

最简单的问题：像什么？想什么？干什么？孩子们也写下了许多相当棒的诗作。

玉兰花

峻熙

一朵朵白玉似的玉兰花，
高高地向上举着，
就像为自己的开放，
和春天碰杯。

钓春天

子安

玉兰花的枝干，
像一支伸向天空的钓竿，
它把玉兰花骨朵当诱饵，
去钓春天。
可是春天太重了！
玉兰花使出最大的力气，
开出了最灿烂的花。

绿面条火锅

恒宾

鲜绿的柳枝，
垂到水面上，
小鱼看到了，
就等太阳把水加热，
吃一顿绿面条火锅。

爱读书的柳树

伊浩

大河是一本神奇的书，
它把宇宙星辰都装进去。
小柳枝低着小脑袋，
读书。

越读越起劲。
于是头越伸越低，
竟然伸到了
书本里。

我的诗开到一半就枯萎了

思彤

春天到了，
一切都茂盛起来，
为什么我的灵感不茂盛？
我的诗开到一半就枯萎了。

油菜花大军

恒宾

披着金黄色的铠甲，
列队欢迎春天女王的检查。
风将军一声令下，
它们先稍息，再立正！

油菜花

峻熙

春天开向夏天的火车，
停留在了油菜花田。
油菜花，
为春天加油！

这一阶段的童诗写作，都是通过“备课”完成，而不是即兴创作。每次我都是先去观察，看能不能发现一些有趣的东西，再问一些学生可以借助它继续深入去想开来的问题。如：柳树好奇怪啊，它的枝条总是向下生长的，为什么呢？水里的小鱼看到绿色的柳枝，会想些什么？白色的玉兰花和白云有什么关系呢？金黄色的油菜花和太阳有什么关系呢？

在课堂上与学生互动时，也是互相启发的。问孩子：“玉兰花像什么？”有的孩子会说：“像毛笔。”“那这支笔在写什么？”“写下开花的愿望。”还有的孩子说：“玉兰花像酒杯。”“那它举起酒杯干什么呢？”“为自己的开放和春天干杯。”

还有的孩子看到别人课堂上想到了那么多好玩的，就说：柳树的叶子密密的，可是我的灵感却没有茂盛起来。我说，你说的这两句就很好，是一首诗。孩子就写“春天到了 / 一切都茂盛起来 / 为什么我的灵感不茂盛”。

我说，可以往后再想一想，写一写，孩子最终还是没有写出来。我就替她加了一句：我的诗开到一半就枯萎了。

诗歌，刻写了我们的心灵

到了四年级，童诗好像到了一个尽头，孩子再延续以前那样的表达方式，就多少有点幼稚了。在童诗中，想象、联想大于心灵的感受。但这个时候，刚刚好，我们就迎来了顾城的诗。

对于四年级的孩子这真的是一个很好的过渡，读着读着，孩子们的语言，就开始从奇思妙想到要开始“抒情”，从只有表面上的“童趣”到有更深一层的表达。

读完顾城的诗之后，孩子再去评价一首诗，突然多了一个标准：这首诗除了表面所写，背后有没有更悠长的、幽深的情感和深意。

我们不再写童诗了。好像那已经不再是属于我们的语言了。我们开始试图写一点散文。我让孩子观察灯光，孩子在文章中写下这样的句子。

置身于黄色的灯光中，就仿佛站在了秋天的枯叶里。——子安

当我从远处看一盏灯时，它就像一颗天空尽头的星星，一闪一闪的，好像是有什么急事。

当我走近这盏灯，它又变成了小调皮，把我的影子拉来拉去，拉长又拉短，我只好匆匆地躲开，去保护自己的影子。

雨天或者是雾天，看灯时，灯光朦朦胧胧，若隐若现，就像一个神秘人。当晴天时，灯又像一个挺拔的军人一样站在那里，它的任务就是照亮人们。

下雪时，灯怕雪从遥远的天空来时会迷路，于是，它把光也打到天上，照出一条道路来，去迎接这雪。——宸皓

这一年来，我忽然觉得自己爱上了灯光。

每天妈妈带我和哥哥跑步时，我和哥哥都会一起在灯下说笑话，一起聊天。

我喜欢的灯不是那种特别亮的，而是微弱的。每当我来到灯光下，我会莫名地感到一种温馨，我并不感到孤独，因为这灯光陪着我。

天刚刚黑的时候，我从远处看那灯。我感觉到那个灯仿佛就是屈原，因为到处都是黑暗，而屈原却不加入黑暗之中。就这样一直到晚上12点左右，那盏灯暗了下来，最后它终于灭掉了，我仿佛看到了屈原再也忍不住了，便投入汨罗江中。

我和哥哥朝着那盏灯走去，离那盏灯越来越近，越来越近，而黑暗却越来越重，越来越沉，但灯却越来越亮，散发出一股让我和哥哥对它感到敬畏的气息。

黑暗就像一支黑笔，乱涂乱画，画完之后接着再加深。

我和哥哥手牵手站到那盏灯下，我们的心好像和灯联通起来，我们暗暗地给那盏灯加油，我们从灯光中看到了希望。

我仿佛看到我们三人一起把黑暗通通都冲散开，我仿佛看到了白昼，我不住地微笑着微笑着。——嘉钰

孩子们的散文更像是一篇篇散文诗，跟长期培养出的对事物的感受力和对语言的感觉分不开。

四年级上学期第三单元的习作，是让学生写观察日记。作为“新月教室”，我们首选的观察对象，当然是月亮了。孩子们每天观察，每天写观察日记。虽然是观察日记，但孩子的表达，仍然充满了诗歌语言特有的灵动和精致。而且一些语言，是顾城式的，或者说是成人式的，有些孤独，有些落寞，有些深沉。

今天的月光很清雅，让我精神为之一振。——嘉钰

我想，月亮在自己的世界，也是独自一人。——峻熙

明天运动会/我们在操场排练/没想到月亮也早早来了/它也知道明天是个重大的日子//同学们在操场上叽叽喳喳/但是我在观察月亮的时候/感觉很寂静——玉涵

今天月亮回来了/我也该回来了/不能再过这种浑浑噩噩的生活了——伊浩

月下的山川/显得如此辉煌，伟大/像极了中国古代历史的辉煌、伟大——馨彤

人，无论怎样低级/此刻在月光的照耀下/也都纯洁了起来——馨彤

人们看到月亮会感到高兴/月亮看见什么才会感到高兴/它能安慰别人/但什么能安慰月亮——浩冉

今天没有月亮//我看见一盏白色的灯/她是不是像“莉莉”一样，被灯群孤立//那一盏灯/别人路过就像没路过一样/真可怜//别人没有看见它/它坚强地发光/真好——子晴

把孩子的观月日记加以组合、修改，于是，代表我们新月教室的班歌终于诞生了。

新　月

新月教室

当黑夜的叹息弥漫了整个世界，
我们就以月光为墨，
把每个角落，
都写满金色的诗歌。

当乌云涂抹掉一切希望和光明，
月亮拿着星光之刀劈开黑暗。
这个英勇无畏的战士，
在世界上也是独自一人啊！

当喧嚣的脚步踏碎了人们的灵魂，
新月把纯洁的种子撒满大地。
作为月亮之子，
我们将圣洁地活着。

当天空无言，大地沉寂。
一切事物都爬满了锈迹。
月亮把光一点点汇聚，
在新的一天，成为新的自己。

谁此心能皎皎如月，
谁此生便能凌虚御风，
领悟时空不能阻隔的奥秘；

谁此心能朗朗如星，
谁此生便能快然自足，
享受天地间草长莺飞的快乐。

到了四年级下学期，我们走进了“农历的天空下”课程。每个节气，我们都要做物候观察。孩子们几乎不需要指导，他们的心足够敏感，可以涌现出许许多多诗一样的句子。我好像也指导不了了。只能以自己的见识，帮助他们确认：这句是好的，这句是没有人写过的，这句是你的独创。

我把那些闪闪发光的句子，从孩子的物候观察中摘录出来，做成明信片，打印出来，送给孩子们做纪念。我相信，能在童年时期写出这样的句子，是他们一生的骄傲。下面是部分诗句。

春　分

浩冉

我们经常说“花”这个词语，
说它美丽动人……
而从口中说出“草”却很少，
形容草的词语要用形容花剩下的。
那些草也是经历过
冬天和死亡的植物啊！
它们有时候因为花多得没地方生长
而长在砖缝里，
露出了复杂的笑。

惊　蛰

静涵

老师问：
哪朵花最美啊？
请记住，

千万不要在一朵花前说哪朵花最美，
那会伤害花们的心。
它们有世界上最纤弱的心灵啊。

清　明

思彤

花儿们
还不愿意春天的离去，
坚强地开着。
叶子却已经
在热烈地迎接夏天了。
它们的意见不合，
可叶子还是为花挡着雨。

霜　降

伊浩

脚踩在落叶之上，
奏出琴弦之声，
这声音是万千诗人在秋日写出的悲凉之声，
是在外漂泊的游子对故乡的思念之声。

立　冬

景秋

爬山虎还是用尽自己的最后一点力气，
终于爬到了房顶。
此刻，它在高处安详地聆听微风的叹息。

孩子就是在这样的对自然的观察中，在每天一首晨诵诗的滋养中，越来越沉静，越来越成熟。在这个过程中，我们也写下了两首原创歌曲。

小满日是一个生机勃勃的日子，孩子的语言也是快乐的、“自满”的。

小　满

嘉钰　梦凡

笼罩着淡烟一样的紫，
点缀着水滴一样的蓝，
为炎夏带来一丝甜甜清凉啊，
就是鼠尾草的小满。

举着形状不一的水杯，
盛着夏的阳光和露水。
为世界孕育出最纯洁的花啊，
就是关于荷的小满。

拼命地昂着细细脖颈，
执着地举起小小手臂，
要和太阳这个伟大神灵相拥啊，
就是向日葵的小满。

热烈地奔跑着的阳光，
对着一切喜欢夏天的朋友说：
和你们重新相聚，
是我的小满。
是小满的小满。
是我们的未满。

到了立冬日，为期一年的“农历的天空下”课程，开始了它的倒计时。

校园里一下子肃静许多。随着最后的几朵菊花在枝头枯萎，孩子们的心头也爬上了岁月的忧伤。原以为他们还是孩子，不会感慨时光，可是看到静涵在当天的物候观察中写道：树木的枝干犹如枯死的手掌，它们齐齐地伸向天空，向苍天追问：我们的时光归向何处？不禁心头一震。是啊，我们的时光归向何处？我们匆匆忙忙的脚步到底是为了什么？真是无法回答，但好像也不需要回答。

把孩子们笔下稚嫩又略带忧伤的文字，串联成一首诗，献给时光。

我们的时光归向何处

新月教室

（静涵　思彤　宸皓　子晴　伊浩）

三叶草的花在黄昏中合上
仿佛永远不会再开放
榉树的叶还没来得及变黄
就已经在大地上流浪

爬山虎终于没有爬到天上
盘曲的茎网不住时光

冬日的风在脚下咯吱作响
那是游子在奔走他乡

亲爱的月亮
为什么没看住我们的时光
任冬把秋追得无路可走
任我们在岁月里慌慌张张

亲爱的月亮
为什么没看住我们的时光
任风把云吹得支离破碎
任我们在尘世中疲于奔忙

我们的时光归向何处
我们的时光归向何处
我们的时光归向何处

亲爱的孩子
终有一个地方
会承载你的时光
那里夕阳永不落下，世界永远金黄。

回顾这两年半的历程。虽然常常感觉到自己在某些时刻的幼稚和浅显，但仍然很感动。特别是再读起孩子们写下的一行行诗句，就能勾起许多美好的回忆。如果没有这些真诚的、精彩的记录，或许那些生命中美好的、奇妙的时刻，就如流星一般永远消失了。诗歌等文学、艺术永远是我们短暂的生命借由此而获得永恒的一种方式。

教育真正的魅力：发现问题—分析问题—解决问题

陈美丽

2021年，对担当者来说，应该是有特殊意义的：这一年，担当者开始全面引入全人之美课程。同时，从最美妙也最容易操作的晨诵开始入手。为了更好地跟进课程，让美妙的课程真正落到实地，同时也为了大家能共同分享晨诵的快乐，及时发现实践中的问题，担当者的伙伴们启用了学习通，让老师们每周将自己的实践做一个文字上的记录。

今天早上，担当者课程试点醴陵地区的负责人黄民玲在群里分享了一位老师的晨诵周报，内容如下：

周报时间：9月22日—9月24日　　姓　　名：龙也

学　　校：醴陵市茶山镇茶山中心小学

周报内容：本周和孩子们一起读了《男孩子和女孩子》《朋友》《给你写信》。在实践过程中，我感觉孩子们更喜欢《给你写信》，用班上一个小朋友的话来说，就是她觉得非常“浪漫”，并且“打开了新世界的大门”。孩子们说原来对朋友的想念不只是可以通过文字来表达，还可以通过“分享”自己发现的生活中的小美好来表达。

在开始的时候，我问他们，如果你要给朋友写信，你会写什么呢？“我会写我想你啦！”大部分都是这样的回答，那就让我们看看诗人他会写什么吧。“咦？怎么回事？”他们都非常惊讶，不写字怎么能让别人知道我想他了呢？然后班上的小朋友就开始展开了讨论，有的小朋友就忍不住问：“到底为什么不写字呢？”原来是包了一片柳叶！为什么包柳叶？这个时候小朋友的回答就丰富了许多：因为柳叶好看，因为柳叶是春姑娘的头发……这种层层递进的感觉，是之前上晨诵课的时候没有的，感觉大家都在热切地讨论，热切地发表自己的看法，有的孩子看了就说："老师，那我现在要给我的好朋友寄一片枫叶，让他感受一下秋天的气息。"还有的孩子说要给好朋友寄一颗稻谷，和他分享丰收的喜悦……那个时候，他们真是才思泉涌，眸子闪闪发光，我感觉一个一个的灵感从他们的小脑袋瓜里飞了出来，真的特别奇妙。甚至这首诗都不要指导朗读，他们自然而然就读出了他们的快乐和对回信的期待。而且在下课后他们都意犹未尽地跑到办公室和我交流他们的金点子。

但是在上《男孩子和女孩子》的时候，可能是三年级了，他们的心理发展处于一种异性对立的阶段，班上男女界限格外明显，而且他们以"不和异性玩耍"为沾沾自喜的谈资，无论怎样加以引导他们似乎都带有抵触，一直是"我才不要"，当时课程一度进行不下去。我尝试在课上让他们说一说对方的优点，但是他们就是在那里尴尬地笑，甚至有男生大声地说："我觉得她们没有优点，凶死了！"这句话在班上引起了大部分男生的附和和所有女生的"暴动"，于是他们开始了争执，我只得站出来平息这场"战争"。后来我就开始不停地举例子：男孩子背书的时候难道不去女孩子那里背吗？女孩子不会做的题目就只能问女孩子吗？诸如此类的问题，但是收效甚微。其实这也是我的一个困惑，怎么样才能削弱这种男女的界限感？他们有这种性别意识其实在我看来不是错的，但是界限感过于明显就让班级略显分裂。

发上来后，民玲提出了自己的困惑：这是醴陵一位老师的晨诵周报，分享给大家。也想问一下老师们，是不是在咱们其他的班级，三年级的孩子也会出现这种男女孩区分的现象呢？

姜颖老师回复：确实一二年级男女生可以手牵手玩游戏，但三四年级开始有男女性别区分，主要是孩子们思想在转变，兴趣爱好不一样了，谈资也不一样了。孩子们也接受了初步的性别教育，知道保护自己被衣服遮挡的隐私部位，不能让别人碰触。这些方面有男女界限很好。

在我们班，男女生没有明显的敌对关系，虽然男孩子学习上考试考不过女孩子，但是小组合作或者交流、竞赛评比中，男女生都能为了小组努力攒积分。我喜欢教育他们要团结互助，男孩子要保护女孩子，不能欺负女孩子；尊重个性和差异，也要抱团追求班级的共性和荣誉。

民玲献花并回复：从小引导和培养男子气概和绅士气度。

我的回复：上面这份晨诵周报写得真是精彩——既让人感觉到了晨诵、教学和师生关系的美妙，又真诚地写出了自己的问题和困惑；既有生动的现场感，又有自觉的反思力。

对于记录中的问题，我以为要把课堂和班级管理分开来看。

首先，课堂上，尊重学生是前提，但课堂有课堂的纪律，学生不能答非所问。实际上答非所问是很多低效课堂的常态，很多时候老师常常意识不到，或者虽然意识到了，但不知道怎样把学生拉回来。就这堂课中的问题而言，既然老师让大家说说对方的优点，这时候就不能变成了说对方的不对——这明显是答非所问。老师可以笑着再重新强调问题，并且可以幽默一把："请大家听仔细，老师的问题是说说对方的优点，请不要答非所问。三人行，必有我师焉！一个善于向别人学习的学生才是真正的好学生。所以请认真想好了再来回答。当然，如果大家觉得有必要说说对方的不足，咱们下次可以专门来组织一次这样的对话。"也就是说，这个时候，老师需要保持足够的敏感，同时，温和而坚定地守住课堂（发言）的规则。

其次，老师非常敏感地捕捉到了三年级这个年龄段男孩和女孩特有的心理特征：从曾经的两小无猜到突然之间意识到了性别带来的不同而开始有一种看似排斥的行为。我们在选编三年级第一单元晨诵的时候，也是考虑到了这点。大家可以读一读这一单元的导语：

九月，学校的天空重新明亮起来。

小男孩和小女孩，又快乐地回到校园，同你们的教室一起长高。

小女孩，还是干干净净、人见人爱的小女孩？

小男孩，还是毛手毛脚，但很勇敢的小男孩？

小女孩，还喜欢读童话，在雪白的纸上，画一个个美丽的公主？

小男孩，还会不会偷偷给美丽的公主，添上翘翘的八字胡？……

小男孩啊小女孩，小女孩啊小男孩，在这个金色的季节，你们又要走到一块儿。

一块儿读书，一块儿游戏；

一块儿到童话的城里探险，一块儿去攻克数学难题的堡垒；

一块儿用蜡笔描绘童年的七彩斑斓，一块儿用文字捕捉生命的灵动诗意……

小男孩小女孩啊，你们，就是这世界的天真、健康、快活与美丽。

也就是说，这个时候的相互排斥只是一般情况下正常的生理性反应，但教育恰恰就是要突破并超越这种局限。

所以，引入晨诵的美妙也就在这样的时候真正体现出来了：我们用诗意的方式，在给孩子们讲道理，养人格。同时也可以告诉学生：我们不只是生理特征上的人，同时也是文化之人，受教育之人。

当然，光有道理不够，光靠诗歌不够，还要跟班级的文化和管理结合起来。一方面多创造让男孩和女孩一起围绕着美妙的事物而开展的各种活动，另一方面，也可以像姜颖老师说的，把塑造男孩和女孩的良好形象作为这段时间班级文化的一个重要内容。在这里，特别要提醒一点：一定不要带上性别歧视。只说男孩要怎样而不说女孩要怎样，这明显没有平等地对待男孩和女孩。说男孩要绅士，一定要同时说女孩要淑女。否则，教育仍是失之公允的。现在的教育，整体而言，对男孩是不公平的。教育正在把女孩子教成好孩子，把男孩子教成女孩子。老师们对此一定要保持足够的警醒。

文化建立后，管理就要跟进。而管理，是有一定的底线的，哪些话不可说，哪些事不可做，都可以有清晰的界定。这正好又可以让男孩女孩一起参与讨论并商定。

也就是说，一个问题的出现，如果老师能够把握住的话，是一次契机；而一个问题的解决，也绝对不是一蹴而就的事，更不是头痛医头脚痛医脚的事。

发现问题—分析问题—解决问题，所有这些，才是教育真正的魅力。

我的心被撞击了二十四次
——走进《飞鸟集》

原卫华

这个学期，承担了一个任务，用线上的方式，在固定的时间，给云南、厦门等地遥远的、陌生的、但同样进行晨诵课程的老师讲晨诵诗，相当于帮助老师们备课。

这是四年级上册《晨诵课》的最后一次分享，最后一个单元的主题是“飞鸟与草叶·泰戈尔的诗”。

这个单元从《飞鸟集》中一共选取了六篇，每篇四句，共二十四句。每篇的题目都是《无题》，而且诗句与诗句之间几乎找不到关联。刚开始，有点蒙，后来查阅了一些资料，多了些了解。

《飞鸟集》是印度诗人泰戈尔创作的诗集，它包括325首清丽的无标题小诗，其中绝大多数的诗只有一两行，或者捕捉一个自然景象，或者述说一个事理。诗集并没有明显的逻辑结构和明确的中心，只是诗人在日常生活中的感触、思考、情思的片段的记录。哦，原来就是泰戈尔的“碎碎念”。

又请教了严盈侠和魏智渊老师（以回答我问题的先后排序），确定讲这些诗句的方式就是一句一句地朴素地讲、读，与孩子（或老师）的生命生活相编织。

既然如此，我就一句一句地走进这些诗句里去吧。

1. 夏天的飞鸟，飞到我的窗前唱歌，又飞去了。

秋天的黄叶，它们没有什么可唱，只叹息一声，飞落在那里。

夏天的飞鸟和秋天的黄叶有什么不同呢？为什么一个飞到“我”的

窗前唱歌，然后飞去；一个却没有什么可唱，只能轻轻叹息、飞落呢？

因为夏天的飞鸟像夏天这个季节一样，有着蓬勃的生命力，处于最好的年纪，生活里充满未知的新奇，未来满载着希望。而秋天的黄叶呢，繁华已逝，生命逐渐走到尽头，已经没有太多未来了，所以叹息一声，飞落在那里。

但是，对于一个人来说，其实生命的每个阶段都有不同的风景。当我们是“夏天的飞鸟”时，我们的生命是热烈的、激昂的；当我们是“秋天的黄叶”时，我们变得成熟、稳重，我们获得了心灵的安宁。

2. 世界上的一队小小的漂泊者呀，请留下你们的足印在我的文字里。

“小小的漂泊者”是谁？他们做些什么才能在我的文字里留下痕迹？

我们每个人，都是世间的漂泊者。所以，这个漂泊者，可能是某个黄昏我邂逅的路人，也可能是尘世的我和精神的我。什么样的足印才值得被我留在文字里呢？一定是那些美好的、有意义的事呀！所以，我们要对世界万物心存热爱，保持热情，这样，我们就能创造很多美好、很多价值，被自己或他人书写、记录，进而温暖这个世界。

3. 幼花开放了它的蓓蕾，叫道：“亲爱的世界呀，请不要萎谢了。”

当我们看到“幼花”这个词语的时候，我们像是用满含爱意的目光注视着一个新新的生命。它一天天成长，终于开放了它的蓓蕾，它期待着这个世界越来越美好，所以它发出了“亲爱的世界呀，请不要萎谢了”的呼唤。那么，亲爱的孩子，你像幼花一样绽放了自己的蓓蕾，你对这个世界有什么样的希望呢？你又打算为这希望做出什么样的努力呢？

4. 道旁的草，爱那天上的星吧。那么，你的梦境便可在花朵里实现了。

草，扎根于大地；星，闪耀在天空。

扎根于大地的小草，生长于道路旁边的不起眼的小草，抬起头，仰望遥远的星空，爱上那些星星，梦境中的美便可以在花朵里实现了。

天上的星对于道旁的草来说是什么呢？是梦想，是希望，每一个像小草般卑微的生命，都可以心怀梦想。只有心怀梦想，才会有开出花朵、绽放美丽的那一刻，那无数次在梦境中遭遇的美，便会在花朵里得以实现。那么亲爱的孩子，你的梦想是什么呢？

5.“我们，萧萧的树叶，都有声响回答那暴风雨。但你是谁呢，那样地沉默着？”“我不过是一朵花。”

“我不过是一朵花。”这句话，把自己的姿态放得很低很低。我不过是一朵花。我不像你们——萧萧的树叶一样发出声响，我愿意沉默，愿意低到尘埃里，开出一朵花来。我谦卑，但并不自卑，我用我的美丽无声地向世界宣告我的存在，我和你们一样平等！

6.“你离我有多远呢，果实呀？”“我是藏在你的心里呢，花呀。”

花儿是生命的开始，果实是生命的成熟。

当我们是花的时候，总盼着快点长大，快点成熟，于是我们焦急地问：“你离我有多远呢，果实呀？”但成熟是一个过程，它就蕴含在成长之中，需要一天一天地通过岁月和努力去达成。今天的花，已经在孕育着明天的果，不要着急啊，它会有成熟的那一天。

7.小花问道：“我要怎样地对你唱，怎样地崇拜你呢，太阳呀？”太阳答道：“只要用你的纯洁的简朴的沉默。”

小花像是太阳的一个小粉丝，仰望着它，崇拜着它，还觉得不够，于是它问太阳：我要怎样地对你唱，怎样地崇拜你呢？怎样才能把这份崇拜表达得更酣畅一些呢？太阳说：只要用你的纯洁的简朴的沉默。我照耀大地，滋养万物，无须回报。我不需要你对我敬仰，对我歌唱，只需要做你自己，一如既往地纯洁，一如既往地保持简朴的沉默。这，就足够了。

8.“谁来继续尽我的职？”夕阳高声问。沉寂的世界如静画一帧。一盏泥灯奋然答道：“大神，我愿尽力挑起你的责任。”

这盏泥灯的回答真令人振奋和感动啊！“我”是一盏小小的泥灯，“我”不像太阳这位大神那般伟岸，能够普照万物，“我”也许只能照亮一个小小的角落，但“我”愿意在黑暗中尽力担当，去挑起责任！

我们作为老师，面对各种教育现状，也同样会感到无力、无奈，但我们也可以像这盏小小的泥灯，为孩子们照亮一片天地！我们尽力挑起责任，也许就能汇聚起一盏盏灯，“希望”就在我们每个人的担当里。

那么，小小的孩子呢？你能不能也做一盏泥灯，有这份舍我其谁的勇气？

9. 果的事业是尊贵的，花的事业是甜美的；但是让我做叶的事业吧，叶是谦逊地，专心地垂着绿荫的。

果意味着成熟，花代表着美丽，它们是容易被人看到、被人赞美的。但是“我”愿意做叶，谦逊的、默默无闻的叶，“我”专心地垂着绿荫，专注地做“我”自己，这就够了。

对于一名老师来说，有的人使用各种手段希望成为专家、名师，希望获得外在的声誉，得到人们的肯定和赞美。但更多的老师，愿意做默默无闻的叶，为孩子们营造一片绿荫，默默守护他们成长。

那么孩子你呢？你是要争先恐后地在别人面前表现自己，还是默默努力，让自己拥有真才实学？而往往持续努力的人，更容易得到赞美和荣誉，但这些对他来说，不过是“额外的奖赏”。

10. 生如夏花之绚烂，死如秋叶之静美。

不是每一份“死”都能如秋叶般静美，它需要建立在“生如夏花之绚烂”的基础上。生命只有充分地绽放过，恣意地绚烂过，无悔无愧于此生，才能在结束之际，静如秋叶，美如秋叶。

亲爱的孩子，亲爱的老师，愿你此生热烈地活过。

11. 让死者有那不朽的名，但让生者有那不朽的爱。

生命中，什么最重要？爱。

活着的时候，不要去追求“不朽的名”，对于生者来说，爱比名更重要！去爱生活，爱生命，爱他人，爱每一个可爱的日子，爱这个世界吧！

12. 文字对工作说道：“我惭愧我的空虚。”工作对文字说道：“当我看见你时，我便知道我是怎样地贫乏了。”

只有做得精彩，才能写得精彩！当我们空空度日，想要下笔为文时，便能感受到自己的贫乏；当我们需要撰写文字，却找不到有意义、有价值的事情可写时，正说明我们的工作或生活出了问题。所以，让双脚在大地上踏踏实实地行走，用工作和学习来充实我们的生命，这时候，文字和工作的对话就会变为——

文字对工作说道："我欣慰我的充实！"工作对文字说道："当我看见你时，我便知道我是如何地富有了！"

13. 无名的日子的感触，攀缘在我的心上，正像那绿色的苔藓，攀缘在老树的周身。

很多时候，我们对生活、对学习、对工作，都会有很多感触，它们像绿色的苔藓攀缘在老树的周身一样，攀缘在我们的心上。这时候，我们能做些什么呢？我们将如何安放这些感触呢？也许，把它们付诸文字，我们的心就能得到一些疏解；也许弹一首曲子，画一幅画，在操场上奔跑，或是找一位朋友聊一聊，都能够让我们释放或安放一些感触，我们就能重新恢复元气，轻松上阵，去迎接新的日子。

也或者，我们不需要安放这些感触，就让它们攀缘在我们身上吧，带着它们一起生活，或许能使我们更清醒，更睿智。毕竟，就像著名作家木心说的，生命就是时时刻刻不知如何是好。每个人的人生都没有预演，我们只能负重而行，这份"重"也许是肩上承担的责任，也许是无数个"无名的日子"滋生出的感触。

14. 日间的工作完了，于是我像一只拖在河滩上的小船，静静地听着晚潮跳舞的乐声。

荷尔德林说：人充满劳绩，但还诗意地栖居于大地上。

一日的工作和学习是紧张的、繁忙的，当夕阳西下，我们的身体疲累如一只拖在河滩上的小船，但是因为白日的充实，我们的心却无比宁静，能够聆听到晚潮跳舞的乐声。如果这一天，你是虚度的呢？你一定无法安宁，也欣赏不到那美妙的乐曲了吧？

15. 我这一刻感到你的眼光正落在我的心上。像那早晨阳光中的沉默落在已收获的孤寂的田野上一样。

人生而孤独。但是，总有一些时刻，我们能够与别人产生连接。这个时刻，"我"能"感到你的眼光正落在我的心上"，于是，"我"暂时忘却孤独，感受到两颗心的交织。亲爱的孩子，你曾与谁有过如此美妙、如此默契的时刻呢？

16. 你微微地笑着，不同我说什么话。而我觉得，为了这个，我已经等待得久了。

“你”是谁？一定是“我”在乎的一个人呀！“我”默默关注着你，等待着你，终于有一天，你对“我”微微地笑着，哪怕不说话，“我”也感到如此幸福和满足。

亲爱的孩子，你有没有体验过这样的时刻？也许他是你的某个同学，或是你的哪位老师？甚至是你每天路过的街角，那个经常坐在石凳上读书的姐姐呢！

17. 小草啊，你的足步虽小，但是你拥有你足下的土地。

读到这句诗，我竟然想起了“天生我材必有用”。每个生命，即使如小草般微小，也拥有一片自己的土地，能够对这个世界有所作为。

我是小草，但我拥有一间教室；我是小草，但我拥有三尺讲台。我可以在我的教室里，在我的讲台上做我力所能及的事。

我是小草，但我有一个家，有爱我的爸爸妈妈；我是小草，但我是四（1）班的一员，我可以为我的班级做贡献。

是的，我足步虽小，但我拥有我足下的土地。

18. 不是槌的打击，乃是水的载歌载舞，使鹅卵石臻于完美。

这真是一句太经典的诗句啊！有没有想起那个风和太阳比赛的故事？当狂风猛烈地吹着行人，想吹掉他身上的衣服时，行人反而把身上的衣服裹得更紧了；而当和煦的阳光照耀着行人时，行人觉得热，就把外套脱下了。

作为老师，你是槌，是风？还是水，是太阳？当我们用激烈的言辞去批评孩子的时候，孩子的心往往像刺猬一样竖起浑身的刺准备防御；而当我们温和、有耐心地与他们对话时，孩子感觉到安全，感觉到爱，自然愿意放下防备，接受我们的建议，改正自己的错误。亲爱的老师，请你温和而坚定，在对错误零宽容的时候，要对灵魂无限爱护。

那么，亲爱的孩子们，你与你的家人、同学、朋友交流时，能不能也做到平静、温和呢？发一通脾气固然很爽，但也许就伤害到别人了呢！“把脾气拿出来叫本能，把脾气压回去叫本事。”让我们学会与他人